Knaur.

Knaur.

Von Hartwig Hausdorf ist außerdem im Knaur Verlag erschienen:
Das Jahrhundert der Rätsel und Phänomene

Über den Autor:
Hartwig Hausdorf zählt zu den bekanntesten Autoren auf dem Gebiet rätselhafter Fakten und Phänomene. Weltweit bekannt wurde er durch die Entdeckung der Pyramiden Chinas. Seine Bücher wurden bisher in 17 Sprachen übersetzt, u. a. ins Englische, Japanische, Italienische und Chinesische. Mit seinem Werk »The Chinese Roswell« wurde er in den USA, wo er seit 2004 auch im Nachschlagewerk »Who's who in the World?« verzeichnet ist, zum feststehenden Begriff.

Hartwig Hausdorf

Das Jahrhundert der Mysterien und Wunder

101 unerklärbare Phänomene, rätselhafte Entdeckungen und unheimliche Erlebnisse

Knaur Taschenbuch Verlag

Besuchen Sie uns im Internet:
www.knaur.de

FSC
www.fsc.org
MIX
Papier aus verantwortungsvollen Quellen
FSC® C083411

Originalausgabe November 2011

Ein Unternehmen der Droemerschen Verlagsanstalt
Th. Knaur Nachf. GmbH & Co. KG, München

Umschlaggestaltung: ZERO Werbeagentur, München
Umschlagabbildung: FinePic®, München
Satz: Adobe InDesign im Verlag
Druck und Bindung: CPI – Clausen & Bosse, Leck
Printed in Germany
ISBN 978-3-426-78470-9

2 4 5 3 1

Inhalt

»Die Welt ist voll von ungelösten Rätseln,
und einige davon sind noch fremdartiger,
als man es sich vorstellen kann.«

Charles H. Fort (1874–1932)
Amerikanischer Autor

Vorwort

Es ist noch nicht allzu lange her, da nannten wir das Jahrhundert, das im Mittelpunkt des vorliegenden Buches steht, das *vorangegangene*. Seitdem wir die magische Jahreszahl 2000 überschritten haben, ist das 19. Jahrhundert nun zum »vorletzten« geworden. Gefangen in unserem blinden Fortschrittsglauben, belächeln wir diese schöne Zeit gern ein wenig. Die Menschen hatten damals noch kein Internet, wie das ab dem späten 20. Jahrhundert Usus wurde. Und das Automobil war nichts weiter als eine Spielerei, der gegen Ende des 19. Jahrhunderts niemand eine ernsthafte Chance geben wollte. Und doch war es eine Zeit des Aufbruchs, eine Ära, in welcher Entdeckungen und echte Abenteuer lockten. Die damaligen Mächte, allen voran England, aber auch Frankreich, Belgien und Deutschland, schickten sich an, Afrika, den geheimnisvollen »Schwarzen Kontinent«, zu erobern. Dort sicherte man sich mit Hilfe der Kolonien Zugang zu jenen Rohstoffen, die für die rasch um sich greifende Industrialisierung geradezu unverzichtbar werden sollten.

Aber sprechen wir nicht über die vordergründigen Ereignisse jener Zeit, von denen wir in der Schule lernten. Sind es im Folgenden doch die Vorfälle im Schatten der großen, in den Geschichtsbüchern verewigten Entwicklungen, die unser Interesse wecken sollten: unerklärliche Erscheinungen, Rätsel, Mysterien und Wunder. Anders als in den Jahrhunderten zuvor gaben sich die Menschen jedoch nicht mehr mit dem »Werk von Hexen und Zauberern«, »göttlichen Eingriffen« oder der unbestechlichen Macht des Schicksals zufrieden, wenn es um Erklärungen für Dinge jenseits ihres Begreifens ging. Sammelte man früher akribisch Berichte über »erschröckliche

Zeychen und Wunder«, so versuchte man erstmals auch solche Erklärungen für das Unerklärliche zu finden, welche den Fragesteller nicht in einer Sackgasse des Aberglaubens oder religiöser Vorstellungswelten stranden ließen. Als sakrosankt erachtete Grenzen wurden überschritten, bis dato Undenkbares gedacht. Laut vernehmlich rüttelte man am Fundament von Glauben und Wissen.

So wurde das 19. Jahrhundert zu weit mehr als einer skurrilen und romantischen Ära. Hier wurden vielmehr die Grundsteine für jenen Geist gelegt, der Wirkung auf die folgenden hundert Jahre haben sollte. Zwischen 1800 und 1900 schlug die Geburtsstunde für so manche neue Wissenschaft. Wie zum Beispiel 1882, als die blutjunge Parapsychologie alles daransetzte, sich des Rufes des Obskuren zu entledigen. Es sollte, nebenbei bemerkt, noch ein langer Weg werden. Erste exakte Versuche und Beobachtungen liefen faulen Zaubertricks und plumpen Täuschungen bald den Rang ab, und naive Leichtgläubigkeit wich einem zwar skeptischen, aber häufig offenem Interesse. Es wurden Türen aufgestoßen, hinter denen wir selbst im beginnenden dritten Jahrtausend immer wieder neue und unerwartete Facetten einer Welt entdecken, die noch längst nicht alle ihre Rätsel und Geheimnisse preisgegeben hat.

Vieles von dem, was wir über die rätselhaften Phänomene des 19. Jahrhunderts wissen, verdanken wir dem eingangs zitierten, in seiner Arbeitsweise geradezu genialen Sammler von verpönten Fakten, Charles Hoy Fort (1874–1932). Viel zu früh mit 58 Jahren verstorben, hinterließ uns dieser Erforscher des Unbekannten und erklärte Nonkonformist in vier Büchern schier unschätzbar wertvolle Informationen aus der Grauzone unserer Realität. Betrachten und verehren wir ihn respektvoll als »Ahnherrn« all jener unter uns, welche sich die

Suche nach der Wahrheit »da draußen« auf die Fahne geschrieben haben.
Folgen Sie mir auf eine Zeitreise, die Sie weit hinaus über die Grenzen unseres angeblich so gesicherten Schulwissens führt. Bald werden Sie feststellen, dass das 19. Jahrhundert eine unglaublich spannende Epoche war, die den Vergleich mit unserem »modernen« Zeitalter wahrlich nicht zu scheuen braucht.

Hartwig Hausdorf

1800 Angriffe aus dem Nichts

Der Horror-Schocker »Poltergeist« kitzelte unsere Nerven damit: bewusste Attacken, sozusagen aus dem Nichts, ausgeführt von unsichtbaren, körperlosen Angreifern. Doch was uns als Phantasie eines Drehbuchautors erscheinen mag, ist leider die harte und unerbittliche Realität.

So beschreibt die im Jahr 1800 veröffentlichte Publikation »A Narrative of some Extraordinary Things that happened to Mr. Gile's Children« sehr detailliert die Angriffe unsichtbarer Entitäten auf einige Kinder. Der Verfasser, ein gewisser Mr. Durbin, fasste zahlreiche Zeugenaussagen zusammen, die genau beschrieben, wie beispielsweise ein kleines Mädchen von unsichtbaren Händen gewürgt wurde. Eindeutig sei ein Zusammendrücken des Halses erkennbar gewesen, ohne dass es zu einer Kontraktion der Halsmuskeln gekommen wäre. Andere Kinder wurden geschlagen, gebissen, gezogen und bespuckt.

Bei einem Vorfall dieser Art mussten fünf Zeugen miterleben, wie »ihre Arme an diesem Abend etwa zwanzigmal gebissen wurden [...] sie konnten es nicht selbst getan haben, da wir sie die ganze Zeit über beobachteten. Wir untersuchten die Bissstellen und fanden dort die Abdrücke von achtzehn bis zwanzig Zähnen, mit einer Art Speichel bedeckt und in Form eines Mundes [...] sehr feucht und klebrig wie Speichel, und die Stellen rochen widerwärtig.«

Der Fall zeigt übrigens verblüffende Parallelen zu einer anderen »Attacke aus dem Nirgendwo«, die lückenlos durch Zeugenaussagen und Fotografien belegt werden konnte.

Im Jahr 1926 wurde die damals dreizehnjährige Rumänin Eleonore Zugun zur Zielscheibe von »unsichtbaren Sadisten«. Immer wieder wurde sie, zumeist sogar im Beisein von

Zeugen, aufs Übelste gewürgt und gekratzt. Oder besser gesagt, in ihrem Gesicht erschienen blutige Kratzwunden. Die entsetzten Anwesenden konnten auch ein Zusammendrücken des Halses erkennen, ohne dass Eleonore selbst ihre Halsmuskeln angespannt hätte. Auch auf Rücken und Hals des Mädchens tauchten Bissspuren auf, welche ihr bis tief unter die Haut reichten. Und einmal erschien auf dem Arm des grausam gequälten Kindes das Wort »Dracu«, das rumänische Wort für »Teufel«.

Doch zurück ins 19. Jahrhundert der Mysterien und nicht immer so erbaulichen Wunder. Nicht weniger bunt war die Palette jener Attacken, denen 1850 der damals zwölfjährige Junge Harry Phelps aus Stratford (Connecticut) ausgesetzt war. Steine flogen hinter Harry her, er wurde abrupt in die Höhe gehoben, auf dass er mit dem Kopf an die Zimmerdecke stieß und ein andermal in einer Baumkrone landete. Unsichtbare Hände schleuderten ihn in einen Wassertank und zerfetzten seine Kleidung.

Auch mit Schnitten malträtierten die unsichtbaren Angreifer ihre Opfer. In Japan kam es 1890 zu einer regelrechten Panik, nachdem, wie von unsichtbarer Hand, Schnitte von zwei bis drei Zentimetern Länge an den Hälsen zahlreicher Passanten erschienen waren. Und auch Phantomschützen trieben ihr blutiges Unwesen. Am 2. Oktober 1875 schob ein Arbeiter in der Nähe der Gemeinde Bergen einen Karren. Urplötzlich vernahm er ein Surren, das zwei mit ihm gehende Begleiter jedoch nicht wahrnahmen. Im gleichen Augenblick durchzuckte ihn ein fürchterlicher Schmerz im rechten Arm. Bei näherem Hinsehen stellte er entsetzt fest, dass dieser wie von einer Gewehrkugel durchschossen war.

Wie bei allen anderen hier beschriebenen Attacken war auch hier von einem Schützen weit und breit nichts zu sehen.

1801 Städte am Firmament

Wüstenreisende wissen oft faszinierende Geschichten hierüber zu erzählen: Nicht selten hat ihnen eine Fata Morgana eine mit Palmen reich bestandene Oase und Wasser vorgegaukelt, um sich dann beim Näherkommen schlagartig in heiße Luft aufzulösen. Und wie vielen Verdurstenden mag hier ihre letzte Hoffnung buchstäblich vor den Augen zerronnen sein? Kann man das Erscheinen großer Städte am Himmel, zudem über weit nördlicher gelegenen Landstrichen, ebenfalls mit diesen bekannten Luftspiegelungen schlüssig erklären?

Eine der am häufigsten wiederkehrenden Sichtungen am Himmel erscheinender Städte soll sich regelmäßig in Alaska ereignen. Seit vielen Jahren wird dort etwas, das der englischen Stadt Bristol zum Verwechseln ähnlich sieht, zwischen dem 21. Juni und dem 10. Juli beobachtet. Den Indianern Alaskas soll sie schon lange vor der ersten Ankunft der weißen Siedler regelmäßig erschienen sein.

Im Juni 1801 wurde über Youghal in der irischen Grafschaft Cork eine prächtige Stadt gesichtet, die aus vielen Villen mit gepflegten Vorgärten hinter weißen Lattenzäunen bestand. Dieselbe Phantomstadt wurde bereits vier und fünf Jahre zuvor vom gleichen Ort aus beobachtet.

Städte und ganze Inseln am Himmel zeigten sich noch weitaus öfter über dem Irland des 19. Jahrhunderts. Ein Zeuge schilderte seine Eindrücke: »Vor über einem halben Jahrhundert sah ich selbst eine wundervolle Fata Morgana, die ganz der einen glich, wie sie neulich vor unserer Küste bei Tireragh (in der westirischen Grafschaft Sligo) beobachtet worden ist. Hätte ich zum ersten Mal auf die Bucht hinausgeblickt, hätte mich nichts von der Überzeugung abbringen können, eine richtige Stadt vor mir zu haben. Noch dazu eine große, schöne Stadt mit Kirchtürmen, Bäumen, Häusern und mit Zinnen versehenen Gebäuden.«

Man könnte derartige Phänomene leicht als Spiegelbilder von tatsächlich existierenden Städten erklären – wie etwa das »geisterhafte« Bristol über den Weiten Alaskas –, ohne jedoch auch nur den Hauch einer Ahnung zu haben, wie sie über so weite Entfernungen dorthin gelangt sein mögen. Von der westlichen Küste Irlands aus wäre auf der anderen Seite des Atlantik die nächste Stadt New York. Allerdings tauchte deren charakteristische Skyline noch nie in dieser Region der »Grünen Insel« auf.

Auf der Orkney-Insel Sanday wurde 1840 eine Erscheinung beobachtet, die den Eindruck eines fernen Landes mit prächtigen weißen Gebäuden erweckte. Sie erschien 1857 noch einmal, blieb dabei sogar drei Stunden lang sichtbar. Der Volkskundler E. W. Marwick zitierte beide Erscheinungen in dem Buch »The Folklore of Orkney and Shetland« und äußerte die Ansicht, dass besagtes Phänomen in nördlichen Breiten nichts Ungewöhnliches sei. Einheimische erklärten es als »Kristall- und Perlenstädte« einer geheimnisvollen Rasse von Seemenschen (»Fin Folk«), welche von Zeit zu Zeit für die Menschen sichtbar würden.

Haben solche Erscheinungen auch den berühmten Romanschriftsteller Jonathan Swift (1667–1745) inspiriert? In seinem Buch »Die Reise nach Laputa« erschien dem reisenden Held Gulliver die gleichnamige fliegende Stadt am Himmel. Erblickte er vielleicht etwas am Himmel, dessen Erscheinungsform typisch ist für ungezählte Berichte des modernen UFO-Zeitalters?

1802 Eis fällt vom Himmel

Ich konnte mich selbst noch schnell in Sicherheit bringen, als am Nachmittag eines schönen Junitages im Jahr 1984, mitten in München, die Hölle losbrach. Bis zu hühnereigroße Hagelkörner fielen urplötzlich vom Himmel und schlugen ungezählte Dellen in Fahrzeuge. Das Beulenmuster dieser versicherungstechnischen Totalschäden bürgerte sich als »Munich Design« nicht nur in meinen persönlichen Wortschatz ein.

Nun waren und sind Hagelschläge in dieser Größe nichts Ungewöhnliches. Sie kommen in vielen Regionen der Welt regelmäßig vor. Manchmal fallen auch größere Eisklumpen vom Himmel. Wegen ihrer »schmutzigen« Farbe wird gemunkelt, dass es sich hierbei um den zu Eis erstarrten Inhalt von Flugzeugtoiletten handele. Was aber mag man von »eisigen Geschossen aus höheren Regionen« halten, deren Größe noch weit darüber liegt? Und die zu einer Zeit herniederfielen, als jeder Gedanke an einen regelmäßigen Luftverkehr seinen Platz einzig im Reich der Utopie hatte? Der große französische Astronom und Naturfreund Camille Flammarion (1842–1925) berichtete in seinem Werk »L'Atmosphère« über einen wahren Monstereisblock – viereinhalb Meter lang, zwei Meter breit und dreieinhalb Meter hoch –, welcher zur Zeit Karls des Großen vom Himmel gestürzt war. Dagegen wirkte jener Eisblock, der 1802 in Ungarn aus heiterem Himmel auf die Erde fiel, mit seiner Größe von einem halben Kubikmeter geradezu zwergenhaft.

Am 14. August 1849 meldete die Londoner »Times«, dass einen Tag zuvor im schottischen Dorf Ord nach einem ungewöhnlich heftigen Donnerschlag ein kolossaler Eisblock niedergegangen sei: »Unmittelbar nach einem der lautesten Donnerschläge, die man je in der Gegend vernommen hatte, fiel ein großer, unregelmäßig geformter Eisbrocken von schätzungsweise knapp sechs Meter Umfang und entsprechender Dicke beim Gutshaus nieder. Der Eisblock sah aus wie ein prachtvoller Kristall, war, mit Ausnahme eines kleinen, aus ungleich großen Hagelkörnern zusammengesetzten Teils, fast völlig durchsichtig und bestand in der Hauptsache aus kleinen, diamantförmigen, ein bis drei Inches (zweieinhalb bis siebeneinhalb Zentimeter) großen Stücken, die fest aneinandergefroren waren. Das Gewicht dieses riesigen Eisbrockens konnte nicht ermittelt werden. Es darf als ausgesprochen glücklicher Umstand betrachtet werden, dass er nicht auf Mr. Moffats Haus fiel, das er sicherlich zertrümmert hätte, wobei zweifelsohne auch einige der Bewohner Schaden genommen hätten. Im Übrigen waren in der gesamten Umgebung des Blocks keine Spuren von Hagel oder Schneefall zu beobachten.«

Eingedenk der Epoche, in der monströse Eisbrocken wie dieser vom Himmel stürzten, kann man Flugzeuge als Ursache streichen. Aber welche anderen Erklärungen kämen noch in Frage? Haben sich Eispartikel, die normalerweise als Hagel zur Erde gefallen wären, zusammengeschlossen und dadurch vieltonnenschwere Formationen gebildet? Ich kann mir keinen Wind vorstellen, der diese Massen während ihrer Entstehung in der Luft schweben lassen könnte. Vielleicht haben wir es mit solchen Objekten zu tun, die einen ungleich weiteren Weg zurückgelegt haben. Heute wissen wir, dass gefrorenes Wasser im Weltraum existiert – die Ringe des Saturns enthalten es in so riesigen Mengen, dass man auch von »kreisenden Eisbergen« sprechen kann. Für Meteoriten und Kometen gilt das Gleiche. Beim Eintritt eines Eismeteoriten in die Erdatmosphäre könnten dessen äußere Schichten ebenso wirken wie der Hitzeschild eines Space Shuttles. Der innere Kern könnte auf diese Weise unversehrt die Erdoberfläche erreichen. Aber vielleicht gibt es auch ganz andere Ursachen dafür. Was wissen wir schon wirklich über unseren Planeten und seine nächste Umgebung im endlosen All?

1803 Vereitelte Hinrichtung

Australien, im September 1803. In Sydney wurde der Einbrecher Joseph Samuels angeklagt, einen Polizisten, der ihn auf frischer Tat erwischt hatte, erschlagen zu haben. Der Richterspruch lautete auf Tod durch Erhängen. Ohne Zeit zu verlieren, fuhr man Samuels unter dem Gejohle der Menge zur Hinrichtungsstätte, einem zwischen zwei mächtigen Bäumen befestigten Balken. Von diesem hing bereits das Seil herab. Ein Komplize Samuels, der kein Geständnis abgelegt hatte, wurde herbeigeführt, um an der Exekution teilzunehmen.

Der Todgeweihte stand auf einem Karren, den man genau unter den Balken geschoben hatte. In dem Moment, als der Henker auf den Karren stieg, um Samuels den Strick um den Hals zu legen, bat dieser um ein letztes Wort. Er gestand – wie in der vorangegangenen Verhandlung – den Einbruch, schwor aber, nichts mit der Ermordung des Polizisten zu tun zu haben. Der wahre Schuldige befände sich an seiner Seite.

Langsam wurde die Menge ungeduldig. So gab der Offizier der Wache, die um den Karren postiert war, dem Henker das Zeichen, dem Delinquenten das Seil um den Hals zu legen.

Als dies getan war, erhielt das vor den Karren gespannte Pferd einen heftigen Peitschenhieb, worauf es davonstob. Die Menschen hielten einen bangen Augenblick lang den Atem an. Samuels schaukelte kurz am Seil hin und her, dann riss es glatt durch.

Aus der Menge war Gemurmel zu hören, deshalb richteten die Soldaten die Gewehre auf sie. Rasch wurde ein neues Seil angebracht und der Karren zurückgeholt. Da der Verurteilte bei der misslungenen Hinrichtung verletzt worden war, setzte man ihn auf ein Fass im Karren. Dann hieb der Henker ein weiteres Mal mit der Peitsche auf den Karrengaul ein. Plötzlich wurde es unheimlich still in der Menge. Mit offenem Mund starrten die Menschen auf das Seil, das gerade begann, sich Faser um Faser aufzudrehen, und hierbei immer länger wurde. Zum Schluss stand der Todeskandidat mit den Füßen auf dem Erdboden.

Die Menschenmenge, die zwischenzeitlich immer größer geworden war, schrie ihren Zorn nun offen heraus, stürmte plötzlich auf die Soldaten ein, die ihrerseits die Bajonette auf die Gewehre gepflanzt hatten. Aber noch immer bestand die »Obrigkeit« auf der raschen Vollstreckung des Urteils. Da jedoch im Moment kein neues Seil mehr verfügbar war, band der Offizier das eben benutzte mit einem Knoten wieder zusammen.

Ein drittes Mal nun wurde Samuels, schon mehr tot als lebendig, auf den Karren hochgezogen. Trotz der Zwischenrufe aus der erregten Menge, die auf die Soldaten einschlug, gab der Scharfrichter dem Pferd erneut die Peitsche. Dieses Mal zerriss der Strick knapp über dem Hals des Verurteilten, der einfach nicht vom Leben zum Tod zu befördern war.

Um ein Eskalieren der Situation zu verhindern und weil ihn vielleicht schon selbst Zweifel beschlichen, gab der Offizier

den Befehl, Samuels ins Gefängnis zurückzubringen. Der Richter ordnete eine neuerliche Untersuchung des Falles an, die an den Tag brachte, dass Samuels unschuldig war. Dafür verhaftete man den Komplizen und verurteilte ihn zum Tod. Bevor dieser hingerichtet wurde, gestand er das Verbrechen, für das sich irgendeine ominöse Kraft bis zum Letzten gewehrt hatte, den Unschuldigen zu exekutieren.
Joseph Samuels wurde entlassen und von der Menge frenetisch bejubelt. Leider war ihm sein Erlebnis keine Lehre, denn er wurde sehr schnell wieder rückfällig. Man ertappte ihn bei einem Diebstahl auf frischer Tat und verurteilte ihn zu mehreren Jahren Zwangsarbeit. Er ertrank, als er mit zwei anderen Gefangenen einen Fluchtversuch unternahm.

1804 Das tödliche Geheimnis der Großen Seen

Die Wahrscheinlichkeit, dass Schiffe auf hoher See auf Nimmerwiedersehen verschwinden, ist auch im Zeitalter der Satellitenüberwachung nicht gebannt. Dass Ähnliches ebenfalls für Binnengewässer gelten soll, klingt da schon um einiges unwahrscheinlicher. Und doch: Die fünf »Großen Seen« Nordamerikas – der Michigan-, Huron-, Erie-, Ontario- und der Obere See – haben einen in dieser Hinsicht nicht weniger berüchtigten Ruf als etwa das Bermuda-Dreieck oder die »Teufelssee« vor Japan. Seit dic Franzosen jene Seen vor über 300 Jahren entdeckten, ereigneten sich dort zahllose, meist ungeklärte Schiffsuntergänge. Auf den grausigen Ruf der Whitefish Bay am Ostende des Oberen Sees etwa weist ihre Bezeichnung »Schiffsfriedhof« hin.

Im November 1804 segelte die *Speedy* von York, wie Toronto damals noch hieß, ab. An Bord befanden sich eine Gruppe von Richtern und Regierungsbeamten, welche ins 140 Kilometer entfernte Presqu'île wollten, sowie ein indianischer Häftling, der wegen eines Mordes in der Küstenstadt Newcastle gehängt werden sollte. Die *Speedy* wurde von zwei erfahrenen Kapitänen befehligt, die sich in ihrer Arbeit abwechselten. Kapitän James Richardson, der das Schiff auf dieser Fahrt kommandieren sollte, hatte bereits beim Ablegen schlimme Vorahnungen. Ohne einen triftigen Grund angeben zu können, versuchte er den Beamten einzureden, die Fahrt abzusagen oder wenigstens zu verschieben. Daraufhin musste er das Kommando an den zweiten Skipper, Thomas Paxton, abgeben. Kurz nachdem die *Speedy* den Hafen verlassen hatte, setzte ein Sturm ein. Leuchtfeuer wurden am Seeufer bei Newcastle entzündet, um das Schiff zu warnen. Trotzdem fuhr es unter vollen Segeln davon. Geradewegs ins Unbekannte, denn vom Schiff und der Besatzung wurde nie wieder auch nur das Geringste gesehen.

Und während des Kriegs zwischen England und den Vereinigten Staaten im Jahr 1812 segelten zwei gut ausgerüstete amerikanische Fregatten, die *Scourge* und die *Hamilton,* den Ontario-See hinunter zum befestigten Hafen von Niagara. Ganz plötzlich und absolut gleichzeitig kippten beide Schiffe um und versanken binnen weniger Augenblicke. Von den hundert Mann Besatzung auf beiden Schiffen überlebten gerade einmal zehn. Aber keiner von ihnen konnte zur Klärung dieses ebenso ungewöhnlichen wie tragischen Vorfalles beitragen.

Die Anzahl an Schiffen und menschlichen Opfern, welche die Großen Seen Nordamerikas seit Jahrhunderten gekostet haben, ist kaum mehr zu beziffern. So sind beispielsweise im

November des Jahres 1856 innerhalb einer Woche fast dreißig Schiffe auf dem Lake Ontario verloren gegangen. Den Rekord hält jedoch der November 1913, als in nur vier Tagen vierzig Schiffe sanken, wobei 672 Menschen ihr nasses Grab fanden. Und wer glaubt, dass moderne Navigationssysteme und Überwachungselektronik der Neuzeit an dem Problem etwas geändert haben, dem sei entgegengehalten, dass auf der Verlustliste der Neuzeit sogar zahlreiche Flugzeuge zu finden sind. Waren es einzig, wie man auf den ersten Blick vermuten könnte, widrige Wetterbedingungen, die vor allem im Monat November gehäuft zuschlugen? Oder sind noch andere, bis dato unerkannte Kräfte verantwortlich zu machen für jenen schier unglaublichen Verlust an Menschen und Material, den das größte zusammenhängende Seengebiet unserer Welt eingefordert hat?

1805 »Ein graues Männlein pflegt zu nächtlicher Frist ...«

Als der große deutsche Dichterfürst Friedrich von Schiller am 9. Mai 1805 im thüringischen Weimar die Augen schloss, nahm er ein Geheimnis ins Grab, das seltsam bekannte Parallelen zum modernen UFO-Phänomen unserer Tage zu bergen scheint. Er hatte erst sechs Jahre vor seinem Ableben ein dreiteiliges Werk vollenden können, dessen Handlung im Dreißigjährigen Krieg angesiedelt ist, der Deutschland und beinahe ganz Europa von 1618 bis 1648 mit Tod und Verderben überzogen hatte. Hauptakteur in Schillers Werk war der Herzog von Friedland, besser bekannt unter seinem

Namen Albrecht Eusebius v. Wallenstein (1583–1634). Dieser war ein taktisch geschickt vorgehender Feldherr, der sogar 1625 aus eigenen Mitteln für den Habsburgerkaiser Ferdinand II. ein großes Heer aufstellte. In der Folge gewann er alle Schlachten und erlebte einen enormen Machtzuwachs, der gleichfalls Kaiser Ferdinand zugutekam. Das wiederum war den Reichsständen ein Dorn im Auge, die 1630 auf dem Fürstentag zu Regensburg die Absetzung des Friedländers forderten und sich damit auch durchsetzten. Sie warfen ihm allen Ernstes vor, mit »finsteren Mächten« in unheilvollem Bund zu stehen.
Ein Jahr später war er wieder aus seiner Versenkung zurück. Die militärischen Erfolge des schwedischen Königs Gustav Adolf II., der seinen protestantischen Glaubensbrüdern in deutschen Landen zu Hilfe kam, zwangen Kaiser Ferdinand dazu, den vorher so Geschmähten wieder als Feldherr zu berufen. Wallenstein erhielt im April 1632 erneut den unumschränkten Oberbefehl über das habsburgische Heer und gewann darauf eine Schlacht um die andere. Er drängte die Schweden aus Süddeutschland und schlug jene legendäre Schlacht bei Lützen, in welcher der Schwedenkönig im Kampf Mann gegen Mann fiel.
Dann gab es erneut Misstöne. Wallensteins Kontakte zu einem anderen Feind, den Franzosen, sowie Verhandlungen mit Schweden und Sachsen führten dazu, dass seine Gegner beim Regenten wieder die Oberhand gewannen. Im Januar 1634 setzte ihn Ferdinand per Dekret als Befehlshaber des Heeres ab, um ihn einen Monat darauf des Hochverrats zu bezichtigen und seine Ergreifung anzuordnen. Sein vordem legendärer Glücksstern war verglüht. Wenige Tage nach der kaiserlichen Ächtung fiel Wallenstein im böhmischen Eger einem Mordanschlag zum Opfer.

Eine nicht unumstrittene Person hatte ihr wenig ruhmreiches Ende gefunden. Mit »finstren Mächten« soll er im Bund stehen, hatten Freund und Feind gleichermaßen gemunkelt. Doch möglicherweise waren es ganz andere Mächte, die sich ihm zuweilen offenbart hatten.
Nachlesen kann man Näheres bei Schiller. Im ersten Teil der Wallenstein-Trilogie unterhalten sich in einem Feldlager außerhalb der Stadt Pilsen einige Infanteristen über das sagenhafte Kriegsglück und die offensichtliche Unverwundbarkeit des Feldherren: »Er bannet das Glück, es muss ihm stehen. Wer unter seinem Zeichen tut fechten, der steht unter besondern Mächten. Denn das weiß ja die ganze Welt, dass der Friedländer einen Teufel aus der Hölle im Solde hält.«
Die Soldaten glaubten, dass Wallenstein durch eine Art »Hexensalbe« unverwundbar geworden sei. Ein Wachtmeister und ein Trompeter eines Terzky'schen Karabinier-Regiments, welche sich ebenfalls an dem Gespräch beteiligten, wussten genauere Informationen beizutragen, die uns heute seltsam vertraut anmuten: »Es geht nicht zu mit rechten Dingen. Sie sagen, er les' auch in den Sternen, die künftigen Dinge, die nahen und fernen. Ich weiß aber besser, wie's damit ist. Ein graues Männlein pflegt bei nächtlicher Frist, durch verschlossene Türen zu ihm einzugehen. Die Schildwachen haben's oft angeschrien, und immer was Großes ist drauf geschehen, wenn je das graue Röcklein kam und erschien« (»Wallensteins Lager«, 6. Auftritt).
Uns erinnert dieses »graue Männlein« ganz frappierend an jene ominösen »Little Greys«, die »kleinen Grauen« unseres neuzeitlichen UFO-Phänomens. Auch jenen zuweilen alptraumhaft wirkenden Gesellen wird – besonders wenn sie nachts als »Bedroom Visitors« auftreten – nachgesagt, dass

nicht einmal massive Mauern sie von ihrem unheimlichen Tun abhalten können.
Wurde Wallenstein von demselben Phänomen kontaktiert, welches heute seine traumatisierende Wirkung auf vom UFO-Phänomen Betroffene zeigt? Anders als bei modernen Entführungsszenarien scheint es zwischen dem Heerführer und seinem mysteriösen Besucher zu einem regen Informationsaustausch gekommen zu sein, zu einer Kommunikation, welche Wallenstein so manch strategischen Vorteil eingebracht hat.
Dann bleibt am Schluss die Frage, woher der legendäre Dichterfürst Schiller seine Kenntnisse bezogen hatte, als er Ende des 18. Jahrhunderts seinen Dreiteiler »Wallensteins Lager – Die Piccolomini – Wallensteins Tod« verfasste – mit unheimlichen Einzelheiten, die vermuten lassen, dass der Kriegsherr entscheidende Informationen von einer möglicherweise nicht von unserer Welt stammenden Intelligenz zugesteckt bekam.

1806 Die weiße Frau

Können Erscheinungen als Omen für kommende tragische Ereignisse interpretiert werden? Am Abend des 9. Oktober 1806, also einen Tag bevor Prinz Louis Ferdinand von Preußen in der Schlacht bei Saalfeld (Thüringen) fiel, schien eine mysteriöse weiße Frau tatsächlich eine böse Vorahnung zu verbreiten. Die folgende Geschichte ist durch zahlreiche Zeugen verbürgt, etwa durch Freiherr Karl von Nostitz, den Adjutanten des am darauffolgenden Tag getöteten Prinzen.
Am Vorabend der Schlacht, in deren Verlauf das französische

Heer die gesamte preußische Vorhut aufrieb, waren alle Offiziere in einem Saal des Rudolstädter Schlosses versammelt. Sie erwarteten die Rückkehr des Prinzen, der sich am Morgen dieses Tages zum Herzog von Braunschweig begeben hatte, um die kriegswichtigen Befehle entgegenzunehmen.
Gegen 20 Uhr kehrte er mit einer Abteilung Soldaten in das Schloss zurück. »Meine Herren«, sagte der Prinz, »ich habe Ihnen eine Nachricht zu überbringen, die Sie begeistern wird. Am morgigen Tage beginnen die Feindseligkeiten, und wir haben die Ehre, die ersten Kanonenschüsse mit den Franzosen auszutauschen.«
Dabei war der Prinz in bester Stimmung. Hin und wieder begab er sich an den Flügel und spielte ein paar Passagen. Dann wandte er sich zu seinem Adjutanten und sagte ihm: »Mein lieber Nostitz, wie glücklich ich in diesem Augenblick bin … endlich lichtet unser Schiff die Anker.«
Rasch verstrich die Zeit an diesem Abend, und die Schlossuhr schlug Mitternacht. Mit dem letzten Schlag veränderte sich das Aussehen Louis Ferdinands auf merkwürdige Weise. Sein gut geschnittenes Gesicht wurde wächsern, und die über die Tasten gleitenden Finger versteiften sich krampfartig. Er fuhr sich hastig über die Augen, griff nach einer Kerze, stürzte zur Türe und verschwand. Bestürzt folgte Karl von Nostitz dem davoneilenden Prinzen über einen langen Korridor, dessen einziger Ausgang eine kleine Seitentür war, die auf den Schlosshof führte.
Als auch der Adjutant den Hof erreicht hatte, wurde er Zeuge einer wahrhaft gespenstischen Szene. Die flackernde Kerze in der Hand, folgte der Prinz mit marionettenhaften Schritten einer leuchtend weißen, verhüllten Gestalt, die sich langsam auf das äußerste Ende der Galerie zubewegte und dort unvermittelt im Nichts verschwand.

Der Haken an der Sache war, dass dort überhaupt keine Türe oder ein Ausgang war. Und trotzdem suchte der Prinz wie verbissen, ob nicht doch an einer Stelle irgendeine Geheimtür verborgen war. Es existierte jedoch keine.
Als der Adjutant bei Louis Ferdinand angekommen war, fragte ihn dieser erregt: »Nostitz, hast du sie gesehen?« Worauf Karl von Nostitz entgegnete: »Ja, ich habe eine ganz in Weiß gekleidete Frau gesehen, die Eure Hoheit …«
»Es war also kein Traum«, unterbrach der Prinz seinen Adjutanten, »ich habe sie gesehen, es ist die weiße Frau.«
Um sicherzugehen, dass der Prinz und er keiner Halluzination erlegen waren, lief Nostitz zur Wache. Der Posten antwortete, ein Mann in einem weißen Umhang sei an ihm vorübergegangen. Da er diesen aber für einen sächsischen Offizier gehalten habe, hätte er ihn ungehindert passieren lassen. Damit waren Zweifel so gut wie ausgeschlossen. Der Prinz befahl dem Adjutanten und der Wache, nichts über den mysteriösen Vorfall verlauten zu lassen. Dann legte er sich schlafen.
Am nächsten Morgen ritt Louis Ferdinand in die Schlacht gegen die Franzosen. Die preußische Infanterie lag schon hinter dem Dorf Schwarza, während die Artillerie auf einem Hügel nahe Saalfeld Stellung bezogen hatte. Der Prinz setzte sich an die Spitze seiner Jäger, die ihn begeistert begrüßt hatten. Immer an seiner Seite ritt auch Karl von Nostitz.
Plötzlich fiel diesem auf einer Erhebung am Wegesrand eine auffällige, hinter einem weißen Schleier verborgene weibliche Gestalt auf. Auch der Prinz hatte sie bemerkt und reagierte ungewöhnlich heftig darauf. Er hielt sein Pferd an, drehte sich zu seinem Begleiter und stieß hervor: »Nostitz, wieder diese Frau. Sie verfolgt mich.« Dann jagte er im Galopp davon.
Im allgemeinen Gedränge brach Nostitz' Pferd aus, so dass er

es erst einmal beruhigen musste. Als er es unter Kontrolle hatte, ritt er zu dem Hügel zurück, auf dem die verhüllte Frau gestanden hatte. Doch der Hügel war nun leer. Immerhin konnte er noch von anderen Soldaten erfahren, dass sie ebenfalls die geheimnisvolle Frau gesehen hatten.
Wenn sie wirklich eine Erscheinung war, dann verhieß sie nichts Gutes. Denn noch am gleichen, schicksalshaften Tag fiel Louis Ferdinand in der Schlacht, während sein Adjutant Karl von Nostitz schwer verwundet wurde.

1807 Mythen über den Werwolf

Wie alt Geschichten über Werwölfe sind, also über Menschen, die sich angeblich in Wölfe verwandeln können, ist nicht bekannt. Aber schon der griechische »Vater der Geschichtsschreibung« Herodot berichtete im 5. Jahrhundert vor Christus hierüber. Die Griechen und Skythen, die an den Küsten des Schwarzen Meeres siedelten, hielten die Einheimischen für Zauberer, welche sich einmal im Jahr für ein paar Tage in Wölfe verwandeln. Es waren aber wohl eher Verkleidungen, die für die Dauer eines Festes zu Ehren irgendeines »Gottes« angelegt wurden.
Psychologen erklären die Werwolfgeschichten, die zahlenmäßig in die Zehntausende gehen dürften, als »Gestalt gewordene menschliche Bestialität«. Anstatt seine unbewussten Ängste auf ein gefürchtetes Tier oder eine Traumfigur zu projizieren, mag der Mensch eher glauben, dass er sich selbst in ein Ungeheuer verwandelt und dabei die Gestalt eines Wolfes mit Fell, Klauen und Fängen annimmt.

Im Herbst des Jahres 1807 feierte eine Dorfgemeinschaft auf einem Hügel in der Nähe des Weichselufers im heutigen Polen in ausgelassener Fröhlichkeit das Erntedankfest. Als die Feier in vollem Gang war, hallte plötzlich ein grauenhafter und markerschütternder Schrei durch die Gegend. Aufgeschreckt liefen einige junge Leute in die Richtung, aus der der Schrei gekommen war. Sie konnten gerade noch sehen, wie ein riesiger Wolf ein hübsches Mädchen aus dem Dorf, das bald heiraten sollte, packte und davonzerrte. Ihr Verlobter war nirgends zu sehen.
Der Kühnste unter den jungen Männern verfolgte den Wolf und konnte ihn schließlich stellen. Die Bestie ließ die Beute fallen und duckte sich, zähnefletschend, bereit zum Sprung auf den Verfolger. Einige Dorfbewohner waren zurückgelaufen, um Äxte und Gewehre zu holen. Doch bis sie wieder am Ort des Geschehens eintrafen, hatte der Wolf das Mädchen erneut geschnappt und war in den nahen Wald entkommen.
Viele Jahre später feierte das Dorf auf demselben Hügel wieder einmal Erntedank. Da näherte sich ein alter Mann der ausgelassenen Gesellschaft. Man lud ihn ein mitzufeiern, doch der Alte setzte sich nur bedrückt nieder und trank, ohne ein Wort zu sagen. Ein ungefähr gleichaltriger Bauer setzte sich zu ihm und musterte ihn ausgiebig. Daraufhin fragte er ihn: »Bist du es, Jan?«
Es war tatsächlich der ältere Bruder, der vor vielen Jahren spurlos verschwunden war. Bald gesellten sich immer mehr Dorfbewohner hinzu und lauschten ungläubig den Erzählungen des anfangs so schweigsamen Besuchers. Er berichtete, dass er einst von einem Hexer in einen Wolf verwandelt worden war. Daraufhin hätte er seine Verlobte verschleppt und ein Jahr lang zusammen mit ihr im nahen Wald gelebt. Nach Ablauf dieses Jahres sei sie jedoch verstorben. Von da an hätte

er in seinem Schmerz schonungslos Männer, Frauen und Kinder angefallen und jedes Tier gerissen, das ihm über den Weg gelaufen war.
Als Beweis hielt er den Dorfbewohnern seine Hände hin, die tatsächlich blutbefleckt aussahen. Vier Jahre bevor er bei ihnen auftauchte, hätte er die menschliche Gestalt wieder erhalten. Seitdem ziehe er rastlos von Ort zu Ort. In sein Heimatdorf sei er gekommen, um noch einmal seinen Bruder, Freunde und Nachbarn zu sehen. Danach würde er als Wolf seine Tage beschließen müssen. Kaum hatte er diese Worte ausgesprochen, da nahm er auch schon Wolfsgestalt an. Er jagte an den zutiefst erschrockenen Dorfbewohnern vorbei in Richtung des nahen Wäldchens und wurde nie mehr gesehen.
Psychologen sprechen heute von Lykanthropie und bezeichnen damit die Wahnvorstellung, sich in ein Tier zu verwandeln, im Extremfall sogar Menschen zu töten.
Aber kann es wirklich sein, dass zahllose Vorfälle dieser Art, die sich selbst vereinzelt noch heute ereignen sollen, »nur« auf eine besondere Art Geisteskrankheit zurückzuführen sind?

1808 UFOs über dem Piemont

Vor einigen Jahren herrschte unter etlichen am UFO-Phänomen Interessierten noch die Meinung vor, es handle sich hierbei um ein Rätsel unserer Zeit, das seinen Anfang in den Frühsommertagen des Jahres 1947 genommen hatte. Dass dem keineswegs so ist, hat sich mittlerweile herumgesprochen. Deutet man manche Felsbilder, die bis in die ausgehende Altsteinzeit zurückdatieren, mit neuzeitlichen Augen, so kann man vermuten, dass bereits unsere frühen Vorfahren seltsame Dinge am Himmel beobachten konnten. Diese Erscheinungen müssen für sie sehr bedeutsam gewesen sein, so dass sie sie als Höhlenzeichnungen der Nachwelt hinterließen. Besonders oft findet man sie an Höhlenwänden in Spanien, Frankreich und Italien.

Bleiben wir in Italien. Im Jahr 1808 kam es zu einer ungewöhnlichen Häufung von Beobachtungen unbekannter fliegender Objekte über der norditalienischen Region Piemont. Das Datum der Sichtungswelle ist umso bedeutender, als es in jenen Tagen noch keine Verwechslungsmöglichkeiten mit irdischer Flugtechnologie gab. Und eine Erscheinung jagte damals gewissermaßen die nächste.

Besonders der Monat April zeichnete sich in diesem außergewöhnlichen Jahr 1808 durch eine beispiellose Sichtungshäufigkeit aus. Am 2. April wurde das Dorf Perosa Argentina nahe der Stadt Pinerolo von im Tiefflug vorbeiflitzenden leuchtenden Objekten regelrecht heimgesucht. Über La Morra flog in der Nacht vom 11. auf den 12. April ein »funkelnder Gegenstand«. Bereits damals kannten die Menschen Meteoriten und hätten ein natürliches Objekt auch als solchen erkannt. Am hellen Tag des 12. April erschreckte in Carmagnola ein grell leuchtender Gegenstand das Pferd eines Reiters. Es scheute daraufhin und warf seinen Herrn kurzerhand aus dem Sattel. Und am 15. April überflog ein spindelförmiges Objekt das Städtchen Torre Pellice, unweit von Pinerolo. Nur drei Tage später kam es am selben Ort zu einer nahen Begegnung mit dem Unbekannten.

Es war noch früh am Morgen des 18. April 1808, als Signore Simondi, der Sekretär des Friedensrichters von Torre Pellice, von einem scharfen Summen aus dem Schlaf gerissen wurde. Jenes Geräusch war durchdringend und wollte nicht enden.

Schließlich stieg Simondi aus dem Bett und eilte zum Fenster, um nach der Quelle des ungewöhnlichen Lärms zu forschen. Und er kam gerade noch rechtzeitig, um zu sehen, wie sich auf der gegenüberliegenden Wiese eine leuchtende Scheibe erhob, die sich mit phantastischer Geschwindigkeit in den Himmel entfernte.

Nach dem Monat April wurden die UFO-Sichtungen über dieser Region im Norden Italiens wieder weniger. Am 12. Oktober wurde Pinerolo nochmals von leuchtenden Scheiben überflogen. Dann kehrte langsam wieder Ruhe ein am Himmel über dem Piemont.

1809 Auf geheimer diplomatischer Mission verschollen

Perleberg ist eine Stadt in der brandenburgischen Westprignitz. Sie ist bekannt für ihre zahlreichen aus dem 15. bis 17. Jahrhundert stammenden Fachwerkhäuser, die 1546 errichtete Rolandsäule und die spätmittelalterliche Stadtkirche. Weit weniger bekannt dürfte sein, dass sich hier vor mehr als 200 Jahren einer der geheimnisvollsten Fälle spurlosen Verschwindens in der Neuzeit abspielte. Bis zum heutigen Tag konnten die Hintergründe des Verlorengehens von Benjamin Bathurst, des britischen Gesandten in Wien zur Zeit der Napoleonischen Kriege, nicht aufgeklärt werden. Sein Schicksal ähnelt jenem des schwedischen Diplomaten Raoul Wallenberg, der im Zweiten Weltkrieg in Ungarn zahlreiche Juden unter Einsatz seines Lebens rettete. Wallenbergs Spur verlor sich kurz nach der Eroberung Budapests durch

die Rote Armee im Winter 1944/45, und da wie dort kursierten zwar reichlich Gerüchte und Mutmaßungen, doch Genaueres konnte man in beiden Fällen nicht eruieren.
Benjamin Bathurst also, ein junger Diplomat und Cousin des britischen Außenministers, war im November 1809 mit wichtigen Depeschen in seine Heimat unterwegs. Da es nach dem Sieg Napoleons in der Schlacht von Wagram von französischen Spionen wimmelte, reiste Bathurst aus Sicherheitsgründen auf Umwegen. Zuvor hatte er in Berlin für sich und seinen Schweizer Diener gefälschte Reisepässe besorgt. Um den 25. November machten sie, auf halbem Weg nach Hamburg, wo sie ein Schiff nach England nehmen wollten, im erwähnten Städtchen Perleberg Station. Die Postkutsche, die Bathurst und sein Diener mit zwei weiteren Reisenden teilten, musste die Pferde wechseln, und so nutzten die vier Passagiere die Zeit zum Nachtessen im Posthaus.
Gegen neun Uhr abends verließen alle vier Personen das Gasthaus, um ihre Reise fortzusetzen. Während das Gepäck verladen wurde, ging Bathurst aus unbekanntem Grund hinter die Postkutsche – und verschwand von einer Sekunde zur nächsten, ohne eine Spur zu hinterlassen. Eine sofortige Suche, an der sich neben dem Diener und den Mitreisenden auch der Kutscher und die Wirtsleute des Posthauses beteiligten, blieb ergebnislos. Der britische Diplomat war buchstäblich vom Erdboden verschluckt.
Sehr besorgt über dieses plötzliche Verschwinden, suchte der Diener den preußischen Stadtkommandanten von Perleberg, einen gewissen Hauptmann Klitzing, im Magistrat auf. Im Verlauf des Gespräches gewann er den Eindruck, dass Klitzing über den Vorfall bereits informiert war. Der Stadtkommandant hatte nämlich am frühen Abend zwei Soldaten der Stadtwache zum Posthaus entsandt, die dort bis 19.00 Uhr

waren. Sie sollen dann von einem der Mitreisenden fortgeschickt worden sein. Hauptmann Klitzing ließ sich nach Bathursts Verschwinden dessen Gepäck aushändigen und sorgte auch dafür, dass die Reisenden im »Gasthaus zur Goldenen Krone« untergebracht wurden.
Kurz nach dem rätselhaften Verschwinden dachte man, es handle sich um eine gewaltsame Entführung, auch wenn diese mit geradezu überirdischer Geschicklichkeit und absolut geräuschlos hätte ablaufen müssen. Auch wurde die Befürchtung geäußert, Bathurst sei vielleicht nicht mehr am Leben. In seinem Gepäck fehlte nämlich ein wertvoller Zobelpelz, der später stümperhaft unter Holzscheiten versteckt im Posthaus wiedergefunden wurde. Vier Polizisten durchsuchten bis in die späte Nacht hinein alle Gaststätten und Herbergen in Perleberg, und ein Fischer erhielt den Auftrag, den an der Stadt vorbeifließenden Fluss, die Stepenitz, abzusuchen. Aber der Engländer blieb verschollen. Wenige Tage später verreiste der Stadtkommandant mit unbekanntem Ziel. Doch spätestens bei dessen Rückkehr dürfte er gewusst haben, dass Benjamin Bathurst ein hoher englischer Diplomat war, der wichtige und geheime Depeschen zu übermitteln hatte. Mit Jägern und Hunden ließ Klitzing das gesamte Umland von Perleberg absuchen und auch die Stepenitz stauen. Leider ohne das geringste Ergebnis.
Bathursts Diener blieb in Perleberg, um bei der Aufklärung dieses Mysteriums behilflich zu sein. Später identifizierte er die Hose des Diplomaten, die man in einem nahen Buchenwäldchen gefunden hatte. Sie lag, von innen nach außen gekehrt, mitten auf dem Waldweg, als hätte man es darauf angelegt, dass sie gefunden würde. Die Beinkleider wiesen zwei Löcher, wie von Pistolenkugeln, auf. Doch Blut klebte seltsamerweise nicht am Stoff. Dafür fand man in einer der Taschen

einen zerknitterten Brief an Bathursts Frau, in dem er seine Befürchtung ausdrückte, sie vielleicht nie wiederzusehen. Er deutete eine gefährliche Situation an, deren Drahtzieher ein gewisser Comte d'Entraigues wäre, ein gefährlicher Doppelagent jener Zeit.

Die Affäre begann gewaltige Wellen in der politischen Landschaft des beginnenden 19. Jahrhunderts zu schlagen. So setzte die englische Regierung die Summe von 1000 Pfund Sterling aus, die von der Familie des Diplomaten verdoppelt wurde. Doch noch immer konnte niemand einen noch so vagen Hinweis auf Schicksal und Verbleib Benjamin Bathursts geben.

Im Frühjahr 1810 begab sich Bathursts junge Frau nach Perleberg, um eigene Nachforschungen anzustellen. Von dort fuhr sie dann nach Frankreich, ausgestattet mit einem Pass von Napoleon persönlich, der an einem Image als friedliebender und kooperativer Monarch interessiert war. Von den zahlreichen Gerüchten, die sie im Zusammenhang mit dem spurlosen Verschwinden ihres Mannes zu hören bekam, schien eines der Wirklichkeit womöglich noch am nächsten zu kommen. Der Direktor des Magdeburger Zuchthauses soll einmal Zeugen gegenüber geäußert haben: »Sie forschen nach dem englischen Gesandten, aber ich habe ihn hier in Sicherheit.«

Hatte man Bathurst aus irgendeinem Grund verschleppt und in einem Kerker festgesetzt? Seine Frau, die den erwähnten Gefängnisleiter später auf diese Äußerung ansprach, bekam einzig zur Antwort, dass er sich wohl in der Identität des Gefangenen geirrt hätte. Von ihrer ergebnislosen Mission nach England zurückgekehrt, suchte Mrs. Bathurst den Mann auf, den ihr Gatte in seinem Brief bezeichnet hatte. Vom Comte d'Entraigues, jenem zwielichtigen Doppelagenten, erhoffte sie sich endlich Erlösung von ihrer quälenden Ungewissheit, die nun schon ein halbes Jahr andauerte. Doch es sollte ganz anders kommen.

Während ihres Besuches bei dem Adeligen verriet dieser ihr, dass ihr Gatte tatsächlich in der Festung von Magdeburg inhaftiert sei, und er versprach, hierfür den Beweis nachzuliefern. Doch nur wenige Tage nach dem Treffen wurde der Adelige zusammen mit seiner Frau ermordet. Bei einem Schusswechsel kam auch der Mörder ums Leben, so dass die Chancen, die immer mysteriöser werdende Affäre Bathurst doch noch aufzuklären, mit einem Male verschwindend gering wurden.

Man vermutete damals, dass Bathurst von den Franzosen entführt und später ermordet wurde, führte der Diplomat doch für sein Heimatland wichtige Papiere im Gepäck. Zudem war Englands Verhältnis zu Frankreich nicht das beste, denn drei Jahre bevor Bathurst verschwand, hatte Frankreich versucht, durch die Errichtung der »Kontinentalsperre« das Britische Königreich in die Knie zu zwingen.

Wie allerdings diese Entführung – wenn es eine war – durchgeführt wurde, ist auch über 200 Jahre nach jenem ominösen Geschehen mehr als rätselhaft. Wie hätten sich die Entführer nur hinter der Kutsche verbergen und ihr Werk tun können, ohne die Mitreisenden und Passanten durch Handgemenge, Schüsse, Schreie und dergleichen aufmerksam zu machen? Benjamin Bathurst jedoch war hinter die Postkutsche gegangen und verschwand auf Anhieb – als hätte sich der Erdboden unter seinen Füßen aufgetan, ohne die geringsten Spuren von ihm zu hinterlassen. Sein Weg in die Ungewissheit ist nach wie vor eins der größten Geheimnisse der neueren Geschichte Europas.

1810 Scheintot begraben

Eine der schlimmsten Erfahrungen dürfte wohl sein, lebendig begraben zu werden. Und zwar nicht aus freien Stücken, sondern in einem Zustand, der als *scheintot* bezeichnet wird. Derartige Vorfälle kamen in früheren Jahrhunderten nicht selten vor, und die letzten Atemzüge kurz vor dem Ersticken im Sarg müssen den Betroffenen den Verstand geraubt haben. Früher hat man eigens diverse Hilfsmittel ersonnen, um scheintot Begrabenen die Möglichkeit zu geben, sich bemerkbar zu machen. Beispielsweise ein langes Horn, dessen Trichter knapp über dem Boden endete. Heute ist die moderne Medizin darauf bedacht, solche alptraumhaften Situationen von vorneherein auszuschließen.

Mitunter aber hatte auch damals das Schicksal eine glückliche Wendung vorgesehen. Victorine Lefourcade war eine gutaussehende junge Dame aus dem niederen französischen Adel. Zu aller Leute Entsetzen hatte sie sich, vollkommen unstandesgemäß, in einen bitterarmen Journalisten mit Namen Jules Bossuet verliebt. Ihre Eltern waren allerdings gegen diese Verbindung und zwangen sie stattdessen zur Ehe mit einem Mann, den sie ihr ausgesucht hatten. Für Victorine war es die Hölle auf Erden. Nach einigen elenden Jahren lieblosen Alltags wurde sie 1810 ganz plötzlich krank und starb. Als die Nachricht von ihrem Tod Jules Bossuet erreichte, eilte er sofort zu dem kleinen Friedhof, auf dem Victorine begraben worden war. In seiner Trauer suchte er ein Erinnerungsstück, weil er sie für den Rest seines Lebens nicht vergessen wollte. So begann er, den Sarg der Frau, die er liebte, auszugraben, um ihr eine Locke abzuschneiden. In diesem Moment schlug sie ihre Augen auf.

Jules Bossuet schaltete sofort. Für alle anderen war Victorine verstorben und beerdigt. Als Victorine sich wieder ein wenig erholt hatte, bestiegen beide ein Schiff, das sie nach Amerika brachte. Dort lebten sie zwanzig Jahre lang. Als sie glaubten, dass zu Hause niemand mehr Victorine wiedererkennen würde, kehrten sie nach Frankreich zurück.
Leider hatten sie nicht mit dem guten Gedächtnis der Leute gerechnet. Es kam, wie es kommen musste: Bald erfuhr auch Victorines »Witwer« davon, der auf der Stelle die Behörden verständigte und seine offiziell verstorbene Frau vor Gericht zitieren ließ. Zum Glück schlug der Richter die Anklage nieder. Victorine und Jules Bossuet hatten nun die Erlaubnis, als Paar zusammenzubleiben, und lebten unbehelligt in ihrer alten Heimat.

1811 Keine Seele an Bord

Der nördliche Atlantik war stürmisch und der Himmel düster, als eines Tages im Jahr 1811 Fischer und andere Einwohner von Easton's Beach bei Newport im US-Bundesstaat Rhode Island eine beunruhigende Beobachtung machten. Ein großes Segelschiff steuerte genau auf die Kanalriffe am Eingang zur Narragansett Bay zu und fuhr damit seinem Verderben entgegen. Schreiend und händeringend liefen die Männer in Küstennähe ans Ufer, erwarteten, jeden Augenblick den ohrenbetäubenden Lärm von splitternden Planken zu hören. Doch plötzlich wendete das Schiff, manövrierte an den Riffen entlang durch den engen Kanal und nahm dann direkten Kurs auf die Küste. Die Segel blähten sich noch immer voll im Wind, und niemand machte Anstalten, sie einzuholen. Als das Schiff den Strand berührte, hob eine große Welle den Bug und setzte es völlig unbeschädigt auf den Sand.

Die Fischer stürmten an Bord, um den Kapitän zu seiner seemännischen Meisterleistung zu beglückwünschen. Doch keiner befand sich an Bord, mit Ausnahme eines Mischlingshundes, der ruhig sitzen geblieben war. In der Schiffskombüse verkochte gerade der Kaffee auf dem Herd, und für die ganze Besatzung war der Frühstückstisch gedeckt. Über den Mannschaftsquartieren hing noch der Geruch von Tabakrauch.

Das Schiff war die *Seabird,* die unter dem Kommando von Kapitän John Durham stand und für diesen Tag in ihrem Heimathafen zurückerwartet wurde. Sie kehrte von einer Reise nach Britisch-Honduras mit einer Fracht von Kaffee, Pechkiefer und anderen tropischen Hölzern zurück.

Der Kapitän, ein rauhbeiniger Neuengländer, war wohlbekannt in der Gegend. Seine letzte Eintragung im Logbuch lautete, man habe Brenton Riff, das ein paar Meilen vor der Küste liegt, gesichtet. Die Mannschaft eines Fischerbootes berichtete hierzu, dass sie zwei Stunden bevor die *Seabird* strandete, noch auf See Signale mit ihr ausgetauscht habe. Demzufolge sei an Bord noch alles in bester Ordnung gewesen.

Man vermutete in der Folge, dass die Besatzung, erschreckt durch die starke Brandung am Riff, das Schiff aufgegeben hatte und ertrunken war. Doch abgesehen davon, dass es sich um erfahrene Seeleute handelte, geht außerdem aus keinem der Berichte das Fehlen der Rettungsboote hervor. Auch wurden in den darauffolgenden Tagen und Wochen keine Leichen an der Küste angespült.

So löschte man die Fracht und transportierte sie in das nahe Newport. Danach versuchte man, das Schiff wieder flottzumachen. Doch dies schlug fehl, da es sich zwischenzeitlich noch tiefer in den Sand gebohrt hatte. So ließ man es ganz einfach an Ort und Stelle liegen. Sollten sich doch die Naturgewalten seiner annehmen.
Ein paar Monate später jagte nachts ein Sturm über die Küste und schleuderte haushohe Wellen auf den Strand. Am nächsten Morgen erwarteten die Bewohner von Easton's Beach, das Schiff wäre in Stücke zerschlagen und seine Überreste lägen zerstört herum. Doch das Schiff war weg, und am Strand fanden sich keine Spuren mehr. Die *Seabird* war auf den Ozean zurückgekehrt, blieb verschwunden und wurde nie wieder gesehen.

1812 Der geträumte Mord

Präkognition, also das Vorherwissen um künftige Ereignisse, hat eine sehr lange Tradition. Vor allem bei politisch motivierten Morden. Bekannt geworden ist beispielsweise der Traum von Cäsars Gattin Calpurnia, welcher die Ermordung ihres Mannes zum Inhalt hatte.
In der Nacht vom 2. auf den 3. Mai 1812 hatte der Bergwerksingenieur John Williams eine der beachtlichsten Vorahnungen, die je aktenkundig wurden. Er träumte in sämtlichen Einzelheiten die Ermordung des britischen Premierministers Perceval Spencer. Aufgeregt erzählte Williams seinen Traum dem mit ihm befreundeten Schriftsteller John Abercrombie, der ihn erst im Jahr 1834 wie folgt wiedergab: »Mr. Williams

war im Unterhaus, wo er einen kleinen Mann im blauen Rock und weißer Weste sah. Wie er ihn noch betrachtete, da zog plötzlich ein Mann in einem braunen Rock mit messingfarbenen Knöpfen eine Pistole hervor und schoss auf jenen kleinen Mann. Der stürzte nieder, und aus einer klaffenden Wunde, knapp unterhalb der linken Brustseite, drang Blut.«

In seinem prophetischen Traum vernahm John Williams ganz deutlich den Pistolenknall, sah, wie das Blut floss und die Weste sich rot färbte und wie sich die Farbe im Gesicht des Opfers in fahles Grau veränderte. Immer noch im Traum, wurde der Attentäter ergriffen. Und als gefragt wurde, wer denn hier erschossen worden sei, antwortete man ihm, es sei der Schatzkanzler. In jenen Tagen war Sir Perceval Spencer nämlich gleichzeitig Premierminister *und* Schatzkanzler der britischen Regierung.

Williams hatte den Traum in derselben Nacht noch zwei weitere Male. In der darauffolgenden Woche erzählte er ihn mehreren Personen – unter anderem seinem Bruder, einem Geschäftsfreund und zwei führenden Persönlichkeiten in seiner Heimatstadt Falmouth in der Grafschaft Cornwall.

Nur wenig mehr als eine Woche war vergangen, als am 11. Mai 1812 Sir Perceval Spencer tatsächlich im Wandelgang des Unterhauses von einem gewissen John Bellingham erschossen wurde. Es fand alles genauso statt, wie John Williams es geträumt hatte. Jede Einzelheit des Traumes wurde von Zeugen bestätigt, selbst die Kleidung sowohl des Opfers als auch des Mörders. Fünf Tage nach dem Attentat wurde John Williams' prophetischer Traum auch in der renommierten britischen Tageszeitung »The Times« in allen Einzelheiten geschildert.

1813 Roter Regen

Es geschieht auch heute von Zeit zu Zeit in unseren Breiten, dass Regen vom Himmel fällt, der sich von normalen Niederschlägen in einigen Details unterscheidet. Auf ungewöhnliche Regenfälle, die sogar allerlei Getier und auch echtes Fleisch, Blut und Gewebe enthalten, werde ich in einem späteren Kapitel noch ausführlich zurückkommen.

Die »harmlosere« Variante beruht zumeist auf mineralischen, weniger auf organischen Verfärbungen.

Am 14. März 1813 ging in Italien ein blutroter Regen hernieder. Dieser ließ sich jedoch auf Staub zurückführen, der aus den Wüstenregionen Nordafrikas stammte. Professor Sementini aus Neapel, der den roten Niederschlag untersucht hatte, erläuterte sein Ergebnis: »Der Wind hatte zwei Tage lang aus westlicher Richtung geweht, als es um zwei Uhr am Nachmittag plötzlich drückend heiß wurde. Der Himmel zog sich zu, und es wurde allmählich so finster, dass man Kerzen anzünden musste. Die erschrockenen Leute stürzten in Scharen in die Kathedrale, um zu beten. Der Himmel nahm die Farbe von rot glühendem Eisen an, und Blitz und Donner wechselten sich unaufhörlich ab. Dann begannen schwere Regentropfen zu fallen, die blutrot gefärbt waren.«

Als man das Regenwasser kostete, konnte ein schwach erdiger Geschmack festgestellt werden. Zudem hinterließ es Rückstände, die gelblich gefärbt waren. Professor Sementini, der die Überreste analysierte, konnte damals noch nichts über die Herkunft sagen. Heute wissen wir, dass Staub und Sandpartikel der Sahara, von starken Stürmen hochgewirbelt, über Tausende von Kilometern in den sogenannten »Jetstreams« – dies sind Höhenströmungen, die sich oft auch die Piloten von

Linienflugzeugen zunutze machen, um schneller voranzukommen – mitgerissen werden und dann in Niederschlagszonen abregnen.
Und während gelber Regen hauptsächlich auf Blütenstaub zurückzuführen ist, entsteht schwarzer Regen heutzutage fast immer aus ungefilterten Industrieemissionen. Auch mikroskopisch kleine Lebewesen können an farbigen Regengüssen schuld sein. Professor Brun aus Genf (Schweiz) ging 1880 Meldungen über einen Blutregen im marokkanischen Djebel Sekra nach, der die einheimische Bevölkerung sehr in Unruhe versetzt hatte. Brun konnte feststellen, dass Felsen und Pflanzen mit winzigen getrockneten Schuppen bedeckt waren, die er als Überreste von Kolonien des einzelligen Organismus *Protococcus fluvialis* identifizierte. Der Professor nahm an, sie seien von einem Wirbelsturm dorthin transportiert worden. Doch er konnte sich beim besten Willen nicht erklären, welche unbekannten Kräfte die Einzeller selektiert hatten. Denn der seltsame rote Regen bestand ausschließlich aus jungen Organismen dieser Art.

1814 Verschollen im Bermuda-Dreieck

Das Bermuda-Dreieck ist ein Seegebiet im südwestlichen Teil des Nordatlantiks, dessen Eckpunkte von Puerto Rico, den Bermuda-Inseln sowie einem Punkt westlich von Florida im Golf von Mexiko gebildet werden. Seit der Entdeckung der westindischen Inselwelt durch die Europäer ist es als gefahrvolles, geheimnisumwittertes und oft Verderben bringendes Meeresgebiet verrufen. Schon aus den allerersten

Berichten spanischer Seefahrer, beginnend mit Christoph Kolumbus, gehen beunruhigende Schilderungen über mysteriöse Erscheinungen der verschiedensten Art hervor. Der Genueser in spanischen Diensten beschrieb ein feuerballähnliches Gebilde, das sein Flaggschiff erst umkreiste, um danach ins Meer zu stürzen. Die Seeleute auf seinen Schiffen waren verängstigt und stets am Rande einer Meuterei, als sie bemerkten, wie sich nun auch noch die Kompassnadeln im Kreis zu drehen begannen. Erscheinungen, die sprichwörtlich geworden sind, wenn die Rede auf rätselhafte Vorfälle im Bermuda-Dreieck kommt.

Und siebzehn Karavellen aus der späteren Flotte Kolumbus', welche im Juli des Jahres 1502 verlustig gingen, zählen zu den ersten dokumentierten Schiffsverlusten in diesem sinistren Seegebiet.

Selbst dem berühmten englischen Dichter William Shakespeare (1564–1616), der kaum hundert Jahre danach seine Stücke verfasste, muss der unheilvolle Ruf zu Ohren gekommen sein. Denn er machte in seinem Werk »Der Sturm« eine erste Anspielung. Im ersten Akt, zweite Szene, lässt er Ariel sagen: »Allwo du einst um Mitternacht mich aufriefst, Tau zu holen von den stürmischen (Original: beängstigenden) Bermudas.«

Machen wir einen kleinen Zeitsprung, denn im Mittelpunkt steht hier ja das 19. Jahrhundert. Mit dem Beginn des 19. Jahrhunderts und der Zunahme des Schiffsverkehrs an der Ostküste der Vereinigten Staaten verschwanden auch immer mehr Schiffe. Das Bermuda-Dreieck machte selbst vor den Streitkräften nicht halt, denn auch die Marine der USA verlor einige große Kriegsschiffe – zwei davon, die *U. S. S. Insurgent* und die *U. S. S. Pickering*, im August 1800. Letztere war mit neunzig Personen an Bord auf der Fahrt zwischen Guadeloupe und dem Neuenglandstaat Delaware. Oder auch die

U. S. S. Patriot. An Bord dieses Bootes hielt sich Theodosia Burr auf, die Tochter Aaron Burrs, der von 1801 bis 1804 Vizepräsident der USA war. Die *Patriot* ging im Januar des Jahres 1813 für immer verloren.

Den vorläufigen Höhepunkt an Verlust, was die Anzahl der Besatzung betrifft, verzeichnete die US Navy am 9. Oktober 1814. An jenem schicksalshaften Tag verschwand die *U. S. S. Wasp* – mit 140 Personen an Bord, von denen keine einzige jemals wiedergefunden wurde.

Und seither verging kaum ein Monat, in dem es nicht zum unerklärlichen Verschwinden großer Schiffe, später auch zahlreicher Flugzeuge über dem Dreieck kam. Erklärungsversuche zu den mysteriösen Vorfällen reichen von Zeitsprüngen über Dimensionslöcher, welche einen Übertritt in Parallelwelten ermöglichen, bis hin zu Eingriffen außerirdischer Intelligenzen.

Aber auch weniger exotische Lösungsansätze sind denkbar. In letzter Zeit favorisieren viele Forscher die Existenz riesiger Methangasblasen unter dem Meeresboden. Platzen diese, würde die Tragfähigkeit des Meerwassers schlagartig gegen null sinken, und Schiffe würden untergehen, noch bevor sie einen Notruf hätten absetzen können. Aber kann diese Erklärung auch für die zahlreichen Flugzeuge gelten, die ebenso verschwunden sind?

Was auch immer der Grund sein mag für die beispiellosen Häufungen mysteriöser Fälle des Verschwindens: Wegleugnen ist bei der noch immer wachsenden Liste verlorener Schiffe und Flugzeuge nicht möglich. Ebenso wenig, wie man sie dem viel zu häufig strapazierten »Zufall« anlasten könnte. Die Rätsel um das Bermuda-Dreieck werden uns sicher noch länger beschäftigen.

1815 Die Geister im Londoner Tower

In früheren Zeiten, genauer gesagt, seit der Regierungszeit Heinrichs I. (1068–1135, König von 1100–1135), beherbergte der Londoner Tower oft eine ganze Reihe wilder Tiere zur königlichen Unterhaltung. Da waren Löwen und Bären, Zebras und Hyänen und sogar Elefanten untergebracht. Erst 1835 wurde dieser Zoo, in dem die Tiere alles andere als artgerecht gehalten wurden, aufgelöst, weil einer der Wächter von einem Löwen zerfleischt worden war. Doch schon 1815 sah ein Posten, der den Eingang bewachte, eines Mitternachts einen riesigen Bären, wie sich dieser vor ihm auf den Hinterbeinen aufrichtete. Der zu Tode entsetzte Wächter stieß mit seinem Bajonett zu, musste aber verwundert zur Kenntnis nehmen, dass der Stoß ins Leere ging und an der Stelle in der Eichentür stecken blieb, wo eben noch der Bär gestanden hatte. Der Posten meldete den Vorfall gleich am darauffolgenden Morgen, bezahlte aber seine unheimliche Begegnung am nächsten Tag mit dem Leben, als er am Schock starb.

Es sind nicht nur »tierische« Geister, die eines der bekanntesten Wahrzeichen Londons heimgesucht haben. Im Jahr 1605 wurde Henry Percy wegen seiner Beteiligung am *Gunpowder Plot,* einer Verschwörung gegen König James I. und das britische Parlament, in den Martin-Tower geworfen. Seine Haft währte sechzehn Jahre, dann konnte er sich mit der damals astronomisch hohen Geldsumme von 30 000 Pfund freikaufen. Doch obwohl er freigelassen und nicht hingerichtet wurde, spukt sein Geist seit seinem Tod im Tower. Zeugen sahen ihn auf der Brustwehr spazieren gehen, wo er während seiner Gefangenschaft Luft schnappen durfte.

Lady Jane Grey war eine noch berühmtere Insassin des Towers. Verurteilt wurde sie wegen ihrer Verwicklung in eine Intrige, die sie selbst zur Königin hätte machen sollen. Am 12. Februar 1554 wurde sie geköpft, und seitdem spukt ihr Geist in dem Gemäuer. Am Todestag der Lady im Jahr 1957 sah ein Wachtposten, wie sich eine weiße Masse zur Gestalt der Lady Jane Grey formte. Sofort rief er einen zweiten Posten herbei, welcher rechtzeitig zur Stelle war, um das Phänomen zu bestätigen.
Um den Martin-Tower ranken sich noch jede Menge Gespenstergeschichten, aber nicht alle haben mit früheren Häftlingen des vormaligen Kerkers zu tun. Eine der eigenartigsten Erscheinungen tauchte nur ein einziges Mal auf und konnte bis heute keiner Ursache zugeordnet werden, wie etwa hingerichteten Gefangenen. Im Oktober 1817 saß Edmund Lenthal Swifte, der Lordsiegelbewahrer der Kronjuwelen, mit seiner Familie beim Abendessen. Plötzlich sahen sie einen Glaszylinder knapp über dem Esstisch schweben. Darin befand sich eine wirbelnde, blauweiße Flüssigkeit. Der Zylinder glitt langsam hinter Swiftes Frau, die, aufs Äußerste erschrocken, zu schreien begann. Als Swifte einen Stuhl nach diesem gespenstischen Behältnis warf, verschwand es, und seither wurde diese Erscheinung nicht wieder gesehen.

1816 Unterwegs mit Dinosauriern?

Im Jahr 1816 wurde in der Nähe von St. Louis (Missouri), am Westufer des Mississippi ein eigenartiges Paar versteinerter Fußabdrücke entdeckt. Die Abdrücke waren etwa achtundzwanzig Zentimeter lang und an den Zehen zehn Zentimeter breit. Henry Schoolcraft, der sie untersuchte, stellte fest, dass sie von jemandem stammen mussten, der es gewohnt war, große Entfernungen barfuß zurückzulegen. Schoolcraft beschrieb sie als »erstaunlich natürlich, mit deutlich ausgeprägten Muskelsträngen und Krümmungen von Fersen und Zehen sowie einer Präzision und Naturtreue, die wiederzugeben mir nicht möglich war«. Das Verrückte an der Sache aber war, dass diese menschlich wirkenden Fußabdrücke in einer Kalksteinschicht gefunden wurden, die von den Geologen auf ein Alter von 270 Millionen Jahren datiert wird.

Und da wären wir eigentlich in einem Erdzeitalter gelandet, das nicht von Menschen, ja nicht einmal von Säugetieren dominiert wurde. Mit dieser Datierung befinden wir uns am Auftakt des Erdmittelalters. Eine erdgeschichtliche Epoche, in der gewaltige Reptilien – die Dinosaurier – zu Land, Wasser und auch in der Luft unseren Planeten beherrschten. Erste Vorläufer der Säugetiere, im besten Fall so groß wie ein heutiger Igel, fristeten ihr Dasein im Schatten vieltonnenschwerer Urweltmonster, unter deren Schritten der Boden erbebte. Und der Mensch? Immer wieder wird zwar, wann immer neue Fossilienfunde das notwendig machen, sein Stammbaum ein Stück weiter zurückdatiert. Die Paläontologen sind sich jedoch einig, dass die ersten Vorfahren des Homo sapiens vor nicht mehr als drei bis vier Millionen Jahren auf den Bäumen herumgeturnt sind.

Dennoch sind die nicht ins gängige Schema der Evolutionstheorie passenden Abdrücke vom Westufer des Mississippi nicht die einzigen Funde dieser Art geblieben.

In den Cumberland Mountains in Kentucky wurde in den 1890er Jahren eine Felsschicht gefunden, die sogar 300 Millionen Jahre alt sein soll. Hierauf fanden die Ausgräber diverse

Reptilienspuren, aber auch zwei menschlich aussehende Fußabdrücke, welche sie als »wohlproportioniert, mit gespreizten Zehen und sehr deutlich gezeichnet« beschrieben.
Und dann kam Paluxy River, der Super-GAU für alle Evolutionstheoretiker. Im Jahr 1908 riss eine Springflut das Kalkgestein des Flusses bei Glen Rose südwestlich von Dallas (Texas) auf und legte die Fußabdrücke von Dinosauriern frei. Man fand zahlreiche Trittspuren verschiedener Saurierarten. Doch ebenso entdeckte man viele menschliche Abdrücke, die etwa fünfunddreißig Zentimeter lang waren und gut erkennbar alle Eigenschaften eines menschlichen Fußes aufwiesen. Bei einigen davon konnte man deutlich alle fünf Zehen erkennen. Aus der Größe der Abdrücke schloss man auf Menschen von über zwei Metern Größe.
In den folgenden Jahrzehnten wurden im Umkreis von ein paar Kilometern noch Hunderte weiterer Dinosaurierspuren gefunden. Regelmäßig verliefen neben und in diesen auch Abdrücke menschlicher Wesen. Dies waren zudem keine einzelnen, zusammenhanglosen Spuren, sondern fortlaufende Sequenzen. Abdrücke von rechten wie auch linken Füßen in den richtigen Abständen, die mit den vorwärts gerichteten Laufbewegungen eines modernen Menschen vollkommen übereinstimmen. Doch diese geheimnisvollen Wesen, deren Trittspuren sich in diesem 140 Millionen Jahre alten Felsgestein erhalten haben, gingen ihren Weg offenbar gemeinsam mit Dinosauriern.
Es ist klar, dass die etablierten Wissenschaften sofort zur in solchen Fällen am liebsten geäußerten Erklärung griffen: Es konnten alles nur Fälschungen sein. Weil, wie so oft, nicht sein kann, was nicht sein darf. Auf der anderen Seite nahmen fundamentalistische Kreationisten sich der Versteinerungen an. Ganz besonders in den USA tendieren zahlreiche streng bibel-

gläubige Sekten dazu, die im ersten Buch Mose verzeichnete Schöpfungsgeschichte wortwörtlich zu nehmen. Für sie sind die Spuren von Sauriern und Menschen erst vor wenigen tausend Jahren entstanden; die Millionen Jahre währende Erdgeschichte existiert für sie nicht. Andere denken wiederum an eine untergegangene Zivilisation, die bereits vor vielen Millionen Jahren existierte.
Ich persönlich könnte mich indessen mit der umgekehrten Schlussfolgerung anfreunden. Wer weiß mit Bestimmtheit zu sagen, dass wirklich alle Dinosaurier vor etwa sechzig Millionen Jahren ausgestorben sind? In den entlegensten Winkeln unserer Welt warten vielleicht noch einige unglaubliche Überraschungen auf uns.

1817 Gestatten: Bell Witch, Tennessee

Eine der schaurigsten Poltergeist-Manifestationen trug sich im frühen 19. Jahrhundert im Südosten der Vereinigten Staaten zu. In dem kleinen Ort Adams in Tennessee wurden ein wohlhabender Farmer und dessen Familie vier Jahre lang von einer unendlich bösartigen Wesenheit gepeinigt, die als »Bell Witch« eine traurige Berühmtheit erlangte. Der Fall gehört zu den wenigen, die einen tödlichen Ausgang nahmen.
John und Lucy Bell lebten mit ihren Kindern auf ihrer Farm, als ihre Tochter Elisabeth im Jahre 1817 plötzlich zur Zielscheibe einer Poltergeist-Erscheinung wurde. Die ersten Vorfälle waren im Vergleich noch relativ harmlos, doch dann steigerte sich die Intensität der Attacken zunehmend. Hörte man anfangs unheimliche Geräusche wie Keuchen und Gurgeln

oder das Scharren von Hundepfoten auf dem Fußboden, so klang es bald, als würden schwere Ketten durch das Haus gezogen. Dann ging es richtig los.
Bald wurden einige Familienmitglieder nachts im Schlaf angegriffen. Die Bettdecken wurden fortgezogen, und wer sich wehrte, bekam von einer unsichtbaren Hand einen kräftigen Schlag. Jemand oder etwas zog die Kinder in der Dunkelheit an den Haaren. Besonders wüst wurde Elisabeth (»Betsy«) Bell angegangen. Oft hörte man sie des Nachts in ihrem Zimmer schreien. Und die Angriffe auf das Mädchen wurden immer heftiger.
Die Familie machte sich ernsthafte Sorgen um Betsys Gesundheit. In der Hoffnung, die Heranwachsende »aus der Schusslinie zu bringen«, schickte man sie zu einer befreundeten Nachbarsfamilie. Doch die Hexe folgte ihr, und die Angriffe wurden immer noch schlimmer. Betsy fühlte sich zeitweilig, als wolle man sie ersticken, beklagte sich über Atemnot und wurde manchmal sogar ohnmächtig. Auf ihrem Gesicht tauchten wie aus dem Nichts rote Striemen auf. Sie gab an, Nadelstiche am ganzen Körper zu spüren, und erbrach hin und wieder spitze Gegenstände.
Bald gaben sich »Geisterjäger« und selbsternannte Exorzisten auf der Bell-Farm die Türklinke in die Hand. Der Quälgeist reagierte mit der Zeit auf die Aktivitäten jener Leute, beantwortete aber keine Fragen nach seiner Herkunft. Mit lauter und klarer Stimme antwortete die Hexe auf die ihr gestellten Fragen: »Ich bin ein Geist von überall, Himmel, Hölle, Erde. Bin in der Luft, in Häusern, überall zu jeder Zeit, bin vor Millionen Jahren erschaffen worden. Das ist alles, was ich sagen werde.«
Später benutzte sie eine so obszöne Ausdrucksweise, dass es sich in der ganzen Gemeinde herumsprach. Und obwohl sie

am Anfang bei ihren Angriffen auf die Familienmitglieder keine Unterschiede machte, zeigte sich die Hexe bald gegenüber der Mutter, Lucy Bell, auffallend rücksichtsvoll. Doch dann richteten sich ihre Aggressionen gegen ein anderes Mitglied der Bell-Familie. Vor einer großen Anzahl von Personen verkündete sie eines Abends in der Küche: »Ich habe beschlossen, den alten John zu verfolgen und zu quälen, solange er lebt.«

Von da an richteten sich die bösartigen Angriffe nicht mehr gegen Elisabeth, sondern gegen den Vater. Die unsichtbare Hexe suchte ihn mit den entsetzlichsten Leiden heim. So schwoll seine Zunge derart stark an, dass er weder essen noch sprechen konnte und sein ganzes Gesicht unnatürlich verzerrt war. Dies führte so weit, dass er immer schwächer wurde und tagelang zu keiner Tätigkeit mehr fähig war. Oft war er dem Ersticken nahe. Mitte Oktober des Jahres 1820 hatte er sich kurz von einer solchen Phase erholt, da wurde er schon wieder von dieser unsichtbaren Entität auf das Heftigste angegriffen.

Wenige Wochen später war John Bell mit seinen Kräften restlos am Ende. Am Morgen des 19. Dezember 1820 fand ihn die Familie zusammengekrümmt und fast ohnmächtig im Bett. Als sich der herbeigerufene Arzt über den Sterbenden beugte, war wieder die kreischende Stimme jenes Wesens zu hören: »Du kannst dem alten John nicht mehr helfen. Diesmal hab ich ihn!« Am nächsten Morgen war John Bell tot.

Parapsychologen sind heute der Meinung, dass Poltergeisterscheinungen typisch bei pubertierenden Jugendlichen sind, welche die verschiedenen Manifestationen durch gewaltige Spannungen erzeugen, die von ungelösten Konfliktsituationen herrühren. Dass sich die Aggressionen plötzlich gegen den Vater richteten, könnte Ausdruck eines tiefen, aber uneingestandenen Hasses gegen diesen gewesen sein. Möglicherweise gab es Annäherungsversuche des Vaters gegenüber seiner Tochter Betsy – im schlimmsten Fall eine inzestuöse Beziehung der beiden. Die bigotte, von vordergründiger Frömmelei getragene Lebenssituation ländlicher Gemeinden in vielen Teilen der Vereinigten Staaten wäre jedenfalls der ideale Nährboden für eine derartige Konfliktkonstellation, die in der beschriebenen Art und Weise eskalierte.

1818 Ungebändigter Überlebenswille

Können im Hohlraum eines Steins oder Felsens eingeschlossene Tiere wie Muscheln, Kröten oder Wassermolche für unbegrenzte Zeit überleben? So unglaublich es auch klingen mag, es existiert eine ganze Reihe seriöser Berichte, die den Schluss nahelegen, dass der Lebenswille einzelner Individuen noch stärker ist, als wir uns in unserer kühnsten Phantasie vorstellen können.

Die frühesten Aufzeichnungen über solche Phänomene finden sich im britischen »Annual Register« aus dem Jahre 1761. Diese Ausgabe enthielt eine Anzahl von Berichten über lebende Tiere, die man im Fels eingeschlossen gefunden hatte. Meist waren das kleine Reptilien oder Schalentiere. So wurde geschildert, dass die Steine, mit denen man die Hafenstraßen von Toulon gepflastert hatte, häufig zerschlagen wurden, um lebende Schalentiere »von erlesenem Geschmack« zu gewinnen. Ein selbst in wissenschaftlichen Kreisen ernstzunehmender Bericht stammt von dem Geologen Dr. E. D. Clarke. Dieser sprach im Februar 1818 in einem Vortrag am Caius College in

Cambridge über einen nahezu unglaublichen Fund, den er selbst kurz zuvor gemacht hatte. Dr. Clarke hatte in der Hoffnung auf reichhaltige Fossilienfunde Ausgrabungen im Kalksteinbruch eines Freundes beaufsichtigt. In einer Tiefe von 82 Metern stießen Arbeiter auf eine Schicht versteinerter Seeigel und Wassermolche. Clarke grub drei von ihnen aus und legte sie auf ein Stück Papier in die Sonne. Zu seiner Verblüffung fingen die Tiere bald an, sich zu bewegen. Zwei starben kurz darauf, doch das dritte von ihnen wurde in das Wasser eines nahen Teiches gesetzt. Dort bewegte es sich so lebhaft, dass es entkam.

Am 8. April 1865 berichtete die Zeitschrift »Leeds Mercury« über den Fund einer lebenden, in Stein eingebetteten Kröte bei Ausgrabungen am Wasserwerk von Hartlepool. Der Vorarbeiter James Yeal und seine Helfer fanden das Tier in einem Kalksteinblock acht Meter unter der Erdoberfläche und zweieinhalb Meter von der nächsten Wasserader entfernt. Wie in zahlreichen ähnlichen Fällen war der Körper der Kröte im Fels nachgeformt, so dass die Höhlung einem Abdruck glich. Durch die plötzliche Befreiung war die Kröte munter geworden. Als man sie aus dem Felsen herausgeholt hatte, versuchte sie zu atmen, doch bereitete ihr dies offenbar große Schwierigkeiten. Man hörte nur ein heiseres »Bellen«, was wohl daher kam, dass ihr Maul verschlossen war und das Geräusch aus den Nasenöffnungen drang. Zuerst war das Tier bleich wie der Kalkstein, doch dann habe sich die Farbe in zartes Olivbraun gewandelt. Das Tier lebte noch ein paar Tage, starb dann aber.

Der englische Naturforscher William Howitt erwähnte in seiner »History of the Supernatural« eine steinerne Kugel, welche seit langer Zeit den Torpfosten eines Herrenhauses geziert hatte. Eines Tages fiel sie herab und zersprang, wobei im

Inneren eine lebende Kröte zum Vorschein kam. Und ein Mr. Spott schilderte am 20. September 1862 in einem Leserbrief an die »Times«, wie seine Frau beim Zerschlagen eines Kohlebrockens auf einen, gleichfalls lebenden, Frosch gestoßen sei.

Die Diskussion über solche »tierischen Überlebenskünstler« dauerte bis gegen Ende des 19. Jahrhunderts und führte zu manchem Zerwürfnis unter den Wissenschaftlern. Dann erlosch ganz plötzlich das akademische Interesse, denn das Thema wollte gar nicht recht in ein traditionelles Weltbild passen, in dem kein Platz für solche provokanten »Verrücktheiten« ist.

1819 Der Tag, der eine Nacht war

Heute, in unserem 21. Jahrhundert, kreisen zahlreiche Satelliten um unseren Planeten, mit deren Hilfe eine wenigstens einigermaßen zuverlässige Wettervorhersage machbar geworden ist. Das war noch vor wenigen Jahrzehnten anders, ganz zu schweigen vor 200 Jahren. Da fühlte sich der Mensch noch Wetterkapriolen wie den folgenden hilflos ausgeliefert. Doch waren es wirklich nur Vorgänge, die von einer außergewöhnlichen Wettersituation verursacht wurden?

Am 10. November 1819 erwartete die Bewohner der kanadischen Stadt Montréal ein düsterer, ja geradezu unheilvoll anmutender Morgen. Bereits zwei Tage zuvor hatte ein heftiger, öliger Regen die Stadt mit einem rußigen Schmierfilm überzogen. Und als die Menschen die schweren, zuerst schmutzig grünen und später pechschwarzen Wolken er-

blickten, waren sie überzeugt, dass ein weiterer »Ölregen« auf sie niedergehen werde. Es sollte jedoch noch schlimmer kommen, denn an jenem Tag brach das rätselhafteste, aber auch entsetzlichste Unwetter über Montréal herein, wie es dort nie zuvor – und bis zum heutigen Tag auch nie mehr danach – stattgefunden hatte.
Um die Mittagszeit brannten noch immer alle Straßenlaternen in der Stadt, als wäre es Nacht. Die Sonne, wenn man sie überhaupt durch die dichten Wolken erkennen konnte, wechselte von einem dunklen Braun zu einem fahlen Gelb, dann zu Orange und schließlich zu einem unheimlichen blutigen Rot. Gegen zwei Uhr am Nachmittag türmte sich ein wahres »Wolkengebirge« über Montréal. Hierauf folgte ein unwirklich greller Blitz, welcher den Himmel beinahe heller erleuchtete als die Sonne. Der dazugehörige Donner ließ Fensterscheiben bersten und die Häuser in ihren Grundmauern erzittern.
Dann begann es zu regnen, ähnlich wie schon zwei Tage zuvor. Die entsetzten Einwohner mussten zuschauen, wie ein gewaltiger Blitz in den Turm der französischen Gemeindekirche fuhr. Elektrische Funken entluden sich am Eisenkreuz und an der Turmspitze. Dabei stürzte das Kreuz zu Boden und zerbrach. Als die Einwohner Montréals am nächsten Morgen erwachten, war der ganze Himmel klar und blau. Nur das Kreuz der Kirche, das zerborsten am Boden lag, erinnerte noch an das Wetterinferno des vergangenen Tages.
Wie erwähnt, umrunden Wettersatelliten unsere Erde und melden uns im Voraus Wirbelstürme und andere meteorologische Besonderheiten. Würde sich jedoch ein solches Weltuntergangsszenario wiederholen, wären wir bestimmt kaum besser dran als die Bewohner Montréals am 10. November 1819.

1820 Kein Frieden in der Gruft

Es war der 18. April 1820. Fahles Laternenlicht fällt in die eben erst geöffnete Gruft der Familie Chase. Mit kaum übersehbarem Grausen betreten ein paar Männer die letzte Ruhestätte, welche seit Jahren ihrem Namen wirklich keine Ehre gemacht hatte. Als ihre Augen sich an das diffuse Licht gewöhnt hatten, erkannten sie, dass ihre Vorahnungen sie ein weiteres Mal nicht betrogen hatten. Wieder lagen die Särge übereinander und wie von einer unbekannten Kraft durcheinandergewürfelt. Es war gespenstisch. Doch alles erst einmal der Reihe nach.

Barbados ist die östlichste Insel aus der Gruppe der Kleinen Antillen, bekannt geworden auch als »Inseln unter dem Wind«. Dort, auf dem Friedhof der Stadt Christchurch, oberhalb der Oistin Bay, liegt eine Gruft, die seit bald 200 Jahren leer steht. Sie ist in bestem Zustand, doch ein rätselhaftes Phänomen hat dafür gesorgt, dass hier niemand mehr seine Verstorbenen bestattet. Jeder Sarg, der dort beigesetzt wird, wird binnen kürzester Zeit durch eine mysteriöse Kraft von der Stelle gerückt und umgestürzt. Was Anfang des 19. Jahrhunderts in dem Gewölbe geschah, wurde von den Behörden dokumentiert und befindet sich in den Archiven, welche die Briten einst anlegten. Hierzu zählen auch genaue Vermessungen, Skizzen und eidesstattliche Erklärungen namhafter und honoriger Zeugen.

Mit Erklärungen tut man sich schwer. Waren es Auswirkungen von Erdbeben? Wie uns die verheerende Erdbebenkatastrophe vom Januar 2010 gezeigt hat, ist auch diese Region akut gefährdet. Doch in jener Zeit hatten nur leichtere Beben stattgefunden, welche sich auch nicht auf die Gruften des

Friedhofs ausgewirkt haben. Oder waren es Überschwemmungen? Der Friedhof liegt allerdings recht hoch, und auch die anderen Gräber waren nicht davon betroffen. So scheinen natürliche Erklärungen ausgeschlossen für die unglaublichen Vorgänge, die lückenlos dokumentiert sind.

Die Gruft stammt aus der ersten Hälfte des 18. Jahrhunderts. Wie bei allen Gräbern des Friedhofs ist das Fundament aus dem Fels geschlagen worden, und der oberirdische Teil besteht aus einer Steinmauer mit einer schweren Steinplatte als Decke. Ein schwerer Stein diente als Verschlussplatte, die nach jeder Beisetzung aufs Neue eingemauert und versiegelt wurde.

Wer im 18. Jahrhundert dort bestattet wurde, ist nicht mehr bekannt. Diejenige Verstorbene, die »aktenkundig« ihre letzte Ruhestätte fand, war Thomasina Goddard – und zwar am 31. Juli 1807. Später ging die Gruft auf die Familie Chase über. Gerade ein halbes Jahr später, am 22. Februar 1808, wurde deren erste Tote hier beerdigt. Es war Mary Ann Maria, die Tochter des Familienoberhauptes Thomas Chase. Und als am 6. Juli 1812 erneut die Gruft geöffnet wurde, um die sterbliche Hülle von Dorchas Chase aufzunehmen, war alles noch in Ordnung. Alle Särge standen unberührt an ihren Plätzen.

Als aber einen Monat später, am 9. August 1812, ihr Vater Thomas Chase begraben wurde, waren die Trauergäste entsetzt. Die Särge von Mary Ann Maria Chase und ihrer Schwester Dorchas waren nicht nur umgestellt, sondern hin und her gestoßen und von einer Ecke zur anderen geschoben worden. Der Sarg von Mary Ann stand sogar hochkant in einer Ecke. Es schien, als hätten Vandalen gewütet, doch der Verschlussstein zeigte keine Spuren gewaltsamen Eindringens. Nachdem die Särge wieder an ihren Platz gestellt und die Gruft erneut versiegelt worden war, versuchte man die

Affäre zu verdrängen. Angetrunkene schwarze Friedhofsarbeiter mussten als »Sündenböcke« herhalten.
Vier Jahre später starb Samuel Brewster Ames Chase, noch in jugendlichem Alter. Also öffnete man am 25. September 1816 die Gruft im Beisein der Familie. Alle Särge waren durcheinandergewirbelt, mit Ausnahme des Sarges der 1807 bestatteten Thomasina Goddard. Die Friedhofswärter richteten alles wieder her, wie es sein sollte. Doch als schon zwei Monate später ein weiteres Familienmitglied zur letzten Ruhe gebettet werden sollte, herrschte dasselbe Chaos. Dieses Mal waren sämtliche Särge wie umgestürzte Kegel durcheinandergeworfen.
Thomasina Clarke wurde, wie das Kirchenregister zu vermelden wusste, am 17. Juni 1819 beigesetzt. Da man einmal mehr alle Totenschreine umgestürzt fand, sah sich endlich die Obrigkeit bemüßigt, einzuschreiten. Der britische Gouverneur, Lord Combermere, Vertreter der Polizei und der Justiz und eine große Menschenmenge waren zugegen. Der Lord übernahm die Leitung der Untersuchung und ließ zunächst die Gruft von Bauleuten und Architekten prüfen. Es wurde kein anderer Zugang gefunden als der eingangs erwähnte, dessen Verschlussstein immer wieder neu versiegelt worden war. Zudem waren hier Zement und Siegel unberührt gewesen. Nun ließ der Gouverneur nicht nur die Särge an deren Plätze zurückstellen, sondern auch eine Schicht feinen Sandes auf den Boden streuen und die Gruft in seinem Beisein neu versiegeln. Bevor die Gruft wieder verschlossen wurde, fertigten Zeichner noch genaue Skizzen von der Aufstellung der einzelnen Särge an.
Dann kam dieser schicksalshafte 18. April 1820. Am Vorabend wollten Spaziergänger dumpfe Geräusche aus jenem Abschnitt des Friedhofs vernommen haben. Lord Combermere rief die Vertreter der Kirche, Soldaten sowie Maurer

und Architekten zusammen und fuhr mit ihnen zum Schauplatz des Geschehens. Im Gepäck hatten sie auch die Monate zuvor angefertigten Skizzen. Dann wurde im Beisein der Familie Chase die Gruft geöffnet, und die noch zur Gänze unversehrten Siegel wurden aufgebrochen.

Als sich die Augen der Beteiligten an das diffuse Licht gewöhnt hatten, mussten sie feststellen, dass in dem ausgebrachten feinen Sand nicht die geringsten Spuren zu erkennen waren, weder von Schritten noch vom Bewegen der schweren Särge. Diese aber lagen kreuz und quer übereinander, einige davon sogar mit dem Kopfende nach unten gegen die Mauer gelehnt. Wie war das möglich? Wer hatte da unter völliger Verachtung der hier Bestatteten derart gewütet? Niemand konnte – selbst bis auf den heutigen Tag – eine plausible Antwort auf diese Frage geben. Entnervt gab die Familie Chase den ebenso sinnlosen wie ungleichen Kampf gegen dieses bizarre Phänomen auf und ließ die Schreine in eine andere Gruft überführen. Seither herrscht Ruhe – und die heimgesuchte Stätte steht unbenutzt leer.

Nicht nur auf Barbados spielten sich Erscheinungen wie diese ab. In einem späteren Kapitel werde ich über einen ähnlichen Fall auf der estnischen Insel Ösel berichten.

1821 Nur ein nackter Fleck Erde

Montgomery ist ein kleines Städtchen südlich von Welshpool, Wales. Bis 1974 war es der Hauptort der ehemaligen Grafschaft Montgomeryshire, die seither ins County of Powys eingegliedert ist. Auf dem dortigen Gemeindefriedhof gibt es seit 1821 einen kahlen Fleck, auf dem nichts wachsen will. Verknüpft ist diese Stelle mit einer sehr tragischen Geschichte. Auch sie lässt uns an Kräfte denken, die nach dem Tod mobilisiert werden.

Im Jahr 1821 wurde ein junger englischer Landarbeiter, John Davies, von einem Gericht in Wales zum Tode durch den Strang verurteilt. Davies war angeklagt, zwei Männer auf dem Weg nach Montgomery überfallen und ausgeraubt zu haben. Natürlich erhob Davies Einspruch: Er sagte seinerseits aus, dass die zwei Kläger ihn angegriffen hätten, um ihm seine Geldbörse abzunehmen. Es sei zu einem Kampf gekommen, in dessen Verlauf er bewusstlos geschlagen wurde. In diesem Zustand hätten ihn die beiden dann in die Stadt geschleppt und beschuldigt.

Die Kläger standen tatsächlich in keinem guten Ruf – jedoch war auch John Davies als Engländer bei den Walisern nicht sonderlich beliebt. Es stand Aussage gegen Aussage, andere Zeugen waren nicht vorhanden. Der Schuldspruch war somit unabwendbar, und das Urteil lautete auf Tod durch Erhängen.

Als John Davies das Gerüst mit dem Galgen bestieg, beteuerte er noch einmal seine Unschuld: »Ich bin unschuldig. Und ich sterbe mit der Bitte, Gott möge meine Unschuld beweisen, indem niemals Gras auf meinem Grab wachsen soll.« Hierauf legte ihm der Scharfrichter die Schlinge um den Hals und betätigte einen Hebel, der eine Klappe unter dem Delinquenten öffnete.

Der Hingerichtete wurde in einer Ecke des kleinen Gemeindefriedhofes von Montgomery bestattet. Bald unterschied sich John Davies' Grab deutlich von allen anderen, die mit Gras bedeckt waren. Seine letzte Ruhestätte war nur ein rechteckiges Stück nackter Erde. Diese Neuigkeit machte

sehr schnell die Runde, und so kamen Neugierige aus der ganzen Umgebung herbei, die den hässlichen kahlen Fleck im sonst grünen Gottesacker bestaunten. Den örtlichen Behörden wurde dieser »Grab-Tourismus« alsbald ein Dorn im Auge, wollten sie doch verhindern, dass das Grab eines nach ihrem Dafürhalten zu Recht hingerichteten Straftäters zu einer Art »Wallfahrtsort« würde. So wurde einem Gärtner die Anweisung erteilt, die Stelle sorgfältig mit Grasboden zu bedecken. Doch das Gras wurde gelb und vertrocknete ungewöhnlich schnell, obwohl es immer ausreichend gegossen wurde. Daraufhin grub man die Erde gründlich um und säte neuen Rasen. Der wuchs erst gar nicht.
Um die Wende vom 19. zum 20. Jahrhundert musste der Friedhof der Verbreiterung und Neuanlage von zwei Straßen Platz machen. Erde wurde herangefahren und der Grund um sechzig Zentimeter erhöht. Neue Wege wurden angelegt, Gärtner säten überall Grassamen und sorgten dafür, dass der ganze Friedhof in kürzester Zeit zu einer schönen Rasenfläche wurde. Nur John Davies' Grab blieb ein rechteckiger Fleck nackter Erde, auf dem partout nichts wachsen wollte. Der Erdboden wurde ausgewechselt und gründlich gedüngt, zuletzt pflanzte man sogar einen Rosenstrauch. Es war vergebens: Alles verdorrte, und nach Regen und Wind war nichts mehr als die nackte, dunkle Erde zu sehen.
Die Gemeindeverwaltung resignierte vor der Laune der Natur, und damit die kahle Stelle auf John Davies' Grab nicht so sehr ins Auge fiel, zog man ein Eisengitter darum. Sogar noch heute befindet sich innerhalb dieser Einfriedung keinerlei Vegetation. Wurde John Davies tatsächlich zu Unrecht hingerichtet?

1822 Ein Kind sieht »sein« Grab

Am 6. Januar 1822 wurde in einem Pfarrhaus der mecklenburgischen Gemeinde Neubukow der kleine Heinrich Schliemann geboren. Der Junge sollte später als Ausgräber sagenhafter archäologischer Stätten weltberühmt werden. Er fand die Schachtgräber von Mykene und erkannte als Einziger von vielen Altertumsforschern, die vor ihm vergebens suchten, die wirkliche Fundstätte des sagenumwobenen Troja.

Direkt neben dem Pfarrhaus lag, wie dies in kleinen Gemeinden üblich ist, der Friedhof. Wer das Haus betrat oder verließ, musste unweigerlich am »Gottesacker« vorbei. Heinrichs Vater, der evangelische Pastor Ernst Schliemann, wurde später in eine andere mecklenburgische Pfarrei versetzt, nach Ankershagen. In diesem Ort lag der Friedhof gleichfalls direkt vor der Tür. An beiden Plätzen verlebte Heinrich Schliemann seine prägendsten Kindheitsjahre. Von klein auf hatte der Junge ständig Kontakt mit den Gemeindemitgliedern und sammelte Erfahrungen über Tod, Gräber und Grabsteine. Für den heranwachsenden Knaben entstanden so manche Rätsel. Das größte Rätsel seiner Kindheit jedoch konnte Schliemann nie ergründen. Erst lange nach seinem Ableben kam man dem Geheimnis ein wenig näher.

Wegen der überragenden Lebensleistung dieses Mannes suchten viele nach Gründen, die ausschlaggebend für seinen Erfolg gewesen sein könnten. Erst der deutsche Psychoanalytiker William G. Niederland wurde fündig. Er reiste 1961 nach Athen, um dort die Gennadius-Bibliothek aufzusuchen. Darin lagern etwa 60 000 Briefe, 18 Tagebücher und Tausende sonstiger Schriftstücke – allesamt von Heinrich Schliemann.

Niederland untersuchte jede Zeile, hatte sogar die Möglichkeit, mit noch lebenden Nachkommen des genialen Altertumsforschers zu sprechen. Dabei kam er einer mysteriösen Angelegenheit auf die Spur.

Einen Teil seiner Freizeit verbrachte Jung Heinrich auf dem Friedhof von Neubukow, der wie erwähnt unmittelbar an sein Elternhaus grenzte. Und dort lag auch ein gewisser Heinrich Schliemann begraben, der gestorben war, als der hier erwähnte drei Monate alt war. Es war sein älterer Bruder, gestorben im März 1822. Auf seinem Grabstein hatten die Eltern einmeißeln lassen: »Wir betrauern hier den Tod unseres geliebten Sohnes, Heinrich Schliemann.«

»Unser« Heinrich Schliemann wurde im Januar des Jahres 1822 geboren. Es konnte nie einwandfrei geklärt werden, weshalb die Eltern beiden Söhnen den gleichen Vornamen gaben. Leitete sie eine unheimliche Vorahnung? Was bis heute ein Rätsel ist, muss bei dem überlebenden Heinrich, als dieser beim Besuch des Grabes des verstorbenen Bruders seinen eigenen Namen eingemeißelt sah, eine mächtige Erschütterung ausgelöst haben.

William G. Niederland will in den Aufzeichnungen des großen Altertumsforschers nähere Hinweise gefunden haben: »Es muss eines der beängstigenden Geheimnisse seiner Jugend gewesen sein. Er war sich offenbar nie ganz sicher, ob er der tote Heinrich im Grab oder der lebende Heinrich außerhalb des Grabes war. Im Alter von zwanzig Jahren beschrieb er einen kürzlichen Besuch jener Grabstätte seines Bruders wie folgt: ›[…] nachdem ich des kleinen Heinrichs Grab besehen, setzten wir unsere Reise nach dem dreitürmigen Wismar fort, wo ich auch einen Brief an Pastor Hager abzugeben hatte. […] Sowohl er als auch dessen Gemahlin empfingen ihren alten treuen Schüler mit größter Herzlichkeit, beide konnten sich nicht sattsehen, was ein großer, schlanker Mann aus dem kleinen Heinrich geworden …‹«

Psychologen sehen in frühen, meist unverarbeiteten Erlebnissen eine traumatische Veränderung, die das gesamte spätere Leben beeinflusst. Betrachtet man die Aufzeichnungen Schliemanns, so ziehen sich die Erlebnisse von Neubukow wie ein roter Faden durch sein Leben, als wäre dadurch so etwas wie ein kreativer Prozess in Gang gesetzt worden. Ein Geist, getrieben durch den sehnlichen Wunsch, die Wahrheit zu ergründen.

1823 Geisterinseln

Gute siebzig Prozent der Erdoberfläche sind mit Wasser bedeckt, und noch heute gibt es zahlreiche wenig bekannte Meeresgebiete. Zudem ist der angeblich »feste Boden unter unseren Füßen« durch den Einfluss tektonischer Kräfte ständiger Veränderung unterworfen. Berge wachsen und werden wieder abgetragen, Kontinente verändern ihr Antlitz. Das alles geschieht meist im Lauf von Hunderttausenden oder Millionen Jahren, so dass alles unbemerkt für uns vonstattengeht. Es sei denn, die Erde bebt oder ein Tsunami verändert binnen weniger Stunden das Aussehen ganzer Küstenregionen.

Seit Hunderten von Jahren narren Inseln in den Weiten der Ozeane immer wieder die Seefahrer und Kartografen. Inseln werden entdeckt, beschrieben und auf Karten und Atlanten eingetragen. Um dann, beim nächsten Vorbeikommen eines Schiffes, unauffindbar zu sein. Für das »Versteckspiel« auf den Meeren gibt die Insel Bouvet geradezu ein Paradebeispiel ab. Das nun zu Norwegen gehörende Eiland wurde erstmals 1739 von dem ersten Antarktisforscher Jean-Baptiste Charles Bouvet de Lozier gefunden. Es liegt 1500 Seemeilen südwestlich vom Kap der Guten Hoffnung und ist größtenteils von Gletschern bedeckt.

Der Kapitän James Cook und sein britischer Entdeckerkollege Furneaux suchten sie dann von 1772 bis 1775 vergeblich, bis drei Jahre später die Walfangschiffe *Sprightly* und *Lively* Bouvet sogar anliefen. Als die britische Admiralität 1843 und 1845 die Existenz der Insel überprüfen wollte, blieb diese abermals verschollen, und sie wurde auf Geheiß der Seefahrtsbehörden wieder aus den Karten gestrichen.

Danach dauerte es bis 1882, bis Bouvet erneut entdeckt wurde. Es ging noch eine Weile hin und her, bis endlich das deutsche ozeanografische Schiff *Valdivia* 1898 die Insel ortete. Seit dem Kriegsjahr 1917 ist Bouvet endgültig und an der richtigen Stelle in den Seekarten verzeichnet.

Noch weit mehr »Geisterinseln« scheint es in der Südsee zu geben. Wie etwa Hunter Island, ein Fleckchen Erde im endlosen Pazifik, das ideal wäre, um der Zivilisation zu entkommen. Kapitän Hunter von der *Donna Carmelita* entdeckte das Eiland im Jahr 1823 und bestimmte dessen Position mit 15 ° 31' nördlicher Breite und 176 ° 11' westlicher Länge. Der Kapitän berichtete, dort lebten zivilisierte Polynesier, bei denen die merkwürdige Sitte herrsche, den kleinen Finger der linken Hand bis auf das zweite Glied zu verkürzen. Er fügte hinzu, das Land sei fruchtbar, denn es gebe dort Kokospalmen und Brotbäume. Hunter hätte besser daran getan, in seinem Südseeparadies zu bleiben. Denn kein anderer Seefahrer hat es danach je wiedergefunden.

Anfang des 19. Jahrhunderts stieß ein amerikanischer Walfänger unter Kapitän Swain aus Nantucket auf eine Insel etwa

1800 Seemeilen südwestlich von Kap Hoorn. Die Insel hatte ungefähr acht Meilen Länge, drei Meilen in der Breite und maß zwanzig bis fünfundzwanzig Meter an der höchsten Stelle. Hunderte von Robben und Scharen von Vögeln bevölkerten das schnee- und eisbedeckte Eiland. Auch die Kapitäne Gardiner und Macy erreichten ein paar Jahre später Dougherty, wie die Insel nun genannt wurde. Nach Macys Aussagen war das Wasser um die Insel herum dunkel gefärbt und enthielt jede Menge Seetang. Er versuchte aber nicht anzulegen.

Im Jahr 1830 suchten zwei amerikanische Schiffe Dougherty – jedoch vergebens. Elf Jahre später wiederum fuhr der Walfänger *James Steward* knappe 300 Meter an ihr vorbei. Der Kapitän ortete sie auf 59 ° 20' südlicher Breite und 120 ° 20' westlicher Länge. Nach dieser Sichtung wurde Dougherty auf den Seekarten fest verzeichnet. Auch die Kapitäne Whitson und Stannard sahen die Insel in den Jahren 1886 und 1890, und Kapitän White aus Neuseeland umsegelte sie 1893. Seine Ortung stimmte genau mit derjenigen früherer Navigatoren überein.

Dann war die Insel plötzlich verschwunden. Der Antarktiserforscher Robert Scott prüfte die von so vielen Seeleuten angegebene Position nach. Dort aber, wo sieben Schiffe Land meldeten, lotete er 2588 Faden Tiefe – das sind mehr als 4700 Meter!

Die Regierung der Vereinigten Staaten fasste 1858 mehr als ein Dutzend Inseln im Südpazifik als territoriales Eigentum zusammen. Ein Gesetz aus dem Jahr 1856 zur Annexion von Gebieten erlaubte ihr dies. Doch Gesetze sind, wie auch das Papier, auf dem sie stehen, geduldig: Keine einzige der aufgelisteten Inseln tauchte jemals wieder auf. Aber wer kann schon mit Sicherheit ausschließen, dass abseits der Routen von Fracht- und Passagierschiffen nicht noch Inseln ihrer Entdeckung harren?

1824 Was geht auf dem Mond vor?

Seit Jahrhunderten beobachten renommierte Astronomen mysteriöse Erscheinungen auf dem Mond, die es dort eigentlich nicht geben dürfte. Gilt unser Begleiter doch gemeinhin als ein »totes Gestirn«, bar jeden Lebens oder zumindest ausgeprägter geologischer Aktivitäten. Dem stehen zahllose Berichte über aufblinkende Lichter (»Moonblinks«) und sogar fremdartige Objekte konträr gegenüber.

Beinahe überflüssig zu erwähnen ist, dass es aufseiten der Gelehrten keinerlei Konsens über das Rätsel gibt. Die Mehrheit schweigt es einfach tot, während andere über vulkanische Aktivitäten oder »Lichtreflexe in Staubschichten« spekulieren, die ihrerseits durch Gaseruptionen entstanden seien. Der Mond, ein doch nicht so lebloses Gestirn, wie es uns die Astronomen weismachen wollen? Sehen wir uns einige der gut dokumentierten Berichte über unerklärliche lunare Lichterscheinungen an, auf die Gefahr hin, dass dort oben vielleicht alles ein ganz klein wenig anders ist, als wir zu wissen glauben.

Am 20. Oktober 1824 beobachtete der deutsche Astronom Gruithuisen ein pulsierendes Licht auf der nicht beschienenen Seite des Mondes. Bereits im Juli 1821 war ihm eine Reihe aufblitzender und blinkender Lichter auf der Oberfläche unseres Trabanten ins Auge gefallen. Ein Jahr später will er sogar die Ruinen einer Stadt festgestellt haben. Obwohl sich das letztendlich als Irrtum herausgestellt hat, heißt die entsprechende Position auf der Mondkarte noch heute »Gruithuisen City«.

Bereits im 17. und 18. Jahrhundert wurden immer wieder derartige Seltsamkeiten beobachtet, aber im 19. Jahrhundert

ging es dann richtig los. Am 22. Januar 1825 konnten britische Marineoffiziere, die im Golf von Siam (Thailand) mit ihrem Kriegsschiff *Coronation* ankerten, ein intensives Licht im Mondkrater Aristarchos sehen. Und 1843 erstellte der deutsche Astronom Johann Schroeter über einen längeren Zeitraum detaillierte Mondkarten in großer Anzahl. Auf dem Krater Linné, der seinerzeit etwa acht Kilometer Durchmesser besaß, bemerkte Schroeter unerklärliche Veränderungen. Machen wir einen Zeitsprung, der uns ins 20. Jahrhundert führt: Spätere Aufnahmen von Apollo 15 zeigen denselben Krater mit nur zwei Kilometern im Durchmesser. Was ist dort oben geschehen?
Einer der rätselhaftesten Orte auf dem Mond, was diese Phänomene betrifft, ist das Mare Crisium. Dort beobachtete der Astronom Williams am 8. Mai 1881 die unglaubliche Anzahl von beinahe eintausend Leuchtpunkten. Das Mare Crisium machte auch in den 1950er Jahren Furore in wissenschaftlichen Kreisen, es führte zudem zu einigen phantastischen Spekulationen. Denn sowohl amerikanische als auch russische Astronomen erblickten eine riesige Brückenkonstruktion. Das für unseren Erdtrabanten wirklich rundherum ungewöhnliche Bauwerk wies eine geschätzte Länge von etwa zwanzig Kilometern auf und verschwand später – wie sollte es bei so umstrittenen Erscheinungen anders sein – sozusagen wieder ins »Nichts«.
Um noch einmal auf die Apollo-Mondflüge vom letzten Drittel des 20. Jahrhunderts zurückzukommen: Wurde die bemannte Erkundung unseres nächsten Nachbarn im All schon nach ein paar Jahren eingestellt und seither nicht wieder aufgenommen, weil sich auf dem Mond schon lange irgendjemand anderes auf Dauer niedergelassen hat?

1825 Vom Blitz gezeichnet

Wer je in seinem Leben ohne Vorwarnung in ein Gewitter geraten ist und dabei auch noch gezwungen war, sich im unmittelbaren Gefahrenbereich aufzuhalten, der weiß, welch ungebändigte Kräfte diese Naturerscheinung birgt. Die auf dem Höhepunkt des Unwetters nahezu pausenlos vom Himmel herabzuckenden Blitze, begleitet von oftmals ohrenbetäubenden Donnerschlägen, sorgen bei den ihnen unfreiwillig Ausgesetzten häufig für Todesängste. Diese haben durchaus ihre Berechtigung, denn die Zahl der Blitzopfer ist jedes Jahr beträchtlich. In solchen Situationen wird dringend geraten, sich von Bäumen fernzuhalten. Es hat sich als sehr trügerisch erwiesen, der alten Volksweisheit »vor Eichen soll man weichen, doch Buchen soll man suchen« zu vertrauen. Überhaupt sind Blitze eine Gefahr, die völlig unkalkulierbar ist – und bereits zu den bizarrsten Auswirkungen geführt hat.
Eines der geheimnisvollsten Phänomene von Blitzen auf einen von ihnen Getroffenen betrifft regelrechte Abbilder von Objekten, die sie zuvor durchfuhren und dann auf die Haut der Menschen brannten. Als hätte sich der Blitz durch eine ihm eigene Intelligenz die Struktur »gemerkt« und in das Opfer eintätowiert. So wurden Menschen, die unter Bäumen Schutz vor einem Gewitter gesucht hatten, mit Bildern von Blättern gezeichnet, als sie vom Blitz durchfahren wurden.
Einer der bizarrsten Vorfälle, in dessen Verlauf ein Mensch vom Blitz gezeichnet wurde, ereignete sich im Jahr 1825. Ein Matrose wurde auf See vom Blitz erschlagen, als er sich unterhalb des Fockmastes befand. Als ein Arzt die Leiche untersuchte, entdeckte er eine lange, dünne Brandspur, die sich vom Nacken des Seemanns bis hinunter zum Steißbein zog.

Im Bereich des Beckens aber war das Bild eines Hufeisens eingebrannt. Es war das genaue Abbild jenes Hufeisens, das als Glücksbringer auf dem Fockmast des Schiffes, durch den der Blitz zuerst gefahren war, festgenagelt war.
Einige Menschen jedoch, die einen Blitzschlag mehr schlecht als recht überlebten, scheinen etwas wie eine Affinität zu den himmlischen Entladungen entwickelt zu haben. Der britische Major Summerfield war während des Ersten Weltkriegs mitten auf dem Schlachtfeld in Flandern vom Blitz getroffen worden. Major Summerfield wurde vom Pferd geworfen und war von der Hüfte abwärts gelähmt. Vorzeitig aus dem Militärdienst entlassen, wanderte er nach Kanada aus, wo er sich fortan der Fischerei widmete. Als er 1924 gemeinsam mit drei Freunden auf einem Angelausflug war, schlug ein Blitz in den Baum ein, unter dem sie Schutz gesucht hatten. Dabei erlitt der Major eine Lähmung seiner rechten Körperseite. Noch einmal erholte er sich, bis er 1930 ein weiteres Mal vom Blitz getroffen wurde. Diesmal war er völlig gelähmt, bis ihn der Tod zwei Jahre später erlöste.
Aber auch der umgekehrte Fall ist möglich. Der französische Astronom Camille Flammarion (1842–1925) berichtete vom Schicksal einer Frau Ende des 19. Jahrhunderts, die 38 Jahre gelähmt war. Eines Tages wurde sie von einem Blitz gestreift und konnte plötzlich wieder gehen.
Noch bizarrer ist das Rätsel um die Kugelblitze. Allein ihre Existenz war bis vor Kurzem selbst unter Wissenschaftlern noch absolut umstritten. Sie tauchen, oft unabhängig von Gewittern, wie aus dem Nichts auf, scheinen aber eher ungefährlich zu sein, wenn man ihnen zu nahe kommt. Aus der Literatur kennt man nur einen Fall, in dem ein neugieriges Kind solch einer Erscheinung einen Fußtritt versetzte, worauf sich eine Explosion ereignete. Dabei wurden elf Rinder getötet,

und das vorwitzige Kind wurde zusammen mit einer Begleitperson zu Boden geworfen.
Oft kann man sich des Eindrucks nicht erwehren, dass hinter diesem Phänomen eine subtile Intelligenz am Werk ist. Ganz besonders dann, wenn ein erkennbar zielgerichtetes Vorgehen vorzuliegen scheint. Spiegel und andere zerbrechliche Gegenstände wurden vollkommen unbeschädigt durch die Luft befördert, volle Tintenfässer geleert und Menschen bis auf die Haut ausgezogen. In einem ganz besonders außergewöhnlichen Fall wurden die Schamhaare eines Mädchens versengt, ohne dass es zu weiteren Verletzungen kam. Ein ausgesprochen neckisches Verhalten für ein rätselhaftes Phänomen, das vonseiten der Wissenschaft viel zu lang als bloßer Humbug oder als nicht existent abgetan wurde.

1826 Fingerzeig aus dem Jenseits?

Campbelltown ist heute die Endstation einer Bahnlinie, welche die australische Hafenstadt Sydney mit den südlichen Vororten verbindet. Vor bald 190 Jahren war der heute zu einer kleinen Stadt herangewachsene Ort Schauplatz einer schier unglaublichen Geschichte, in der Gier und Mord wie auch späte Gerechtigkeit die Hauptrollen spielten.
Der Farmer Frederick Fisher hatte ordentlich einen über den Durst getrunken, als er am 26. Juni 1826 aus einem Pub im eben erwähnten Campbelltown stolperte. Er hatte ein bewegtes Leben hinter sich, das ihn eine Zeitlang ins Gefängnis gebracht und danach auf den »rechten Weg« als hart arbeitender Farmer geführt hatte. Ein paar Monate zuvor musste er noch

wegen hoher Schulden einsitzen und hatte deshalb all seine Habe für diese Zeit seinem früheren Mithäftling George Worrall anvertraut.

Als Fisher nach jenem Kneipenbesuch ganz plötzlich spurlos verschwand und Worrall in einer seiner Hosen herumlief, wurde man im Ort misstrauisch. Die Polizei nahm ihn ins Verhör, doch der Ex-Häftling behauptete, Fisher habe sich auf einem Segler mit Namen *Lady Vincent* nach England eingeschifft. Das glaubte ihm zwar niemand, aber da keine Leiche gefunden worden war, musste man ihn laufen lassen. Die Polizei setzte hundert Australische Pfund für Hinweise aus, die zur Entdeckung von Frederick Fisher oder seiner Leiche führen würden.

Als Worrall erneut verhört wurde, gab er nun an, vier seiner Freunde hätten Fisher umgebracht. Auch diese Aussage konnte die Beamten nicht überzeugen, und sie nahmen Worrall selbst fest. Doch da noch immer keine Leiche aufgetaucht war, hatten sie keine andere Wahl, als den dringend Tatverdächtigen wieder auf freien Fuß zu setzen.

Das ganze Spiel zog sich über mehrere Monate hin und sorgte für großen Frust bei Polizei und Bürgern, da ganz offenbar ein Mörder frei und ungestraft herumlief. Eines Nachts kam der in Campbelltown bekannte und angesehene Farmer James Farley zufällig an Fishers Farmhaus vorbei. Auf einem Geländer sah er eine unheimliche Gestalt sitzen, die fortwährend auf eine Stelle im Garten des Ermordeten deutete. In der festen Überzeugung, ein Gespenst gesehen zu haben, drehte Farley auf der Stelle um und lief zum Polizeirevier. Dort erzählte er Constable Newland von seiner unheimlichen Begegnung. Weil er aber auf den Polizisten einen durchaus vernünftigen Eindruck machte, begab sich dieser tags darauf mit einem Fährtenleser der Aborigines zur Farm von Fisher.

Rasch fanden sich Blutspuren auf dem Geländer, und als sie hierauf an der von der Gestalt bezeichneten Stelle im Garten zu graben anfingen, kam Fishers schrecklich zugerichtete Leiche zum Vorschein. Die lange Suche nach dem Verschwundenen war zu einem tragischen Ende gekommen, aber nun herrschte endlich Gewissheit.

George Worrall wurde vom Gericht des Mordes an Frederick Fisher schuldig gesprochen und endete am Galgen. Hatte ihn vielleicht der Geist des von ihm ermordeten Freundes überführt und auf diese Weise für späte Gerechtigkeit gesorgt? Gerechtigkeit durch einen »Fingerzeig aus dem Jenseits«, der die Arbeit der Polizei doch noch erfolgreich zu Ende brachte.

1827 Die »Gesichte« des Joseph Smith

Joseph Smith (1805–1844), eins von acht Kindern einer armen schottischen Einwandererfamilie, war noch ein Teenager, als er eines Nachts eine Begegnung hatte, die sein ganzes Leben verändern sollte. Familie Smith lebte in Palmyra im Staat New York, und als Joseph in seiner kargen, dunklen Kammer das Abendgebet sprach, wurde der Raum plötzlich gleißend erhellt. Aus dem hellen Licht trat eine Gestalt in weißem Gewand, die sich dem Jugendlichen als *Götterbote Moroni* vorstellte und ihm Erstaunliches mitzuteilen hatte.

In einem steinernen Versteck, nicht weit vom Wohnort der Familie Smith, liege ein auf goldene Platten graviertes Buch aufbewahrt, das einen vollständigen Bericht über die frühen Einwohner Nordamerikas und ihre Herkunft enthalte. Den goldenen Platten liege auch ein Brustschild bei, auf dem zwei

»Übersetzersteine«, »Urim« und »Thummim«, befestigt seien, mit denen sich diese alte Schrift übersetzen ließe. Nach der Mitteilung, dass er, Joseph Smith, dazu ausersehen sei, einen Teil dieser Schriften zu übersetzen und bekannt zu machen, verschwand Götterbote Moroni. Zweimal jedoch kehrte er in derselben Nacht zu Joseph zurück. Er warnte den Jungen eindringlich davor, besagte heilige Requisiten, die in einem Hügel mit Namen »Cumorah« vergraben seien, außer ein paar vorausbestimmten Personen weiteren, unbefugten Menschen zu offenbaren.

Südlich von Palmyra, bei einem Ort namens Manchester, liegt dieser Hügel Cumorah. Als Joseph Smith tags darauf dort nachsah, fand er die ihm beschriebenen Artefakte tatsächlich unter der Hügelkuppe vor.

»Unter einem Stein von ziemlicher Größe lagen die in einer Steinkiste verwahrten Platten. [...] Ich entfernte die Erde und verschaffte mir einen Hebel, setzte ihn unter der Kante an und hob den Stein mit einiger Anstrengung in die Höhe. Ich schaute hinein und erblickte in der Tat die Platten und den Urim und Thummim sowie den Brustschild, wie der Bote gesagt hatte. Der Kasten, in dem sie lagen, war aus Steinen angefertigt, die von einer Art Zement zusammengehalten wurden. Auf dem Boden dieser Kiste waren zwei Steine quer zur Kiste gelegt, und auf diesen Steinen lagen die Platten und die anderen Dinge.«

Als Joseph mit beiden Händen nach den Gegenständen griff, verspürte er einen heftigen Schlag. Dies geschah noch zweimal, bis er wie gelähmt am Boden lag. Im selben Moment sah er Moroni, den Götterboten der letzten Nacht. Er befahl ihm, er solle von nun an jedes Jahr am gleichen Tag an diesen Ort kommen. Wenn die Zeit reif wäre, würde er die heiligen Gegenstände bekommen.

Vier Jahre später war es dann so weit. Am 22. September 1827 übergab Götterbote Moroni die beschrifteten Goldplatten an Joseph Smith, ebenso die schimmernden Übersetzersteine Urim und Thummim. Moroni hämmerte dem mittlerweile zweiundzwanzig Jahre zählenden jungen Mann ein, dass er zur Verantwortung gezogen würde, wenn die Schätze durch seine Unachtsamkeit verloren gingen. Genauso unmissverständlich teilte er ihm mit, dass er sie eines Tages auch wieder zurückverlangen würde.

Tatsächlich forderte der Götterbote die nur leihweise überlassenen Gegenstände zurück, nachdem Joseph Smith in einundzwanzigmonatiger Arbeit die Platten mithilfe der »Steine« übersetzt hatte. In der Zwischenzeit hatte sich eine Reihe geachteter und seriöser Männer von der Existenz der gravierten Platten überzeugen können. Die Herren Oliver Cowdery, David Whitmer sowie Martin Harris setzten eine Erklärung auf, in der sie beschworen, jene Platten wie auch die darauf eingravierten Schriftzeichen eigenen Auges gesehen zu haben. Und zwei Tage später zeigte Joseph diese an einem sonnenhellen Tag acht weiteren Zeugen, darunter seinem Vater. Alle durften sie das Buch mit den dünnen, schimmernd goldenen Platten in die Hand nehmen und darin blättern. Die einzelnen Seiten waren, ähnlich einem Ringbuchordner, von drei Ringen zusammengehalten. Das Buch habe etwa fünfzehn Zentimeter Breite, zwanzig Zentimeter in der Höhe und fünfzehn Zentimeter Dicke aufgewiesen. Ein Drittel der Metallfolien habe sich mühelos blättern lassen, während zwei Drittel wie versiegelt zu einem einzigen Block zusammengebacken schienen.

Bevor er die gravierten Goldtafeln an Moroni zurückgab, fertigte Joseph Smith einige Abdrücke an. Wissenschaftler klassifizierten sie später als »reformierte ägyptische Hieroglyphen«. Aus den Platten wurde nach der Übersetzung das »Buch Mormon«, das Bekenntnis von heute über fünf Millionen Mormonen in aller Welt. Was der zuvor erwähnten Erklärung der zahlreichen Zeugen zusätzliches Gewicht verleiht, ist die Tatsache, dass sie alle dieser Glaubensgemeinschaft nie angehörten. Zwei von ihnen wurden später sogar zu erbitterten Gegnern des Religionsgründers. Doch keiner von ihnen hat seine eidesstattliche Erklärung, die goldenen Platten gesehen zu haben, jemals widerrufen oder auch nur relativiert.

Die zum »Buch Mormon« gewordenen Platten berichten vom Exodus zweier israelitischer Stämme – lange vor Kolumbus – in die »Neue Welt«. Da waren zum einen die *Jarediten,* die in den Zeiten des Turmbaus zu Babel – zwischen dem 18. und dem 16. Jahrhundert v. Chr. – ihren Gott anflehten, er möge sie den Wirren entreißen, in denen sie sich befanden. Dieser ließ sie acht Schiffe bauen, die auch unter Wasser fahren konnten (!). Nach deren Fertigstellung gab es einige Konstruktionsfehler zu monieren – einer davon war, dass es in den Schiffen so dunkel wie in einer Grotte war. Da sorgte der »Herr« für Abhilfe, indem er sechzehn »leuchtende Steine« spendierte, die auf der 344 Tage dauernden Überfahrt Licht ins Dunkel brachten. Und er gab ihnen einen Kompass mit. Der aber war unbekannt vor 3600 Jahren, da er erstmals vor zwei Jahrtausenden von den Chinesen erfunden wurde.

Als zweiter Stamm kamen die *Nephiten* nach Amerika. Das Buch Mormon gibt hierfür das Jahr 589 v. Chr. an.

In beiden Fällen standen Planung und Durchführung unter der Anleitung und Überwachung einer Intelligenz, die im religiösen Kontext mit dem alttestamentarischen Jahwe gleichgesetzt wird. Dass dieser den Auswanderern Hilfsmittel zur Seite gab, welche so gar nicht in den technischen Kontext jener Zeit passen wollen, wirft ein von den altbekannten Klischees der Religionsgeschichte völlig abweichendes Licht. Doch ersetzen wir hier den Gottesbegriff durch »Vertreter einer möglicherweise außerirdischen Intelligenz«, könnte so manches ungelöstes Rätsel seiner Aufklärung einen großen Schritt näherkommen.

1828 »Steuert nach Nordwesten«

Die erste Hälfte des 19. Jahrhunderts zählte noch zur Blütezeit der schnellen Hochsee-Segelschiffe. Erst einige Jahrzehnte später sollte ihr Niedergang von den Dampfschiffen, die unabhängig vom Wind manövrierten, eingeläutet werden. Auf einem dieser Handelsschiffe fuhr 1828 der damals dreißigjährige schottische Matrose Robert Bruce zwischen Liverpool und New Brunswick in Kanada.

Das Schiff befand sich schon unweit der Küste Neufundlands, als Robert Bruce sich in seiner Kajüte, die neben der des Kapitäns lag, mit Kursberechnungen beschäftigte. Da ihm dies nicht so recht gelingen wollte, rief er zum Kapitän, den er über die Schulter in dessen Kajüte schreiben zu sehen glaubte: »Wie haben Sie es gefunden?«

Da seine Frage unbeantwortet blieb, ging er hinüber. Als er dem vermeintlichen Kapitän gegenüberstand und dieser den Kopf hob, blickte Bruce in ein ihm völlig fremdes Gesicht. Erschrocken rannte er auf Deck und machte dem Kapitän Meldung. Hastig liefen nun beide nach unten, aber die Kajüte des Kapitäns war leer. Dagegen stand auf der Schiefertafel des Skippers: »Steer to the North-West. – Steuert nach Nordwesten«. Doch wer hatte diese ominöse Botschaft hinterlassen? Einfache Matrosen, die des Lesens und Schreibens kundig waren, zählten in jenen Jahren eher zu den rühmlichen Ausnahmen. So war der Kreis derer, die eine Schriftprobe ablegen mussten, sehr klein. Doch keine einzige glich der Handschrift auf der Schiefertafel. Einer spontanen Eingebung folgend, entschloss sich nun der Kapitän, tatsächlich nordwestlichen Kurs einzuschlagen. Das Schiff lag gut in der Zeit, und ein paar Stunden Umweg konnten seinem Zeitplan nicht gefährlich werden. Und schon bald kam ein vollkommen vereistes Schiffswrack in Sicht.

Es war ein Schoner, der auf dem Weg nach Quebec in Seenot geraten war. Passagiere und Mannschaft befanden sich in höchster Lebensgefahr. So wurden die Schiffbrüchigen einer nach dem anderen an Bord des Handelsschiffes gebracht. Plötzlich glaubte Bruce, ein Gespenst zu sehen: Unter den Geretteten war ein Matrose, der in jeder Einzelheit dem Fremden glich, welchen er in der Kajüte seines Kapitäns hatte schreiben gesehen. Daraufhin ersuchte sein Kapitän den Fremden, auf die Rückseite seiner Schiefertafel »Steer to the North-West« zu schreiben. Beim Umdrehen der Tafel wurde klar: Es war die gleiche Handschrift wie auf der Vorderseite.

Nun berichtete der Kapitän des verunglückten Schiffes, dass der Schreiber jener Botschaft gegen Mittag in Tiefschlaf gefallen sei und beim Erwachen gesagt habe: »Heute werden wir gerettet.« Er habe geträumt, an Bord eines anderen Schiffes gewesen zu sein. Als dieses Schiff dann tatsächlich in Sicht kam, habe es jeder sofort erkannt, so genau sei die Beschreibung gewesen. Und der Schreiber selbst erklärte, dass er alles auf dem Handelsschiff wiedererkenne, denn sein »Traum« sei so deutlich gewesen, als hätte sich alles in der Realität abgespielt.

1829 Die Irrfahrt der *Mermaid*

Klingt die vorangegangene Geschichte über die so wunderbare Rettung aus Seenot schon phantastisch, vermögen die uns im Folgenden beschriebenen »sinnvollen Koinzidenzen« geradewegs an den Rand dessen zu führen, was der Verstand noch zu akzeptieren bereit ist. Das einzig Dumme an dieser Geschichte ist nur, dass sie sich tatsächlich so wie geschildert ereignet hat.

Im Jahr 1829 geriet der Schoner *Mermaid* vor der Ostküste Australiens in ein apokalyptisches Unwetter und zerschellte an einem Riff. Matrosen und Passagiere sprangen todesmutig in die Fluten und fanden sich alle wohlbehalten auf einem Strandstreifen wieder. Sie konnten nicht viel mehr als ihr nacktes Leben retten, aber für den Augenblick war es mehr, als sie kurz vorher noch zu hoffen wagten.

Zwei Tage später sah der Mann im Ausguck des Dreimastschiffes *Swiftsure* die Schiffbrüchigen. Dies schien ihre Rettung. Doch fünf Tage später warf eine unbekannte Strömung den Segler auf ein Riff. Niemand wurde verletzt oder getötet, die *Swiftsure* aber war verloren. Schon wenige Stunden nach dem zweiten Untergang bemerkte die Besatzung des Segelschiffs *Governer Ready*, was geschehen war. Sie drehte bei und konnte alle Menschen retten.

Doch auch dieses Glück war nur von sehr kurzer Dauer. Nach sechs Stunden brach an Bord aus unbekannter Ursache ein Feuer aus. Verzweifelt kämpften die Matrosen gegen die Flammen. Umsonst: Alle mussten in die Boote umsteigen. Weitab der üblichen Schiffsrouten, außer Sichtweite der Küste waren sie kurz davor, alle Hoffnung auf Rettung zu verlieren. Diese kam dann aber doch in Form des Küstenschiffes

Comet, das durch ein Unwetter vom Kurs abgekommen war, in ihrer Nähe kreuzte und die Schiffbrüchigen dreier Havarien aufnahm. Als die Geretteten an Bord der *Comet* ihre Geschichte erzählten, lief es allen eiskalt über den Rücken. War ein »Jonas« an Bord? Versuchte der unbarmherzige Ozean tatsächlich um jeden Preis, seiner habhaft zu werden? Was würde noch geschehen?
Fünf weitere Tage auf See, und auch diese Frage wurde beantwortet. Da nämlich nahm der Orkan, der die *Comet* von ihrem Kurs abgebracht hatte, an Stärke zu. Der Großmast knickte und ging über Bord, das Schiff schlug leck, und Wasser drang ein. Nun geschah etwas Unerwartetes: Die abergläubischen Matrosen behielten das einzige Rettungsboot für sich, während die Geretteten der drei vorangegangenen Unglücke auf sich selbst gestellt waren.
Einmal mehr gab es, wie durch ein Wunder, keine Menschenleben zu beklagen. Eine Nacht und einen Tag trieben eilig zusammengezimmerte Flöße und das Rettungsboot auf dem haiverseuchten Ozean. Dann wurden sie von einem anderen Segler, der *Jupiter,* aus den aufgepeitschten Wellen gefischt. Auch wenn meine Leser mit Wiederholungen auf die Folter gespannt werden: Zwei Tage später zerbarst auch die *Jupiter* auf einem Riff. Ein glücklicher Umstand war, dass sich der Dampfer *City of Leeds* ganz in der Nähe befand. Er kam gerade noch rechtzeitig, um an die einhundert Schiffbrüchige an Bord zu nehmen. Alle waren, trotz der vorangegangenen dramatischen Ereignisse, in bester Verfassung. So konnte sich der Schiffsarzt weiter einer älteren Dame widmen, die ihn seit mehreren Tagen sehr in Anspruch genommen hatte. Ihr Name war Sarah Richley, und sie war in der Hoffnung nach Australien gefahren, ihren seit zehn Jahren verschollenen Sohn Peter zu finden.

Auf dieser Seereise war die alte Dame sehr krank geworden – so krank, dass der Schiffsarzt schon mit dem Schlimmsten rechnen musste. Im Delirium verlangte sie, ihren Sohn wieder zu sehen. Der Arzt wollte ihr die letzten Stunden erleichtern, darum suchte er an Bord nach einem jungen Mann, der in etwa das Aussehen und Alter ihres verschwundenen Sohnes hatte. Schließlich hatte Mrs. Richley ihn während der langen Reise nach Australien eingehend beschrieben. Zum Glück musste der Doktor nicht so lange suchen. Ein Mann, der den Untergang der *Mermaid* – des ersten Schiffes dieser unglaublichen Serie – erlebt hatte, erklärte sich spontan bereit, den verlorenen Sohn zu mimen.

Der Schiffsarzt gab ihm kurz ein paar Instruktionen, nannte ihm den Namen der Dame und dass diese aus der Grafschaft Yorkshire käme. Weiter kam er nicht. Denn plötzlich wurde der junge Mann kreidebleich im Gesicht. Nur mit großer Mühe konnte er stammeln, dass er selbst Peter Richley sei und die alte Dame seine Mutter.

Mrs. Richley erholte sich erfreulich schnell. Denn unbewusst hatte der Bordarzt genau das richtige Heilmittel für sie gefunden. Dass es jedoch fünf Schiffsuntergänge in beispielloser Serie brauchte, um den Sohn auf jenen Dampfer zu bringen, auf dem seine Mutter einem ungewissen Ziel entgegenfuhr, ist mehr als phänomenal. Eine Meisterleistung, in Gang gesetzt von einer mysteriösen Kraft, deren Streben es offenbar ist, dem chaotischen Dasein ihre eigene, oft undurchschaubare Ordnung aufzuerlegen.

1830 Unterredung mit der Muttergottes

Sie ziehen sich, dem sprichwörtlichen »roten Faden« gleich, durch die Geschichte des christlichen Abendlandes: Begegnungen mit der in der katholischen Kirche als heilig geltenden Maria. Zahlreiche Wallfahrtsorte verdanken solchen Erscheinungen ihre Existenz. Fast immer sind es Kinder oder Jugendliche oder religiös verklärte Zeitgenossen meist weiblichen Geschlechts, bei denen sich solche Begegnungen einstellen.

Am 6. Juni 1830 wurde Catherine Labouré im Pariser »Seminar der Barmherzigen Schwestern« um 23.30 Uhr von einer Stimme geweckt. Ein lichtumflossener Cherub – so werden Engelsgestalten mit menschlichem Antlitz, im Alten Testament ganz allgemein mythologische Wesen in der Umgebung Jahwes bezeichnet – geleitete sie daraufhin in die Kapelle. Dort wurde sie von der Muttergottes zu einer Unterredung erwartet.

Das Zwiegespräch dauerte zwei Stunden. Es begann, als Catherine Seide rascheln hörte und sah, wie eine wunderschöne Frauengestalt in einem Sessel auf den Altarstufen der Kanzelseite Platz nahm. Sie beschrieb die Frau als »genau wie die heilige Anna, aber nicht mit dem Gesicht der heiligen Anna«. Diese Gestalt imitierte in Haltung und anderen Details ein Porträt der Heiligen, das an einer anderen Stelle in der Kapelle hing. Catherine war deshalb überzeugt, diese Heilige zu sehen. Von der Erscheinung wurde sie zweimal ermahnt, bis sie akzeptierte, es mit der Muttergottes zu tun zu haben.

Vielleicht war es tatsächlich erst eine Vision der heiligen Anna, aber dann nahmen die Ereignisse einen geänderten Verlauf. Die nächste Erscheinung folgte am 27. November

1830. An diesem Tag sah sie ein leuchtendes, dreidimensionales Bild der Maria, das mit Sternen gekrönt sowie von herrlichem Licht umgeben auf einer Weltkugel thronte. Die Muttergottes bewegte sich ein wenig, nahm eine markante Pose ein und behielt diese bei. Um das Szenario schlang sich dann ein ovaler Rahmen, auf dem ein paar Worte erschienen. Dann begann das Bild langsam um seine Längsachse zu rotieren, und Catherine konnte auf der Rückseite des Ovals die Symbole der Herzen von Jesus und Maria erkennen. Die Vision gab ihr schließlich den Auftrag, ein Medaillon von dieser Szene prägen zu lassen. Es wurde so populär, dass mehrere Millionen Exemplare geprägt und verkauft wurden.

In gewisser Weise erinnert mich das Stereotype an Marienerscheinungen an eine sehr moderne Technologie unserer Tage: die Holografie. Wer kann schon sagen, dass es *nicht* eine fremde, von einer anderen Welt stammende Intelligenz ist, die auf diese Weise Kontakt mit den Menschen aufnimmt. Zapft sie deren Unterbewusstsein mit Hilfe ihrer im Vergleich zu der unsrigen weit fortgeschrittenen Technologie an und visualisiert dieses? Eine Kommunikation, die einzig auf Bildern beruht, würde alle Verständigungsschwierigkeiten zwischen fremden Kulturen von vorneherein sicher ausschließen.

1831 Es regnet Münzen

Ein »Apport«: Darunter versteht man in der Erforschung von übersinnlichen Phänomenen den paranormalen Transport von Gegenständen – insbesondere dann, wenn dabei andere feste Gegenstände, wie beispielsweise Wände, unbeschädigt durchdrungen werden. Nicht selten geschieht so etwas in Zusammenhang mit sogenannten Poltergeisterscheinungen. Dann kann es zu einem veritablen Bombardement der Betroffenen mit den unterschiedlichsten Objekten kommen. Meist dienen Steine als Projektile, zuweilen aber werden auch wertvollere Geschosse benutzt.

Im Jahr 1831 endete eine schier unfassbare Serie von spontanem Geldregen, der John McDonalds Farm in Baldoon in der kanadischen Provinz Ontario drei Jahre lang »heimgesucht« hatte. In einem dieser Fälle konnte man sogar feststellen, woher der »Reichtum« stammte. Der Hausierer Patrick Tobin hatte bei den McDonalds übernachtet. Beim Anziehen stellte er fest, dass genau zwanzig Halbdollar-Münzen aus seinem Geldbeutel verschwunden waren. Als er wenig später am Frühstückstisch der Farmersfamilie saß, prasselten neunzehn der Münzen an die Fensterscheibe und durchdrangen diese auf unerklärliche Weise. Ein Geldstück nach dem anderen landete auf seinem Teller, einzig die zwanzigste Münze blieb verschwunden.

Und knapp hundert Jahre später berichtete die Lehrerin H. Kohn, die mit ihrer Schwester bei einer Familie im indischen Poona lebte, über ähnliche Vorfälle. Die beiden Frauen sahen dort in den Jahren 1928 und 1929 mehrmalig Geldstücke im geschlossenen Zimmer fallen: »Zuerst sahen wir die Münzen nicht immer in der Luft, sondern hörten sie nur fallen, weil uns der Aufprall des Geldstückes auf dem Fußboden erschreckte. Bald aber waren wir imstande, sie besser zu beobachten, und sahen tatsächlich, wie das Geld in der Luft erschien.«

Im Mittelpunkt dieser Phänomene stand der damals achtjährige Adoptivsohn der indischen Familie. Heute wissen die Psychologen, dass sehr häufig Jugendliche vor und während der Pubertät mit starken seelischen Spannungen derlei Phänomene auslösen. Doch nach wie vor ist ungeklärt, auf welche Art und Weise diese Menschen die Erscheinungen zuwege bringen, welche geheimnisvollen Mechanismen sie allein durch die geheimen Kräfte ihres Unbewussten in Gang zu setzen vermögen.

1832 Champollion und die früheren Leben

Wandeln wir alle nur ein einziges Mal auf dieser Welt, oder gab es uns auch schon in einer vorhergehenden Existenz? In der sogenannten Reinkarnationsforschung verblüffen uns immer wieder Fälle, die tatsächlich auf ein oder mehrere vorangegangene Leben hinzudeuten scheinen. Wie bei dem berühmten französischen Ägyptologen Jean François Champollion, der bei seinem Ableben im Jahr 1832 ganz offenbar ein dunkles Geheimnis mit ins Grab nahm …

Als Jean François am 23. Dezember 1790 geboren werden sollte, war seine Mutter ziemlich krank. Ängste und Befürchtungen, die nicht unbegründet waren, quälten die Familie Champollion. In diesen Stunden höchster Not schickte man nach dem Nachbarn Jacquou, der seine Zelte im angrenzenden, längst verlassenen Kloster von Lundieu aufgeschlagen hatte. Dieser Jacquou stand im Ruf eines Mystikers und galt auch als pflanzenkundiger Heiler, der um verborgene Dinge wusste und mit seinen Kenntnissen schon vielen Menschen helfen konnte. Auch bei jenen Problemen, die die hochschwangere Madame Champollion plagten, war Jacquou sich der richtigen Arznei sicher.

Er behandelte die Kranke nach einer eigens zusammengestellten Rezeptur und versprach ihr darüber hinaus schnelle und völlige Genesung. Über das zu dem Zeitpunkt noch ungeborene Kind äußerte er sich in geradezu prophetischer Weise: Ein Sohn sollte es werden, und von nicht geringer Bedeutung. Der junge Champollion sollte »den Ruhm kommender Jahrhunderte überstrahlen«.

Jacquou, der hellsichtige Heiler, hatte nicht übertrieben. Denn Champollions Erfolge um die Entzifferung und Übersetzung alter Schriften gingen in die Geschichte der Altertumsforschung ein. Er verfasste neben einer ägyptischen Grammatik auch ein großes Wörterbuch der altägyptischen Sprache, beides noch heute Standardwerke in der Wissenschaft der Ägyptologie.

Kehren wir aber zurück zu den merkwürdigen Vorfällen um seine problematische Geburt. Der kleine Jean François mutete reichlich sonderbar an. Sowohl seine Gesichtszüge als auch sein Teint wirkten keineswegs französisch, sondern ausgesprochen orientalisch. Selbst die Hornhaut seiner Augen war nicht, wie zu erwarten gewesen wäre, weiß, sondern auffällig gelb gefärbt, wie es sich für einen Orientalen gehören würde. Von seinen Eltern konnte er diese Eigenschaften nicht geerbt haben.

Beinahe hatte es den Anschein, als hätte sich in Jean François Champollion ein alter Ägypter reinkarniert, um den Altertumsforschern den Inhalt der bis dahin nicht entzifferten Hieroglyphenschriften näherzubringen. Dies war 1822, als er die dreisprachige Inschrift auf dem »Stein von Rosette« übersetzte. Als er zehn Jahre später, am 4. März 1832 in Paris starb, nahm er dieses dunkle Geheimnis, das sich um das Phänomen Wiedergeburt zu drehen scheint, mit in sein Grab.

1833 Himmlischer Fischfang

Eis, das vom Himmel fällt, und roter Regen – letzterer lässt sich gut durch aufgewirbelten Staub erklären, welcher von Aufwinden nach oben gerissen wurde – darüber habe ich schon berichtet. Blut und Fleischfetzen werden später noch an die Reihe kommen. Was aber sollen wir davon halten, wenn ein Regen zu Boden prasselt, aus Tieren, deren Lebensraum das »nasse Element« darstellt? Als eine der eigenartigsten Launen der Natur gelten Fischregen. Und obwohl es bereits seit Jahrhunderten oder gar seit Jahrtausenden immer wieder zu derlei Erscheinungen kommt, haben Naturwissenschaftler bis heute keine »natürliche« Erklärung dafür finden können.

Denn unser sogenannter »gesunder Menschenverstand« versagt vollkommen, wenn es um Vorfälle geht wie jenen, der sich 1833 im indischen Futtehpoor ereignete. Da fielen auf einem sehr begrenzten Areal geschätzte 3000 bis 4000 Fische vom Himmel, die nicht nur tot, sondern auch getrocknet waren. Ähnliches begab sich drei Jahre später in Allahabad, einem bedeutenden brahmanischen Wallfahrtsort in Uttar Pradesh. Und 1830 fiel in Feridpoor (was für ein Zufall, auch das liegt in Indien, einem wahren »Land der Wunder«) ein mysteriöser Regen, der zwei in Größe und Gewicht unterschiedliche Arten von Fischen aus den Wolken zur Erde herabbeförderte.

Eine Hypothese besagt, dass Tornados die Fische aus den Gewässern in höhere Luftschichten schleudern und dann über weite Strecken transportieren. Doch ist es schwer vorstellbar, dass Wirbelwinde dieses Kalibers zum einen selektiv arbeiten, andererseits – wie in Futtehpoor und Allahabad – so viele Fische in der Luft halten können, bis diese getrocknet sind.

All denen, die sich neben Fischen auch für Schalentiere begeistern können, möchte ich den folgenden Fall nicht vorenthalten. Während eines Gewitters fielen am 28. Mai 1881 viele Tonnen Einsiedlerkrebse und Uferschnecken auf die englische Stadt Worcester. Allerdings nicht flächendeckend, sondern einzig auf die Cromer Gardens Road und ein paar angrenzende Felder. Liebhaber von Muscheln kamen dafür am 9. August 1892 in Paderborn, Norddeutschland, auf ihre Kosten.
Eine recht eigenwillige Erklärung für diese Phänomene dachte sich der amerikanische Querdenker Charles Fort (1874–1932) aus, der sein ganzes Leben lang Berichte über unerklärliche Vorfälle sammelte. Fischregen sei die Folge der von ihm als *Teleportation* bezeichneten Kraft, die Gegenstände von einem Ort zum anderen befördern kann, ohne den dazwischen liegenden Raum zu durchqueren. Diese Urkraft, so Fort, sei früher viel stärker wirksam gewesen, heutige Fisch- und andere Regen aber seien nur ein schwacher Abglanz ihrer früheren Wirksamkeit. Durch sie würden Fische aus ihren Gewässern an eine Stelle im Himmel versetzt, von wo aus sie herabfielen. Manchmal ist dieser Ort nicht so weit vom Erdboden entfernt, was dic Tatsache erklärt, dass die Fische nach dem Fall oft noch leben.
Kann sein, muss nicht. Die Befürworter der Tornado-Hypothese wiederum argumentieren, dass sich die meisten Fischregen im Gefolge schwerer Gewitter und Regenfälle ereignen. Das ist ungenau, denn wolkenloser Himmel mit Windstille und Regengüsse halten sich ziemlich genau die Waage, was die meteorologischen Voraussetzungen bei Fischregen betrifft.
Dafür, dass bereits Darstellungen aus der Antike von Fisch- und anderem organischen Regen künden, wissen wir heute, im 21. Jahrhundert, noch immer erschreckend wenig über dieses ungewöhnliche Phänomen.

1834 Bottineaus Geheimnis

Im März 1834 veröffentlichte Kapitän A. B. Becher von der königlichen Britischen Marine in dem von ihm gegründeten »Nautical Magazine« die Aufzeichnungen eines Franzosen, der über ein höchst seltenes Naturtalent verfügte. Monsieur Bottineau, dies war sein Name, lebte ein paar Jahrzehnte zuvor auf der Isle de France, wie Mauritius in jenen Tagen genannt wurde. Und er war imstande, die Ankunft eines Schiffes auf der Insel vorherzusagen, noch bevor dieses am Horizont erschien. Mithilfe seiner geheimnisvollen Gabe konnte Bottineau auch erkennen, wie viele Schiffe sich näherten und wie lange es dauern würde, bis diese in Sicht kämen. Umgekehrt konnte er von Bord eines Schiffes angeben, in welcher Richtung und Entfernung Land zu finden wäre, auch wenn es zu diesem Zeitpunkt noch weit hinter dem Horizont verborgen lag.

Bottineau entdeckte bereits 1762, als er eine untergeordnete Position in der französischen Marine bekleidete, dass Segelschiffe, welche sich dem Land nähern, eine bestimmte Wirkung auf die Atmosphäre erzeugen. Selbige würde es dem geübten Auge ermöglichen, das Herannahen zu bemerken, noch bevor ein Schiff sichtbar wird. Als er 1764 auf die Isle de France versetzt wurde, hatte er genügend Zeit, diese seine Lieblingsbeschäftigung zu pflegen und weiterzuentwickeln. Die Umstände dort im Indischen Ozean waren bedeutend besser als daheim an der Küste von Frankreich, wo dauernd Schiffe vorbeisegelten, von denen nur wenige einen Hafen anliefen. Schon nach sechs Monaten auf der Insel war Bottineau zuversichtlich, was seine Entdeckung betraf, die er »Nauskopie« nannte und als eine neue Wissenschaft betrachtete.

Da die Offiziere der französischen Flotte fast nie viel zu tun hatten, hielten sie sich oft am Strand auf und beobachteten mit Ferngläsern am Horizont, ob aus Europa ein Schiff kam. Tage bevor ein Schiff eintraf, wettete Bottineau mit ihnen. Dabei irrte er sich fast nie und gewann oft Geld. Die Offiziere schrieben den Erfolg seiner angeblich außergewöhnlichen Sehkraft zu, wunderten sich jedoch gleichzeitig, dass er im Gegensatz zu ihnen kein Fernglas benutzte.
Als Bottineau sich seiner Sache vollkommen sicher war, verfasste er 1780 einen Brief an den Marineminister, Marschall de Castries. Dieser wies im Gegenzug den Gouverneur der Insel dazu an, die Voraussagen mindestens zwei Jahre lang in ein besonderes Register einzutragen. Diese kontrollierten Aufzeichnungen begannen am 15. Mai des Jahres 1782.
Bereits am 16. Mai teilte Bottineau dem Gouverneur Comte de Souillac mit, dass sich drei Schiffe auf dem Weg zur Insel befänden. Die Wachen erhielten Befehl, mit ihren Ferngläsern die angegebene Richtung abzusuchen. Ihre einstimmige Meldung an den Gouverneur war »kein Schiff in Sicht«. Aber am 17. meldeten sie, dass ein Schiff am Horizont aufgetaucht sei. Am Tag darauf kam ein weiteres in Sicht, und am 26. Mai konnte auch das dritte Schiff mit bloßem Auge erspäht werden. Noch am selben Tag ließ der Gouverneur Bottineau zu sich rufen und bot ihm seitens der Regierung 10 000 Livres und eine jährliche Pension von 1200 Livres an, wenn er sein Geheimnis lüften würde. Bottineau aber lehnte ab, da ihm der Preis zu niedrig schien.
Einige Monate später teilte der Gouverneur dem Marineminister in einem ausführlichen Brief seine Einschätzung der außergewöhnlichen Fähigkeiten Bottineaus mit. Sein Register habe in eindrucksvoller Weise gezeigt, dass sich die Voraussagen fast immer bewahrheitet hätten. Selbst wenn er ein Schiff

vorausgesagt hatte, welches dann doch nicht eingelaufen sei, habe sich später erwiesen, dass es fremde Schiffe waren, die in drei Tagesreisen Entfernung an der Isle de France vorbei zu deren Bestimmungshäfen segelten.
Der Gouverneur zitierte in seinem Brief auch einen ganz besonders spektakulären Fall: »Einmal behauptete Bottineau, dass eine Flotte von elf Schiffen auf die Insel zukomme. Wir waren daraufhin sehr in Unruhe, weil wir einen Angriff der Engländer erwarteten. Sofort sandten wir eine Schaluppe als Kundschafter aus. Doch bevor sie zurückkehrte, erklärte Bottineau, dass die atmosphärischen Zeichen verschwunden seien und die Flotte eine andere Richtung eingeschlagen habe. Später landete ein Schiff aus Ostindien auf der Insel, und es wurde berichtet, dass eine Flotte von elf Schiffen beobachtet worden sei, die in Richtung Fort St. William segelte. Kurz und gut, zwischen 1778 und 1782 hat Bottineau die Ankunft von 575 Schiffen vorausgesagt, viele darunter vier Tage bevor das Auge sie wahrnehmen konnte.«
Gouverneur Comte de Souillac schloss sein Schreiben mit der Bemerkung, dass Bottineau alles andere als ein Spinner oder Betrüger sei. Denn er selbst und viele Offiziere von Militär und Marine könnten die zuverlässig eingetretenen Voraussagen guten Gewissens bezeugen. Jahrelang seien sie seine Augenzeugen gewesen, und nie sei ein Schiff auf der Insel gelandet, das er zuvor nicht angekündigt hätte.
Wenig später beschloss Bottineau, in seine französische Heimat zurückzukehren, wo er im Spätsommer 1874 eintraf. Dort bemühte er sich wiederholt um eine persönliche Audienz beim Marineminister, doch er wurde von Mal zu Mal vertröstet. Vor Ärger enttäuscht und verbittert starb er kurz vor Ausbruch der Französischen Revolution und nahm sein Geheimnis mit ins Grab. Damit gesellte er sich zu all jenen, deren

Entdeckungen an der Beschränktheit der Bürokratie scheiterten. Und hätte nicht die Schwägerin des Generals Guilleminot so eifrig Dokumente gesammelt, welche die Revolution überstanden und zum Teil nach England gelangten, wären sie nicht in die Hände des eingangs erwähnten Kapitäns Becher gelangt.
Dieser übersetzte und veröffentlichte sie im März 1834. In dem letzten Teil der Handschriften befand sich eine von Bottineau selbst verfasste, allerdings sehr vage gehaltene Erklärung seiner Fähigkeit. Diese schrieb er dem Erkennen eines bis heute unbekannten Effektes zu, den Schiffe in der Atmosphäre verursachen würden. Vielleicht war es auch nur eine unglaubliche Sehfähigkeit, über die er verfügte. Jedenfalls gab es nach Bottineau niemanden mehr, der auch nur entfernt an dessen Fähigkeiten anzuknüpfen vermochte.

1835 Physisch tot oder lebendig begraben?

Den indischen Yogis sagt man die unglaublichsten Dinge nach. Die ersten Europäer, welche es auf den Subkontinent verschlug, berichteten von der Begabung der asketisch lebenden Büßer, die schrecklichsten Selbstpeinigungen stoisch zu ertragen. Bekannt sind die Bilder von Fakiren, die auf Nagelbrettern sitzend die Zunge, die Wangen und noch empfindlichere Partien durchstochen haben. Doch dies ist alles nichts gegen die Fähigkeit, sich begraben zu lassen und im Zustand nahezu aufgehobener vitaler Funktionen lange Zeit im Grab auszuharren.
Die »Calcutta Medical Times« veröffentlichte im Jahr 1835

einen ausführlichen Bericht über einen Yogi mit Namen Haridas, der seit fünfzehn Jahren mit haarsträubenden Vorstellungen von sich reden machte. Der Mann, der erstmals gegen 1820 in der Provinz Jammu an der nordwestlichen Grenze von Indien aufgetaucht war, ließ sich gerne über Wochen und Monate eingraben. Bekannt wurde er, als der damalige Minister Raja Dhyan Singh auf ihn aufmerksam wurde. Wie dieser berichtete, wurde er Zeuge, wie Yogi Haridas vierzig Tage lang lebendig eingegraben blieb. Das konnte auch ein Arzt aus Europa bestätigen. Bei weiteren, sorgfältig organisierten Experimenten in Amritsar, Jasrota und Lahore waren wiederum englische Ärzte sowie Soldaten aus England und Frankreich als Zeugen zugegen.

Die Ärzte hatten aufgedeckt, dass Haridas die Muskeln unter seiner Zunge durchtrennt hatte. Dies ermöglichte ihm, sie nach hinten umzuschlagen und die Nasengänge im Rachen zu verschließen. Die letzten Tage vor dem Eingraben nahm der Fakir nur noch Milch und Joghurt zu sich und badete in heißem Wasser. Er fastete danach streng und vollzog vor Zeugen komplizierte Yogaübungen, um seinen Darmtrakt vollständig zu entleeren und zu reinigen. Hierbei schluckte er einen Leinenstreifen von 27 Meter Länge hinunter und brachte ihn auch wieder hervor. Nase und Ohren verschloss er mit Wachs, um Insekten fernzuhalten. Sodann ließ er sich mit gekreuzten Beinen nieder und rollte seine Zunge in den Rachen zurück. Schon nach wenigen Augenblicken konnten die Ärzte keinen Puls mehr bei ihm feststellen. Nach ihrem medizinischen Urteil war Haridas physisch tot.

Jetzt wickelten ihn Helfer in Leinentücher ein und setzten ihn in eine große Kiste, die mit einem Vorhängeschloss gesichert war. Bei der Vorführung in Lahore versiegelte der Maharadscha der Region die Kiste mit seinem persönlichen Siegel.

Dann wurde das Behältnis eingegraben und in die Erde darüber Gerste eingesät. Rings um die Stelle zog man eine Mauer, und Soldaten des Maharadschas bewachten dies alles rund um die Uhr. Nach vierzig Tagen versammelten sich alle Anwesenden erneut, um bei der Befreiung des Yogi dabei zu sein. Zwischenzeitlich war das Getreide aufgegangen, doch Siegel und Schloss an der Kiste waren unversehrt. Als man sie öffnete, saß Haridas in seinen Leinentüchern noch immer so da, wie man ihn vergraben hatte.

Einer der Zeugen, Sir Charles Wade, beschrieb den Fakir wie einen Toten. Arme und Beine waren geschrumpft und steif. Weder an den Armen noch an der Stirn war der Puls zu spüren, und der Kopf lag schief auf der Schulter. Doch nachdem man den »Toten« eine Zeitlang am ganzen Körper massiert hatte, kehrte langsam das Leben in ihn zurück. Die Ärzte zogen seine Zunge nach vorn und pumpten Luft in seine Lungen. Dann befreiten sie Ohren und Nase vom Wachs. Innerhalb einer Stunde konnte er sich schließlich wieder ganz normal bewegen.

Der Maharadscha war begeistert und schenkte dem Fakir eine Handvoll Juwelen. Auch andernorts, wo er sein fast unglaubliches Können demonstrierte, überhäufte man ihn mit Geschenken. Dann aber entzogen ihm seine Gönner schlagartig ihr Wohlwollen, denn er hatte einige seiner Anhängerinnen verführt, was keinem »heiligen Mann« und Asketen gut zu Gesicht steht. Also tauchte Haridas unter und galt seither als verschollen.

Doch schon ein Jahr später, 1836, wurde in Jaisalmer ein namenloser Fakir begraben. Es könnte Haridas gewesen sein. Denn auch jener verschloss die Nasengänge mit seiner Zunge und führte darüber hinaus dieselben Yogaübungen aus, um sich für sein vorübergehendes Grab vorzubereiten. Der geheimnisvolle Gaukler wurde in einen robusten Sack eingenäht, in eine fest gemauerte Zelle gebracht und rund um die Uhr bewacht. Nachdem ein ganzer Monat verstrichen war, holte man ihn wieder hervor. Seine Haut war so trocken und runzlig geworden, dass er wie eine steinalte Mumie aussah, und er gab keine Lebenszeichen mehr von sich. Um ihm etwas Wasser einzuflößen, musste man ihm die fest zusammengepressten Zähne mit Gewalt öffnen. Doch nach wenigen Stunden hatte er sich vollständig erholt.

Der spektakulärste Vorfall dieser Art aber hatte sich schon Mitte des 17. Jahrhunderts in Amritsar ereignet. Arbeiter, die einen Graben aushoben, stießen auf ein Grab mit dem scheinbar mumifizierten Körper eines jungen Yogi. Sie holten ihn aus dem Grab, und als die ersten Sonnenstrahlen seine Haut trafen, begann er sich langsam zu bewegen. Bald ging es ihm so gut, dass er sich mit den Arbeitern unterhalten konnte. Doch denen standen die Haare zu Berge, als er ihnen eröffnete, sein Name sei Ramaswami, und er hätte sich vor hundert Jahren freiwillig in dieses Grab legen lassen.

Indien ist noch immer das Land der Mysterien und Wunder.

1836 Fliegende Scheiben am Himmel

Das UFO-Phänomen im 19. Jahrhundert zeichnete sich, wie bereits in einem früheren Kapitel angedeutet, dadurch aus, dass noch gar keine Technologie zur Verfügung stand, mit welcher es hätte verwechselt werden können. Im Gegenzug war das Zeitalter, in dem man bei Himmelserscheinungen aller Art gleich an Teufel und Dämonen glaubte, längst überwunden. Die Aufklärung war zur bestimmenden Denkrichtung geworden, die Naturwissenschaften sahen sich in der Pflicht, alles und jedes auf »vernünftige« Art zu erklären. Und Astronomen wie auch interessierte Laien vermochten sehr wohl zu unterscheiden, ob da am Himmel ein Meteorit seine Bahn zog oder ein fliegendes Objekt, das es zu damaliger Zeit noch gar nicht geben konnte.

Das Jahr 1836 begann mit aufsehenerregenden UFO-Sichtungen. Am 12. Januar schwebte ein großes, leuchtendes Objekt über der französischen Hafenstadt Cherbourg, was von vielen Zeugen beobachtet wurde. Es war rund und scheibenförmig mit einem Loch in der Mitte und drehte sich um seine eigene Achse. Ungewöhnliche fliegende Objekte wurden nicht nur von »normalen« Augenzeugen gesichtet, sondern auch und immer wieder waren Akademiker unter den Beobachtern. Wie am 15. Mai 1836, als der französische Professor Auber eine Vielzahl leuchtender Gegenstände ausmachte, die sich von der Position der Sonne aus in verschiedene Richtungen entfernten.

In den Folgejahren wurden immer wieder scheibenförmige Flugobjekte gesichtet – von qualifizierten Beobachtern ebenso wie von einer größeren Anzahl Zeugen, die bei der Sichtung zugegen waren. Am 11. Mai 1845 sah Herr Capocci vom Observatorium Capodimonte bei Neapel zahlreiche glänzende Scheiben zielstrebig von Westen nach Osten fliegen. Einige davon waren sternförmig, andere hatten leuchtende, schwanzartige Anhängsel.

In der Nacht des 18. Juni desselben Jahres befand sich der britische Dampfer *Victoria* auf 36 ° 40' nördlicher Breite und 13 ° 44' östlicher Länge mit Kurs auf die Mittelmeerinsel Malta. Plötzlich stiegen in einer Entfernung von einer halben Meile – etwa 800 Meter – vom Schiff drei leuchtende Scheiben

senkrecht aus dem Meer. Sie waren (im Vergleich) fünfmal so groß wie der Mond am Nachthimmel, und es sah so aus, als wären sie allesamt durch Lichtstrahlen miteinander verbunden. Dieses Phänomen war zehn Minuten lang sichtbar und wurde nicht nur von den Matrosen an Deck der *Victoria,* sondern auch von weiteren Menschen auf Malta und Sizilien beobachtet. War es vielleicht eine dieser Scheiben, die fünf Wochen später über Florenz gesehen wurde? Da flog am 25. Juli 1845 hoch über der toskanischen Stadt eine gewaltige leuchtende Scheibe, welche als »viel größer als der Mond« beschrieben wurde.
Sieht man einmal davon ab, dass die Nachrichtenverbindungen im 19. Jahrhundert noch in keiner Weise mit jenen unserer Tage vergleichbar waren, so steht es in Sachen häufiger UFO-Beobachtungen unserer modernen Zeit kaum nach.

1837 Fiktion und Wirklichkeit

Folgt die Wirkung auf eine Ursache, oder gilt dieses anscheinend eherne Gesetz nicht immer und überall? Stellt die Fiktion ein Abbild der Wirklichkeit dar, oder hält sich diese manchmal auf unheimliche Weise an Szenarien, die sich erst ein findiger Kopf ausdenken musste? Materialisieren sich Abläufe und Personen in unserer »Realität« manchmal erst, nachdem sie gedacht, formuliert, in Worten und Gedanken ausgedrückt wurden?
Im Jahr 1837 erschien der Abenteuerroman »Narrative of Arthur Gordon Pym« aus der Feder des bedeutenden amerikanischen Schriftstellers Edgar Allan Poe (1809–1849). Darin

spielt ein Schiffsjunge mit Namen Richard Parker eine tragische Hauptrolle. Nach einem Schiffbruch versuchen vier Seeleute, in einem kleinen Rettungsboot zu überleben. Dem Hungertod nahe, sehen die vier am Ende keine andere Möglichkeit, als mit Hilfe von Strohhalmen auszulosen, wer sich opfern und den verbliebenen drei Kameraden als Nahrung das Leben retten soll. Schiffsjunge Richard Parker zieht buchstäblich »den Kürzeren« und wird hierauf von den anderen getötet und verspeist, die es dadurch an rettende Gestade schaffen.

Wenige Jahre später wiederholte sich Poes Geschichte in unheimlich genauer Weise und in all ihren schrecklichen Einzelheiten. Vier Überlebende eines Schiffbruches trieben in einem winzigen Boot über den Ozean. Den Naturgewalten auf Gedeih und Verderb ausgeliefert, entschieden sie tatsächlich mit Strohhalmen, wer am Leben bleiben durfte und wer sich für die anderen aufopfern musste. Verlierer war wie im Roman der Schiffsjunge. Vollends unheimlich wird es, wenn man seinen Namen erfährt: Er lautete – Richard Parker! Dessen Kameraden, die dank Richards Fleisch und Blut am Leben blieben, wurden 1848 in England wegen Mordverdachts vor Gericht gestellt.

Nicht unerwähnt bleiben sollte, dass das Londoner Boulevard-Blatt »Sunday Times« einige Jahre später einen Wettbewerb über die unglaublichsten Zufälle veranstaltete. Dessen Gewinner war ein Zwölfjähriger mit Namen Nigel Parker. Und der unglückliche Schiffsjunge, der einst von den Matrosen verspeist worden war, war der Cousin von Nigel Parkers Urgroßvater.

Weit weniger bekannt als Edgar Allan Poes Roman blieb eine beklemmende Erzählung, die der englische Schriftsteller Matthew Phipps Shiel (1865–1947) im Jahr 1896 veröffentlichte. Sie schilderte den erbarmungslosen Vernichtungsfeldzug einer Organisation schwarzgekleideter Fanatiker gegen alle Menschen, die sie für den Fortschritt der Menschheit als schädlich erachtete. Dabei verwüstete sie ganz Europa und verbrannte die sterblichen Überreste der Ermordeten in großen Öfen. Der Titel dieser Erzählung, deren Inhalt uns erschreckend bekannt anmutet, lautete »The S. S.«

Folgte hier die Realität einem zuvor ausgedachten, fiktiven Szenario? Oder haben wir es mit eindrucksvollen Beispielen von geradezu prophetischem Wissen zu tun? Zuweilen gewinnt man den Eindruck, dass gewisse Romane und Erzählungen, ja sogar Bilder und Darstellungen, die von der Fachwelt unbeachtet bleiben, einen genauen Abriss der Zukunft liefern können. Ideenströmungen, die selbst der aufmerksamste Beobachter nicht bemerkt, Schriften und Werke, auf die kein Kritiker oder Soziologe einsteigt, soziale Geschehnisse, die in unser aller Augen zu abwegig oder unbedeutend sind: Sie alle deuten vielleicht viel eindringlicher auf künftige Ereignisse hin als die heute mit dem Begriff »Mainstream« bezeichneten Befindlichkeiten, die sich sichtbar in unser aller Blickfeld tummeln.

1838 Phantom der Angst: »Spring-heeled Jack«

Äußerst mysteriös – anders kann man diese Schreckensgestalt nicht charakterisieren, die etliche Jahrzehnte lang das viktorianische England in Panik versetzte. Das ganze Leben und vor allem das unrühmliche Treiben dieses Phantoms spielten sich in einer einzigen »Grauzone zwischen Phantasie und Realität« ab. Doch die buchstäblich aus dem Nichts erfolgenden Angriffe von »Spring-heeled Jack«, wie das Wesen genannt wurde, waren alles andere als irreal für die angesprungenen Personen.

Niemand weiß, wann Jack zum ersten Mal auftauchte. Möglich, dass schon 1817 ein absonderlich herumhüpfender Mann sein Unwesen trieb. Ins Interesse der Öffentlichkeit rückte er erst einundzwanzig Jahre später. Am 9. Januar 1838 verlas Londons damaliger Oberbürgermeister Sir John Cowan im Verlauf einer Ratssitzung einen Brief, den er wenige Tage zuvor erhalten hatte. Als dessen Verfasser hatte »ein Einwohner von Peckham«, einem in die City eingemeindeten Ort, unterzeichnet. Der Schreiber gab an, eine hochstehende Persönlichkeit hätte sich anlässlich einer Wette mehrere Tarngewänder zugelegt, um damit dreißig Menschen zu Tode zu erschrecken. Bislang hätte er schon sieben Frauen »mit Erfolg« um den Verstand gebracht, von denen sich zwei wohl nicht mehr erholen würden. Der unbekannte Briefschreiber fügte noch hinzu, dass die mysteriöse Angelegenheit schon eine ganze Zeit lang im Gange sei. Dass die Zeitungen bis dato nichts darüber geschrieben hätten, sei auf den Einfluss gewisser Kreise zurückzuführen, um die Vorfälle geheim zu halten.

»Spring-heeled Jack« war in den unterschiedlichsten Verkleidungen aufgetreten. Als riesiger Pavian oder als Eisbär, in einer glänzenden Rüstung und am liebsten in einem Fledermauskostüm. Im nördlichen Stadtbezirk Hackney trat er als Laternenanzünder auf. Dabei ging er auf den Händen und trug seine Leiter zwischen den Füßen. Die Fähigkeit, mit übermenschlichen Sätzen durch die Luft zu hüpfen, schrieb man Sprungfedern zu, die er sich unter die Schuhe geschnallt haben sollte.

Am 18. Februar 1838 kehrten die Schwestern Lucy und Margret Scales von einem Besuch bei ihrem Bruder zurück, der in einem anderen Stadtteil lebte. Die achtzehnjährige Lucy, die wenige Schritte vor ihrer Schwester ging, überquerte gerade den Zugang zum Green Dragon Way, als sie aus dem Schatten heraus von einer Gestalt angesprungen wurde. Der Fremde blies ihr Flammen ins Gesicht und sprang mit gewaltigen Sätzen davon, als sie zu Boden stürzte und von Krämpfen geschüttelt wurde.

Zwei Tage darauf klingelte es heftig an der Tür der Familie Alsop im Osten Londons. Als die achtzehnjährige Jane öffnete, stand draußen ein Mann, der sich als Polizist ausgab und dringend um eine Laterne bat. »Wir haben Spring-Jack auf der Straße gefangen«, rief er in äußerster Erregung. Jane ergriff eine Kerze, doch als sie diese dem vermeintlichen Polizisten geben wollte, warf dieser seinen weiten Umhang zurück. Sein Kopf steckte unter einer Maske, und er trug einen hautengen Anzug wie aus weißem Ölzeug. Seine hervorstehenden Augen schienen wie Kohlen zu glühen. Ohne jede Warnung spie er Jane weiße und blaue Flammen mitten ins Gesicht. Alsdann ergriff er das völlig verängstigte und geblendete Mädchen mit krallenbewehrten Fingern, zerfetzte ihr Kleid und zog tiefe blutige Furchen durch ihre Haut. Erst als auf ihr Schreien hin die Schwestern Mary und Sarah herbeigelaufen kamen, ließ die unheimliche Gestalt von Jane ab. Mary und Sarah rissen sie aus den Händen der Schreckgestalt, zogen sie ins Haus zurück und knallten die Türe zu.

Als Jack eine Woche später dasselbe bei einer anderen Familie versuchte, waren seine Opfer misstrauisch geworden, und er musste unverrichteter Dinge flüchten. Endlich griffen die Zeitungen die ominöse Geschichte auf, und so dehnte er in der Folge seine Aktivitäten auf ein größeres Gebiet außerhalb

Londons aus. Seine Attacken wurden zwar seltener, dafür aber noch niederträchtiger. Dann war für eine Weile Ruhe.
Es dauerte bis 1843, dann schlug »Spring-heeled Jack« erneut zu. In den Grafschaften East Anglia, Hampshire und Northamptonshire fürchtete man ihn als »Teufel in Person, mit Hörnern und glühenden Augen«. Hier sprang er mit Vorliebe die Kutscher von Postkutschen an und erfreute sich daran, wie diese sich zu Tode erschraken und die Pferde durchgingen.
1845 tauchte Jack dann in Jacob's Island in Bermondsey auf, einem üblen und verrufenen, von Seuchen heimgesuchten Londoner Stadtbezirk. Zwischen den halb verfallenen Häusern zogen sich stinkende Gräben entlang, die man auf wackligen Holzbrücken überqueren konnte. Auf einem dieser gefährlich schwankenden Stege drängte Jack die dreizehnjährige Prostituierte Maria Davis in die Enge. Dann blies er ihr Flammen ins Gesicht und stieß sie in den modrigen Graben. Das Mädchen schrie fürchterlich, als sie in der schlammigen Brühe unterging. Zeugen berichteten den Vorfall der Polizei, die daraufhin den Graben absuchte und die Leiche des Mädchens fand. Das Ergebnis der gerichtlichen Untersuchung lautete zwar auf Tod durch Unglücksfall, aber für die Leute aus der Umgebung war das unheimliche Phantom der Mörder.
In den darauffolgenden siebenundzwanzig Jahren hielten sich die Auftritte von »Spring-heeled Jack« in Grenzen. Bis dann, im November 1872, ganz London durch den »Peckham Ghost« in Aufregung geriet, der in seinem furchtbaren Aussehen Jack in nichts nachstand. Trieb da noch derselbe sein Unwesen? Wer auch immer machte dann im Jahr 1877 die Aldershot-Kaserne unsicher. Eines Nachts, Anfang März 1877, sah ein Wachtposten im nördlichen Lager eine unheimliche Gestalt aus dem Dunkeln auf sich zuspringen. Sofort warnte er den Fremden, näher zu kommen, der daraufhin für

einige Augenblicke verschwand. Plötzlich tauchte die Gestalt direkt neben dem Soldaten auf und schlug diesem mehrmals mit einer Hand ins Gesicht, die sich so eiskalt anfühlte wie die einer Leiche. Noch mehrmals wurden die Wachsoldaten in Aldershot attackiert, wobei einer von ihnen auf den Eindringling schoss. Sein Gewehr war jedoch nur mit Platzpatronen geladen, und das Phantom verschwand unerkannt im Dunkeln.
Im Jahr 1887 erschreckte Jack noch einige Mädchen in Cheshire, und seinen letzten großen Auftritt soll er 1904 in Liverpool gehabt haben, wo er in bis zu sieben Meter langen Sprüngen die Straße auf und ab hüpfte. Dann soll er über die Häuser hinweggesprungen und für immer verschwunden sein. Das sei das Ende einer beispiellosen »Karriere« gewesen.
Wer steckte nun hinter diesem Phantom, das England fast neunzig Jahre lang in Atem gehalten hatte? Sicher waren es mehrere Unholde. Denn es scheint unvorstellbar, dass ein und dieselbe Person, die 1838 in der Peripherie Londons Angst und Schrecken verbreitete, fast vierzig Jahre später die Aldershot-Kaserne heimsuchte. Einmal abgesehen von den Begegnungen der Jahre ab 1817 und denen bis 1904. Mit großer Wahrscheinlichkeit steckte hinter den Grobheiten des Jahres 1838 ein verschrobener Adeliger, Henry de la Poer Beresford, Marquis of Waterford. Der Mann mit den hervorstehenden »Glotzaugen« war nicht nur bekannt für äußerst skurrile »Späße«, die er schon in jungen Jahren ausheckte. Mit zunehmendem Alter wurde er immer menschenverachtender, was sich in der Behandlung der zahlreichen, aus dem Nichts angegriffenen Opfer widerspiegelte.
Was Vorgänger und Nachahmer betrifft, so tappt man nach wie vor im Dunkeln. »Spring-heeled Jack« bleibt eine der mysteriösesten Gestalten des 19. Jahrhunderts.

1839 Labor über den Wolken?

Ich habe inzwischen schon über die ungewöhnlichsten Objekte berichtet, die als Niederschlag vom Himmel gefallen sind: Eisbrocken und Fische sowie anderes Getier, rot gefärbter Regen, ja selbst Münzen. Alles Gute kommt von oben, kann man da buchstäblich sagen. Und noch immer scheint dieses Thema nicht ausgereizt. Die menschliche Phantasie vermag sich kaum all die Dinge auszudenken, die eine nach wie vor unidentifizierte Naturkraft aus höheren Regionen zu uns herunterschickt. Dies sind, neben lebenden Tieren, oft die trivialsten Objekte.

In Schlesien konnte man 1839 einen sogar für an sehr ausgefallene Phänomene gewöhnte Zeitgenossen einzigartigen »Niederschlag« beobachten. Da regnete es große Stücke eines schwarzen und faserigen Materials. Es war feucht und roch ein wenig nach verfaultem Seegras. Doch in getrocknetem Zustand verflüchtigte sich der Geruch sehr schnell. Man konnte das Material wie nasses Papier zerreißen. Einige Bogen waren deutlich größer als Tischtücher, einer soll sogar eine Fläche von siebzig Quadratmetern besessen haben. Die Stücke haben sich scheinbar wie Filz angefühlt, und man hatte den Eindruck, sogar Kleider daraus nähen zu können. Ein ähnliches Phänomen hat sich angeblich bereits 1687 nahe der litauischen Stadt Klaipeda ereignet.

Eine Untersuchung, die nach dem Vorfall von 1839 in Schlesien durchgeführt worden war, ergab einen überwiegend pflanzlichen Ursprung jenes unerklärlichen Niederschlages. Demzufolge bestand das filzartige Gewebe aus Zellen der Kraushaaralge *Conferva crispata* sowie neunundzwanzig weiteren Infusorien. Diese auch unter dem Namen »Aufguss-

tierchen« bekannten Mikroorganismen entwickeln sich besonders lebhaft in einem Gemisch von Wasser auf Erde, Heu und Stroh. Wie daraus aber Zellverbände werden können, die in Blattform zur Erde regnen, wird wohl noch länger ein Geheimnis bleiben.
Es wird bestimmt niemand im Ernst daran glauben, dass über den Wolken so etwas wie ein Labor existiert, in dem irgendjemand für die Produktion so bizarrer Verbindungen zuständig ist – und uns diese auch noch auf die Köpfe regnen lässt. Aber was sonst wäre für dieses Phänomen verantwortlich zu machen?

1840 Der Todesfluch des Indianer-Häuptlings

Es ist eine beispiellose Unglücksserie, die sich über mehr als 140 Jahre hinzog. Dass sie nicht der Feder eines phantasiebegabten Schreiberlings entsprungen, sondern schonungslose Realität ist, lässt sich in jedem Lexikon verifizieren. Seinen Anfang nahm das ominöse Geschehen im berüchtigten »Wilden Westen« der Dreißigerjahre des 19. Jahrhunderts. Ein Häuptling der zu den Algonkin zählenden Shawnee wurde beim Kampf gegen die Soldaten des damaligen Gouverneurs von Indiana, William Henry Harrison, getötet. Auf dem bluttränkten Schlachtfeld schwor der Häuptling den Bleichgesichtern Rache.
Mit letzter Kraft stieß er den Fluch aus, dass fortan jeder Präsident der Vereinigten Staaten, der in einem Jahr mit einer Null am Ende gewählt wird, ein vorzeitiges, unnatürliches Ende finden werde. Dann schied er aus dieser Welt.

Nur wenige Jahre später, 1840, wurde der eingangs erwähnte William Henry Harrison zum neunten Präsidenten der USA gewählt und zog ins Weiße Haus in Washington ein. An ihm sollte sich jener unheimliche Fluch des einstigen Gegners zum ersten Mal erfüllen. Harrison war gerade einen Monat im Amt, als er unter mysteriösen Umständen starb. Von da an wiederholte sich das angekündigte Schicksal mit geradezu unheimlicher Präzision. Es schlug alle 20 Jahre mit erbarmungsloser Pünktlichkeit zu.

Nach Harrison, dessen Tod nie geklärt werden konnte, traf der Indianerfluch Abraham Lincoln. 1860 gewählt, setzte dieser der unmenschlichen Sklaverei ein Ende. Er wurde am 14. April 1865 während einer Vorstellung im »Ford's Theatre« in Washington von John Wilkes Booth angeschossen und erlag am folgenden Tag seiner Verletzung.

James A. Garfield wurde 1880 zum Präsidenten gewählt. Sterben musste er im September 1881 an den Folgen eines Anschlags, verübt von einem gewissen Charles Guiteau.

Im Jahr 1900 wurde Präsident William McKinley erneut gewählt. Dessen Leben setzte ein Anarchist in Buffalo, einer Stadt im Bundesstaat New York, im September 1901 ein Ende.

Zum 29. Präsidenten der USA wurde 1920 der Republikaner Warren G. Harding. Er starb am 2. August 1923, nachdem er gerade einmal die Hälfte seiner Amtsperiode hinter sich gebracht hatte.

Ein klein wenig anders präsentierte sich die Sache beim nächsten Opfer. Franklin D. Roosevelt wurde 1940 wiedergewählt und brachte es durch dreimalige Wiederwahl auf die bis zum heutigen Tag längste Amtszeit von allen bisherigen US-Präsidenten. Er verstarb dann, bevor er seine vierte Amtsperiode beenden konnte.

Dann kam JFK. John Fitzgerald Kennedy wurde 1960 als Kandidat der Demokraten und als jüngster Präsident der Vereinigten Staaten gewählt. Er fiel aller Wahrscheinlichkeit nach einer Verschwörung zum Opfer, in die höchste Behörden des Landes involviert waren.
Auf den Präsidenten Ronald Reagan, der im Jahr 1980 gewählt wurde und wie üblich sein Amt Anfang des Folgejahres antrat, wurde ebenfalls ein Anschlag verübt. Der Schauspieler im Präsidentenamt überlebte jedoch das Attentat vom März 1981 und starb erst am 5. Juni 2004 im gesegneten Alter von 93 Jahren.
War damit der Fluch des Indianer-Häuptlings abgeschwächt oder gar gebrochen, war er nach 140 Jahren endlich wirkungslos geworden? Wie es aussieht, hat er in der Tat sein »Verfallsdatum« erreicht. Denn der nächste »Kandidat« auf der sinistren Liste wäre George Walker Bush jun. geworden. Er wurde im November des Jahres 2000 – nicht unumstritten – zum 43. Präsidenten der USA gewählt. In seine erste Amtszeit fielen die Ereignisse des 11. September 2001, um die sich zahllose Spekulationen ranken. Vier Jahre später schaffte er es sogar noch einmal in das Amt des mächtigsten Politikers der Welt. Ein verhinderter Attentäter konnte vom Secret Service gestellt werden, bevor er Bush zu nahe kam.
Die unselige Ära des George W. Bush jun., dessen Administration sogar zahlreiche Kriegsverbrechen zur Last gelegt werden, ist nur noch ein sehr unrühmliches Kapitel der amerikanischen Geschichte. Ein neues wurde 2009 aufgeschlagen, als mit Barack Obama der erste farbige Präsident der Vereinigten Staaten Einzug ins Weiße Haus hielt.

1841 Es regnet Fleisch und Blut

Es regnet Hunde und Katzen« sagt man noch heute, wenn ein besonders heftiger Platzregen auf die Erde niederprasselt. Was hier eher im Scherz gesagt wird, hat jedoch einen durchaus realen Hintergrund. Rings um unseren Globus kommen immer wieder Lebewesen oder organisches Material hernieder: Fische, Kröten, Schnecken, Frösche – und dies in Massen. Auch wenn solche Niederschlagsphänomene auf den ersten Blick wie das Produkt einer lebhaft blühenden Phantasie anmuten, enthalten viele Aufzeichnungen Zeugnisse bizarrer Ereignisse.

Bereits der griechische Historiker Athenaios von Naukratis berichtete vor 1800 Jahren von einem Fischregen, der volle drei Tage andauerte, sowie von einem »Sturzbach« aus Fröschen, der die Straßen verstopfte. Ob solcher Schilderungen kommen uns jene zehn Plagen in den Sinn, mit denen der biblische Gott Ägypten schlug. In neueren Zeiten befasste sich der Amerikaner Charles H. Fort (1874–1932) erstmalig intensiver mit solchen Phänomenen, die noch immer gerne in das Reich der Fabel verwiesen werden, da sie nicht in unser Weltbild zu passen scheinen.

Das Herabregnen von »Blut« gehört gleichfalls zu den ältesten dokumentierten Phänomenen; man liest darüber schon bei Homer und Plutarch. Heute erklären uns die Meteorologen, dass die Färbung solch roten Regens meist auf mineralische Stoffe, beispielsweise Sand oder Staub, zurückzuführen ist. Doch nicht immer lässt sich eine solch harmlose Erklärung finden.

Am 17. August 1841 bemerkten die schwarzen Arbeiter auf einem Tabakfeld im US-Bundesstaat Tennessee, wie plötzlich roter Regen in großen Tropfen auf die Blätter niederprasselte. Als sie näher hinsahen, glaubten sie, dass es Blut sei, welches da senkrecht aus einer eigenartigen roten Wolke über ihren Köpfen herabfiel. So holten sie auf der Stelle den Pflanzer, der gerade Besuch von einem gewissen Professor Troost hatte. Als sie mit den Gentlemen zum Ort des Geschehens zurückkehrten, fanden sie das Feld mit übel riechenden Fetzen übersät vor.

Dieser Professor Troost veröffentlichte noch im Oktober des gleichen Jahres einen Artikel im »American Journal of Science«. Darin äußerte er die Meinung, es habe sich um tierisches Fett- und Muskelgewebe gehandelt. Auf das herabgetropfte Blut jedoch ging er nicht ein. In einer späteren Ausgabe jener Zeitschrift hieß es dann, das Ganze sei vermutlich ein Streich der schwarzen Feldarbeiter gewesen, die einen verwesten Schweinekadaver über das Feld verteilt hätten. Eine wenig plausible Erklärung für ein Phänomen, über das häufiger berichtet wird.

Ein knappes halbes Jahrhundert später, am 15. Mai 1890, kam eine rote Flüssigkeit auf das Örtchen Messignadi im süditalienischen Kalabrien hernieder. Wie die Meteorologen feststellen konnten, handelte es sich um Blut – Vogelblut. Man vermutete, ein Vogelschwarm sei in einen heftigen Sturm geraten und dort zerfetzt worden. Allerdings ging aus den Aufzeichnungen dieser Tage hervor, dass es ungewöhnlich windstill war. Zu einem Massaker dieser Art hätten auch Überreste gehört, die man eindeutig Vögeln hätte zuordnen können. Unbegreiflicherweise konnte nichts dergleichen gefunden werden. Einzig das Blut war herabgeregnet, als hätte eine alles zerstörende Kraft unter den Bewohnern der Lüfte grausam gewütet.

1842 Des Waldhirten Weissagung

Schon seit jeher ist der Mensch neugierig, zu erfahren, was die Zukunft bringt. In der Antike, als noch viele heute simpel erscheinende Vorgänge unerklärlich waren, bemühte man sich um Rat und Hilfestellung für künftige Tage. Und seit jenen Zeiten sind wir alle mehr oder weniger empfänglich für die oft recht nebulösen Auskünfte, die uns von Sehern und Propheten gegeben werden. Nicht selten mit einem unglaublichen Spielraum für Interpretationen, um das einmal so diplomatisch wie möglich auszudrücken. Ich entsinne mich noch gut an »sensationelle Enthüllungen« über die Weissagung des berühmtesten aller Zukunftsseher, *Nostradamus,* mit bürgerlichem Namen Michel de Notre Dame (1503–1566). Die Autoren, welche 1991 durch ein ausgeklügeltes Verfahren die Vierzeiler des Nostradamus »einschmolzen«, wollten die Thronbesteigung von Prinz Charles, mit Diana als neuer Königin von England, herausgefunden haben. Wenn ich mich recht erinnere, ist dann aber doch alles ein ganz klein wenig anders gekommen …

Im Jahr 1842 wurden die Prophezeiungen eines Mannes niedergeschrieben, der als »Waldhirte Matthias Stormberger« im Bayerischen Wald bekannt war. Die Heimatforscher konnten nicht allzu viel über sein Leben in Erfahrung bringen. So soll Stormberger nahe der Stadt Zwiesel in einem Dorf mit Namen Rabenstein als Vollwaise in Pflege genommen worden sein, was vermutlich Mitte des 18. Jahrhunderts geschah. Der Waldhirte soll vielen Leuten den Todestag vorausgesagt und dabei eine erstaunliche Trefferquote erzielt haben. Er selbst habe 1806 das Zeitliche gesegnet, und seine Weissagungen wurden lange Jahre nur mündlich weitergegeben, bis sie 1830

zum ersten Mal und 1842 in ihrer endgültigen Form schriftlich festgehalten wurden.
In bildreichen Worten schilderte Stormberger viele ihm noch nicht bekannte Begriffe der Zukunft. In einer Epoche, in welcher es im Bayerischen Wald nur Schindel- oder Strohdächer gab, ließ er seine Zeitgenossen über die roten Ziegeldächer der Zukunft ungläubig die Köpfe schütteln. Und die »Wagen ohne Rosse und Deichsel«, wie er sie ein Jahrhundert vor deren Erfindung vorhersagte, sind unschwer als Autos zu erkennen. Es gibt noch mehr Beispiele:
»Eiserne Straßen werden in den Wald gebaut« – damit gemeint sind die Eisenbahnstrecken.
»Wenn das Korn reif ist, wird ein großer Krieg kommen. Aber die Leute werden alleweil mehr statt weniger und das Geld wird keinen Wert mehr haben. Um 200 Gulden wird man nicht einmal einen Laib Brot kriegen …« – Mit dem Hinweis auf die Erntezeit wird der Ausbruch des Ersten Weltkriegs am 1. August 1914 beschrieben, die anderen Sätze beschreiben die danach folgende Zeit der galoppierenden Hochinflation, in der das Geld nicht einmal mehr das Papier wert war, auf das es gedruckt wurde.
»Die Mannsbilder werden sich tragen wie die Weiberleut, und die Weiberleut wie die Mannsbilder, man wird sie nimmer auseinander kennen.« – Treffender hätte man die »Kleiderordnung« unserer Zeit wirklich nicht beschreiben können.
Zum Schluss tat Matthias Stormberger noch ein paar Details für die weitere Zukunft kund, die wie fast alle Prophezeiungen nichts Gutes verheißen:
»Wenn die Leute von der Bank fallen wie die Fliegen von der Wand, beginnt die letzte Zeit. Sie wird furchtbar sein.«
Nur die übliche Schwarzmalerei der wahrsagenden Zunft oder ein echter Blick in eine düstere und ungewisse Zukunft?

1843 Das Jüngste Gericht fiel aus

Am 3. April 1843 versammelten sich in den Neuenglandstaaten Nordamerikas Tausende Menschen auf Hügeln und Anhöhen, um mit Bangen das nahende Ende der Welt zu erwarten. Der Tag verging, ohne dass es nennenswerte Vorfälle gegeben hätte. Was jedoch dem Glauben der Leute an jenen Mann, der ihnen den Untergang vorausgesagt hatte, keinerlei Abbruch tat. Jener »Prophet« war William Miller, ein Farmer und ehemaliger Atheist, der sich zum religiösen Eiferer gewandelt hatte.

Nachdem dieser sich mit der Offenbarung des Johannes und ihren schrecklichen Zukunftsvisionen sowie mit dem Buch Daniel beschäftigt hatte, verkündigte er schon im Jahr 1833 seine ersten Warnungen. Er reiste als Wanderprediger im Land umher und sah seine Voraussagen durch Meteore und Sonnenhalos bekräftigt. Dann erschien 1843 ein Komet – von jeher bereits als Unheilsbringer betrachtet –, und der »New York Herald« verbreitete Millers Schilderung, wie am 3. April Feuer die Welt vernichten werde.

Die Reaktionen auf seine Ankündigung fielen teilweise dramatisch aus. Viele Fanatiker töteten ihre Angehörigen und begingen danach Selbstmord, in der Überzeugung, dass sie dadurch als Erste durch die Pforte des Himmels eingehen würden. Erinnerungen an die spektakulären Massenselbstmorde unserer Zeit werden wach, wie etwa den rituellen Suizid der »Volkstempel-Sekte« in Jonestown (Guayana). Doch das Jüngste Gericht fiel wieder einmal aus. Unerschüttert legte William Miller indessen ein neues Datum fest: Es war der 7. Juli 1843.

Wieder versammelten sich zahllose Menschen. Viele legten an

diesem Sommertag Sterbehemden an und erwarteten auf Friedhöfen das Ende. Andere veräußerten zuvor ihren gesamten Besitz. Doch auch dieser Termin verstrich, ohne dass die Welt unterging. So verkündete Miller als nächstes Datum den 21. März 1844. Wieder gab es genügend Geblendete, die seinen mittlerweile langweilig gewordenen Prophezeiungen Glauben schenkten.

Am 22. März gab der selbsternannte Glaubensstifter zu, dass er sich verrechnet hatte – und kündete den 22. Oktober als Datum für die letzte Schlacht zwischen den himmlischen Heerscharen und den Mächten der Finsternis an. Als auch da wieder allen Voraussagen zum Trotz eitel Sonnenschein herrschte, kamen seinen Anhängern auf breiter Front ernste Zweifel. Ganz besonders jenen, die zuvor ihre gesamte Habe verkauft hatten. Im Gegensatz zu ihnen befand sich ihr »Guru« nämlich noch immer im Besitz all seiner irdischen Güter und Liegenschaften. Die Sekte, die einst an die 100 000 treue Anhänger gezählt hatte, zerfiel. Nur ein bescheidener Seitenzweig, die »Adventisten vom Siebten Tage«, lebt als unerschütterliche Glaubensgemeinschaft in den an Sekten so reichen USA bis heute fort und beruft sich noch immer auf die »Lehre« William Millers.

Für mich ist es eines der unglaublichsten und zugleich auch erschreckendsten Phänomene auf dieser Welt, wozu religiöser Fanatismus führen kann. Einmal abgesehen von den unseligen Selbstmordattentaten, die fast täglich viele Unschuldige in den Tod reißen. Albert Einstein (1879–1955), der geniale Physiker und Denker, wird mit folgendem Ausspruch zitiert: »Zwei Dinge sind unendlich – die menschliche Dummheit und das Universum. Bei Letzterem bin ich mir jedoch nicht so sicher.«

1844 Ein sechzig Millionen Jahre alter Nagel?

Gelegentlich gibt der Boden unter unseren Füßen ungewöhnliche Objekte frei, die eigentlich nicht existieren dürften. Die Archäologen ignorieren am liebsten die Existenz solcher Funde oder legen sie unter der Rubrik »Scherze und Fälschungen« ab. Getreu der Devise, dass einfach nicht sein kann, was nicht sein darf. Diese unbequemen Objekte scheren sich indes nicht im Geringsten um die Gewissensnöte der armen Forscher, was sie auch durch ihre bloße Existenz zum Ausdruck bringen.

Einer dieser Gegenstände, der an seinem Fundort eigentlich nichts zu suchen hatte, wurde 1844 im Steinbruch von Kingoodie unweit der Hafenstadt Dundee im Osten von Schottland entdeckt. Als man einen etwa sechzig Zentimeter langen Steinblock vom weichen Lehm befreite, der ihn umgab, stieß man auf einen rostigen Nagel, welcher im Gestein eingebettet war. Glatte 1,2 Zentimeter der Nagelspitze ragten heraus. Besagtes Gestein, das den Nagel umschloss, war vor schätzungsweise sechzig Millionen Jahren entstanden. Der Fund erregte damals so großes Aufsehen, dass der bekannte Naturwissenschaftler Sir David Brewster (1781–1868) einen ausführlichen Bericht für die »British Association for the Advancement of Science« verfasste.

Der Nagel aus einer Zeit, da gerade die Saurier im Begriff waren, die Bühne des irdischen Lebens zu verlassen, ist indessen kein Ausnahmefall. Im Jahr 1851 brachte der amerikanische Geschäftsmann Hiram de Witt von einer Reise durch Kalifornien einen faustgroßen Klumpen Goldquarz mit nach Hause. Als er den Brocken einem Freund zeigte, entglitt er ihm und schlug hart auf dem Boden auf, wobei er in zwei Teile zerbrach. Hierdurch wurde ein leicht korrodierter, aber ansonsten recht gut erhaltener Nagel frei, dessen Kopf eine sehr markante Form aufwies. Auch wenn in diesem Fall das Alter des Gesteins auf »nur« eine Million Jahre geschätzt wurde, bleibt trotzdem rätselhaft, wie das Artefakt in den Quarzbrocken geraten war.

Und 1852 entdeckten Arbeiter bei der Sprengung eines großen Felsbrockens bei Dorchester (Massachusetts) zwei Bruchstücke eines metallenen Gegenstandes. Als man sie zusammenfügte, entstand daraus ein glockenförmiges Gefäß, das eine Höhe von elf Zentimetern bei einem Durchmesser an der Basis von sechzehn Zentimetern aufwies. Es schien aus einer Silber-Legierung hergestellt zu sein. In einem Artikel im »Scientific American« wurde dieses Objekt wie folgt beschrieben: »An den Seiten befanden sich sechs Figuren einer Blume oder eines Blumenstraußes, die mit reinem Silber wunderschön eingelegt waren, und um den unteren Teil des Gefäßes war eine Weinranke oder ein Kranz ebenso mit Silber eingelegt. Das Treiben, Schnitzen und Einlegen wurde von einem kunstfertigen Handwerker außerordentlich gekonnt ausgeführt. Dieses seltsame, unbekannte Gefäß wurde aus dem kompakten Gestein etwa fünf Yards (viereinhalb Meter) unter der Erde herausgesprengt.«

Der amerikanische Forscher Ivan Sanderson beschäftigte sich intensiver mit dem Phänomen dieser nicht ins gängige Weltbild passenden Artefakte. In der englischsprachigen Welt werden sie kurz »Ooparts« genannt – »Out of Place Artefacts« oder »deplazierte Artefakte«.

Sanderson zog drei unkonventionelle Hypothesen in Betracht, mit denen sich ihre ansonsten »unmögliche« Existenz einigermaßen erklären lassen könnte:

1. Bei diesen »deplazierten Artefakten« handelt es sich um

technische Hinterlassenschaften einer viel weiter entwickelten Zivilisation, die lange vor der unseren auf der Erde existiert hat und untergegangen ist.

2. Es sind Objekte, die sich irgendwo und irgendwann dematerialisiert haben und durch Teleportation an einen anderen Ort respektive in eine andere Zeit versetzt wurden. Dort waren sie dann dem ganz normalen Ablauf der Zeit unterworfen, bis sie in der Neuzeit an »unmöglichen Orten« entdeckt wurden.

3. Ebenso denkbar ist, dass sie zur Ausrüstung von außerirdischen Besuchern gehören, die in grauer Vorzeit ihren Fuß auf unseren Planeten setzten.

Wie immer man über solche Artefakte denken mag: Die Rätsel um sie werden sicher nicht gelöst, solange sich die orthodoxen Wissenschaftler weiterhin hartnäckig weigern, ihre Existenz überhaupt anzuerkennen!

1845 Lehrerin im »Doppelpack«

Von Mystikern und Heiligen, aber ebenso von ganz »profanen« Menschen wird immer wieder berichtet, dass sie gleichzeitig an zwei verschiedenen Orten aufgetreten seien. Das Phänomen kennt man unter der Bezeichnung »Bilokation«, es steht durch äußerst gut bezeugte Fälle außer jedem Zweifel. Die bekannteste Person des 20. Jahrhunderts, der häufiges Erscheinen an weit auseinanderliegenden Orten bestätigt wurde, war der 1968 verstorbene Pater Pio. Eine unheimliche Serie fortgesetzter Bilokationen, die von zahlreichen Zeugen bekräftigt wurde, hielt die Welt in der Mitte des

19. Jahrhunderts in Atem. Noch heute stellt sie eines der größten Rätsel jener Zeit dar.
Im Jahr 1845 hatte die Direktion des renommierten Mädcheninternates von Neuwelcke, etwa fünfundsechzig Kilometer von der lettischen Hauptstadt Riga gelegen, eine neue Lehrkraft engagiert. Es war die zweiunddreißigjährige Mlle. Emilie Sagée, die Französisch und Mathematik unterrichtete. Alles lief bestens, bis es nach einigen Wochen zu seltsamen Vorfällen kam. Fragte man Schülerinnen nach dem Verbleib von Mlle. Sagée, erhielt man widersprüchliche Angaben. Erklärte ein Mädchen, jene sitze in der Bibliothek, behaupteten andere, sie seien ihr gerade auf der Treppe begegnet. Und ging man am Anfang noch davon aus, die Mädchen hätten sich einfach nur geirrt, ließen weitere Vorfälle die Sache in einem gänzlich anderen Licht erscheinen.
Als die Lehrerin einmal vor ihrer Klasse auf die Wandtafel schrieb, ereignete sich etwas Schockierendes. Die jungen Damen sahen ihre Mlle. Sagée plötzlich »in doppelter Ausführung« vor sich stehen. Eine stand ganz dicht neben der anderen, und sie glichen sich nicht nur bis aufs Haar, sondern führten auch simultan dieselben Bewegungen aus. Nur hatte die »Doppelgängerin« keine Kreide in der Hand. Auf der Stelle wurde die Schulstunde abgebrochen und auf Anweisung der Direktion eine Untersuchung eingeleitet. Diese ergab, dass alle dreizehn anwesenden Schülerinnen das Phänomen gesehen hatten und die »Doppelgängerin« auch übereinstimmend beschrieben. In den Wochen darauf wiederholte sich das unheimliche Geschehen mehrfach. In einem Fall erschien das Phantom beim gemeinsamen Mittagessen. Es stand hinter Emilies Stuhl und ahmte all ihre Handbewegungen beim Essen nach – aber ohne Besteck. Ein anderes Mal tauchte die Gestalt in einem Unterrichtsraum auf und ging

inmitten der Schülerinnen hin und her. Tatsächlich jedoch lag die Französin zu diesem Zeitpunkt mit einer Erkältung im Bett.

Wenig später versetzte ein weiterer Vorfall die ganze Schule in Aufregung. Alle zweiundvierzig Schülerinnen saßen am frühen Abend an einem Tisch im Obergeschoss des Hauptgebäudes mit Handarbeiten. Durch vier große, geöffnete Glastüren war der Garten leicht zu überschauen. Dort befand sich Mlle. Sagée und pflückte, als wäre sie in Gedanken versunken, einen Strauß Blumen. Als eine andere Lehrerin, die am Tischende gesessen hatte, nach einigen Minuten aufstand und den Raum verließ, blickten die Mädchen auf den kurzzeitig leeren Stuhl. Fassungslos mussten sie feststellen, dass gleich darauf und in voller Lebensgröße Emilie Sagée saß. Dabei verriet ein Blick in den Garten, dass die Französin weiter in Ruhe ihre Blumen pflückte. Es sah jedoch so aus, als seien ihre Bewegungen langsam und kraftlos geworden, als würde irgendetwas ihre Energie rauben.

Nach ein paar Schrecksekunden standen zwei Mädchen auf und gingen nach hinten zum Ende des Tisches. Mit klopfenden Herzen näherten sie sich dem Stuhl und versuchten, die Gestalt zu berühren. Dabei kam es ihnen vor, als hätten sie nur einen ganz leichten Widerstand, wie bei einem feinen Gewebe, gespürt. Eines der Mädchen erklärte, sie hätte mit ihrer Hand ohne Mühe durch die Gestalt hindurchfahren können. Das Phantom zeigte sich davon nicht gestört, blieb noch eine Weile sichtbar, verschwand dann aber schließlich. Im gleichen Moment schien sich auch die echte Mlle. Sagée im Garten wieder lebhafter zu bewegen. Nachdem man ihr von dem Vorfall berichtete, gab sie an, sie hätte gesehen, wie ihre Kollegin fortgegangen sei, und sie hatte sich Sorgen um die unbeaufsichtigten Mädchen gemacht.

Fast eineinhalb Jahre, von 1845 bis 1846, erschien dieses unheimliche Phänomen in beispielloser Serie. Nicht nur die Schülerinnen, auch die anderen Lehrkräfte und alle Hausangestellten hatten die »Doppelgängerin« wiederholt zu Gesicht bekommen. Infolge dieser Vorfälle war die Anzahl der Schülerinnen von ehemals zweiundvierzig auf nur noch zwölf zurückgegangen. Die Eltern gedachten nicht, ihre heranwachsenden Töchter weiterhin einem »Spukhaus« anzuvertrauen. Und obgleich sie eine ausgezeichnete Pädagogin war, wurde Emilie Sagée entlassen. Bei der Gelegenheit gestand sie ein, dass ihr bereits in achtzehn Lehranstalten zuvor aus demselben Grund die Tür gewiesen worden war. Einmal mehr musste die junge Französin wieder ihre Sachen packen und die Stätte ihres Wirkens verlassen.

Jahre später traf eine der früheren Schülerinnen des Internats von Neuwelcke ihre einstige Lehrerin als Privaterzieherin auf einem Gutshof wieder. Mehrere Kleinkinder, die sie dort zu betreuen hatte, erzählten, dass sie »zwei Tanten Emilie« hätten. Danach verlor sich ihre Spur. Weil es von da an keine Informationen mehr über den Verbleib der Französin gab, hat man die Geschichte gelegentlich in Zweifel gezogen. Man weiß, dass sie ihr Alter mit zweiunddreißig Jahren angab, als sie 1845 die neue Stelle in Lettland antrat. Als Geburtsort nannte sie die Stadt Dijon im Osten Frankreichs. Demnach musste Mlle. Sagée dort 1813 das Licht der Welt erblickt haben. Der französische Astronom Camille Flammarion (1842–1925) besaß auch als Wissenschaftler stets ein offenes Ohr für seltsame Dinge zwischen Himmel und Erde. Er setzte sich 1895 auf die Fährte dieses Falles. In Dijon fand er zwar keine Familie mit Namen Sagée, stieß aber auf die Geburt eines Kindes namens Octavie Saget, das dort am 3. Januar 1813 unehelich auf die Welt gekommen war. Wie die von ihrer Doppelgängerin ständig heimgesuchte Emilie Sagée wäre Octavie Saget 1845 genau zweiunddreißig Jahre alt gewesen. Entweder wurde eine Namensänderung von der Französin selbst vorgenommen, weil sie sich ihrer nichtehelichen Abkunft schämte, oder die Zeugen und Beteiligten jener Tage hatten die Schreibweise des Namens nicht korrekt behalten und falsch wiedergegeben. Was bleibt, ist eine Serie spontaner Bilokationen, die für Zeugen und Beobachter unglaublich, für die betroffene junge Frau aber ausgesprochen leidvoll war, deren Leben dadurch völlig aus den Fugen geriet.

1846 Die elektrischen Mädchen

Angélique Cottin war ein vierzehnjähriges Mädchen aus La Perrière in der Basse-Normandie, als ihr Leben plötzlich eine sehr ungewöhnliche Wendung nahm – wenn auch nur für begrenzte Zeit. Von einem Tag zum nächsten stellte sie fest, dass sie offenbar elektrisch geladen war. Bis heute hat die etablierte Wissenschaft Probleme damit, die Existenz solcher Phänomene zu akzeptieren. Aber so gut gesicherte Fälle wie der der jungen Französin lassen kaum Platz zum Ignorieren der Fakten.

Es begann am 15. Januar 1846, und nach ziemlich genau zehn Wochen war der »Spuk« wieder vorbei. Der Webrahmen, an dem sie zusammen mit drei anderen Mädchen Handschuhe herstellte, fing an, sich zu drehen, und schaukelte hin und her. In Anwesenheit von Angélique spielten Kompassnadeln regelrecht verrückt. Auch nichtmagnetische Gegenstände, selbst schwere Möbel, wichen wie von einem unsichtbaren

Magneten abgestoßen vor ihr zurück und fingen heftig zu vibrieren an.
Ihre Eltern brachten sie daraufhin nach Paris, wo der Mediziner Dr. Tanchou auf sie aufmerksam wurde. Der Arzt berichtete der Akademie der Wissenschaften, dass das Mädchen imstande war, die Pole eines Magneten zu identifizieren, die Nadeln von Kompassen zu beeinflussen und wie ein Magnet kleinere Objekte anzuziehen oder abzustoßen. Während dieser Vorgänge vermeinte er, eine Art »kühlen Wind« in ihrer Nähe zu spüren, der an die Luftbewegung erinnert, die von stark aufgeladenen Gegenständen ausgeht. Manche der Objekte wurden bereits heftig weggeschleudert, wenn sie sie nur kurz berührte. Wollte sie sich niedersetzen, drehten sich die Stühle unter ihr weg, und einmal schwebte ein fünfundzwanzig Kilogramm schwerer Tisch plötzlich in der Luft, als sie ihn nur leicht gestreift hatte.
Die Akademie betraute den berühmten Physiker und Astronomen François Arago (1786–1853) mit der Untersuchung des Falles. Zu jenem Zeitpunkt aber – zehn Wochen nachdem sie zum ersten Mal aufgetaucht waren – schienen die Kräfte das Mädchen verlassen zu haben. Der erwähnte Dr. Tanchou hatte darauf aufmerksam gemacht, dass Angéliques Leistungen am beeindruckendsten waren, wenn sie vollkommen entspannt war. Leider beachteten Arago und seine Kollegen den Hinweis nicht, sondern übten Druck aus, so dass das Mädchen wiederholt verängstigt den Untersuchungsraum verließ.
Der Arzt aus Paris hatte zuvor entdeckt, dass die »elektrischen Kräfte« Angéliques abends ihren Höhepunkt erreichten. Es schien, als gingen diese vom linken Handgelenk, der Innenseite des linken Ellbogens und der Wirbelsäule aus. Bei vielen der Entladungen bäumte sich das Mädchen unter

krampfartigen Anfällen auf, und ihr Puls stieg auf bis zu 120 Schläge in der Minute. Dr. Tanchou kam zu dem Schluss, dass es sich um eine bis dahin noch unentdeckte Form der Elektrizität handle. Doch die Forscher um Arago lehnten dies ab, denn die Akademie der Wissenschaften war damals jeder Art von Phänomenen gegenüber sehr reserviert eingestellt. Arago selbst empfahl der Akademie, sie solle den Fall Angélique Cottin einfach ignorieren.

Wenn auch die Wissenschaft hier eine bedeutende Gelegenheit zur Erforschung elektrischer Phänomene beim Menschen versäumte: Mangel an weiteren geeigneten »Studienobjekten« gab es keinen. In den Jahren 1852/53 wurde die zwölfjährige Philippine Singer aus der Pfalz von ähnlichen Symptomen heimgesucht. Das Mädchen zog metallene Gegenstände an, die so stark an ihren Händen hafteten, dass sie oft nur unter Schmerzen wieder entfernt werden konnten.

Ebenso erging es 1877 der neunzehnjährigen Kanadierin Caroline Clare. Bei ihr traten die Erscheinungen nach einer mysteriösen, von Krämpfen begleiteten Krankheit auf. Zudem war die junge Frau auf vierzig Kilogramm abgemagert, und jeder, der sie berührte, erhielt einen starken elektrischen Schlag. Im Verlauf eines Experiments, bei dem sich zwanzig Personen an den Händen haltend im Kreis aufstellten, spürte sogar die letzte Person noch den Schlag. Die elektrische Aufladung von Caroline Clare hielt mehrere Monate an, verschwand aber nach Ablauf derselben gleichfalls für immer.

Noch heute sind sich Ärzte und Wissenschaftler nicht einig, was die Ursachen jener menschlichen Stromquellen betrifft. Da einige Äußerungsformen dieser Elektrizität den bekannten Gesetzen der Physik widersprechen, wurden sie auch mit paranormalen Fähigkeiten wie etwa der Psychokinese – das ist die Fähigkeit, Objekte zu bewegen, ohne sie zu berühren –

in Verbindung gebracht. Allen Lösungsansätzen zum Trotz konnte das Rätsel aber bis heute nicht hinreichend aufgeklärt werden.

1847 Mitten durch den Kopf

Unsere moderne Medizin vermochte dem Sitz des Denkens, nämlich dem Gehirn, schon so manch großes Geheimnis zu entreißen. Durch den tragischen Blutzoll, den Kriege und Verkehrsunfälle unablässig und weltweit einfordern, haben Chirurgen und Neurologen ausgiebige Studien über die Verteilung der unterschiedlichen Funktionen unseres Gehirns betreiben können. In der medizinischen Fachliteratur sind so die verschiedensten Verletzungen und deren Auswirkungen auf den sensorischen und den motorischen Apparat genau beschrieben und kommentiert.

Wer allerdings der Meinung sein sollte, dass in diesem sensiblen Bereich schon alle Geheimnisse erforscht seien, ist auf dem Holzweg. Unser Gehirn ist ein derart kompliziertes Gebilde, dass die meisten Details seiner Funktionen noch im Dunkeln liegen. Scheinbar geringfügige Schocks und Verletzungen führen in ungünstigen Fällen zu Schäden, die nicht wiedergutzumachen sind. Andererseits kennen wir Beschreibungen von ganz schweren Verwundungen, die den Geschädigten nicht beeinträchtigt haben. Hier steht die Medizin vor unergründlichen Mysterien, die sie an die Grenzen unseres Wissens führen.

Am 13. September 1847 war der damals fünfundzwanzig Jahre alte amerikanische Eisenbahnvorarbeiter Phineas Gage mit der Vorbereitung von Sprengladungen beschäftigt. Hierfür stopfte er mittels einer langen, an einem Ende stark zugespitzten Stange Dynamit in die zuvor gebohrten Löcher. Als er mit der Stange auf ein Felsstück traf, gab es plötzlich einen Funken, der den Sprengstoff augenblicklich entzündete.

Mit der ungeheuren Gewalt eines Projektils trieb die Explosion die Eisenstange kurz unterhalb des linken Auges durch Gages Wangenknochen. Sie drang ihm direkt durch den Schädel und drückte hierbei fast das linke Auge aus der Höhle. Schließlich ragte sie am Hinterkopf fast einen halben Meter wieder heraus. Es war ein furchtbarer Anblick.

Keiner der herbeigeeilten Kollegen konnte glauben, dass Phineas Gage nicht sein Bewusstsein oder gar das Leben verloren hatte. Man schleppte ihn in ein Hotel, von wo aus man nach einem Arzt schickte. Der bald darauf eintreffende Mediziner rief sogleich noch einen Chirurgen herbei, der die Stange, gleichzeitig aber auch noch jede Menge Knochensplitter und Fragmente der Gehirnmasse entfernte. Und obwohl keiner der beiden Ärzte dem Schwerverletzten eine reelle Überlebenschance einräumte, überraschte dieser später sämtliche medizinischen Kapazitäten, die ihn untersuchten. Der Vorarbeiter konnte seine alte Tätigkeit wieder aufnehmen, und bis auf den Verlust seines linken Augenlichts waren keine weiteren Schäden zurückgeblieben.

Eine gelungene Wachsfigur, die den verwundeten Phineas Gage kurz nach seinem Unfall zeigt, konnte ich übrigens vor einigen Jahren in einem kleinen Museum in Hongkong fotografieren.

Noch unglaublicher sind Fälle, die den Schluss nahelegen, dass wir des Gehirnes im Notfall überhaupt nicht bedürfen. Der berühmte deutsche Chirurg Professor Christoph W. Hufeland (1762–1836) erwähnte in seinen Memoiren einen Patienten, der zwar gelähmt, aber bis zu dessen Erkrankung bei vollem Verstand gewesen war. Als er nach dem Tod des Mannes eine Autopsie vornahm, fand er überhaupt kein Gehirn vor. Im Schädel des Verstorbenen befanden sich gerade einmal 312 Gramm Wasser.

Ist unser Gehirn, diese 1500 Gramm einer grauweißen Masse, womöglich nur so etwas wie ein »vorübergehender Wohnsitz«, der für die Dauer eines Menschenlebens etwas viel Subtileres beherbergt? Dann liegt am Ende der Gedanke doch nicht so fern, dass dieses subtile »Etwas« nach unserem Ableben nicht den üblichen Weg alles Irdischen geht, sondern erhalten bleibt. Glauben wir den Verfechtern der modernen Physik, so geht in diesem Universum nichts verloren, sondern wird nur in eine andere Energieform umgewandelt. Gehört unser Bewusstsein dazu?

1848 Unheimliche Begegnung im Südatlantik

Die mit zwanzig Kanonen bestückte Fregatte der Britischen Marine *H. M. S. Daedalus,* ein stolzer Dreimaster aus den besten Tagen des »Empire«, war auf der Rückfahrt von Indien zur englischen Hafenstadt Plymouth. Peter M'Quhae, ein sehr erfahrener Kapitän, hatte seit vier Jahren das Kommando. Man schrieb das Jahr 1848, und bis zur Eröffnung des Suezkanals sollten noch an die zwanzig Jahre vergehen. Der Weg von und nach Indien führte in jener Zeit nur um die Südspitze Afrikas herum.

Am 6. August 1848 machte die *Daedalus* flotte Fahrt zwischen dem Kap der Guten Hoffnung und St. Helena im Südatlantik.

Ohne Vorwarnung kreuzte plötzlich ein gewaltiges, schlangenähnliches Geschöpf ihren Weg. Das war gegen siebzehn Uhr, und weder Skipper noch Mannschaft sollten diese Begegnung je vergessen. Ein paar Wochen nach der Rückkehr des Dreimasters gab Kapitän M'Quhae in einem kurzen Artikel in der »Times« Einzelheiten der Sichtung preis. Sofort fragte die Admiralität der britischen Marine bei M'Quhae an, ob der Bericht auf der Wahrheit beruhe. Die offizielle Antwort des Kapitäns, die an Admiral Sir Walter H. Gage gerichtet war, wurde gleichfalls in der »Times« abgedruckt:

»*H. M. S. Daedalus*, Hamoaze, den 11. Oktober 1848,

Sir, in Erwiderung ihrer Anfrage bezüglich des Wahrheitsgehaltes des in der ›Times‹ veröffentlichten Artikels über die Beobachtung einer riesigen Seeschlange von der *H. M. S. Daedalus* unter meinem Kommando habe ich die Ehre, Sie mit den genauen Details vertraut zu machen. Es geschah am 6. August dieses Jahres, um fünf Uhr nachmittags, auf 24 ° 44' südlicher Breite und 9 ° 22' östlicher Länge. Der Himmel war bewölkt und es dämmerte bereits, ein frischer Wind wehte von Nordwesten und das Schiff hielt nordnordöstliche Richtung, dieweilen es leicht backbord gierte, als der Kadett zur See, Mr. Sartoris, etwas äußerst Ungewöhnliches sichtete. Sartoris machte auf der Stelle Meldung darüber beim wachhabenden Offizier, Lt. Edgar Drummond, der sich mit Mr. William Barrett und mir auf dem Achterdeck befand. Die übrige Mannschaft war unter Deck beim Abendessen. Nachdem wir darauf aufmerksam gemacht worden waren, sahen wir, dass es eine gewaltige Schlange war, die ihren Kopf und einen Teil ihres Körpers stets etwa vier Fuß oberhalb der Wasseroberfläche hielt. Ihre Länge schätzten wir [...] auf mindestens sechzig Fuß (achtzehn Meter) außerhalb des Wassers.

Nach unseren Beobachtungen war keine wellenförmige Bewegung des Körpers, weder horizontal noch vertikal, feststellbar, die das Tier vorwärtstrieb. Es schwamm rasch vorbei, doch so nah, dass – hätte es sich um einen meiner Bekannten gehandelt – ich dessen Züge leicht mit bloßem Auge erkannt hätte. Weder als es sich dem Schiff näherte noch als es langsam unseren erstaunten Blicken enteilte, ließ es sich von seinem Kurs Richtung Südwesten abbringen, den es entschlossen mit einer Geschwindigkeit von zwölf bis fünfzehn Meilen in der Stunde hielt.
Der Durchmesser dieser Kreatur betrug etwa fünfzehn bis sechzehn Inches (38 bis 40 Zentimeter) hinter ihrem für eine Schlange so typischen Kopf, und ihre Farbe war dunkelbraun mit einem gelblich weißen Hals. Während der zwanzig Minuten unserer Beobachtung machte das Tier kein einziges Mal Anstalten, unter Wasser zu tauchen. Es hatte keine Flossen, jedoch so etwas wie eine Pferdemähne oder ein Büschel Seetang, welches über den Rücken gespült wurde. Außer mir sowie den bereits erwähnten Offizieren haben der Bootsmann, der Quartiermeister wie auch der Steuermann die Seeschlange gesehen. Ich habe veranlasst, dass nach einer Skizze, die ich unmittelbar nach der Sichtung zu Papier gebracht habe, eine Zeichnung angefertigt wird. Ich hoffe, dass diese rechtzeitig fertig wird, um mit morgiger Post an den Lord's Commissioner der Admiralität gesandt zu werden.
Gezeichnet, Peter M'Quhae, Kapitän.«
Besagte Zeichnung wurde mit Genehmigung des Kapitäns in der »Illustrated London News« vom 28. Oktober 1848 abgedruckt. Der Lieutenant Edgar Drummond, der in M'Quhaes Bericht namentlich erwähnte wachhabende Offizier an Bord, bestätigte die Aussagen seines Vorgesetzten in einem eigenen Bericht, der in der gleichen Folge veröffentlicht wurde.

Eine Reaktion seitens der offiziellen Wissenschaft kam fast postwendend. Der Naturforscher Sir Richard Owen griff den Kapitän aufs Heftigste an. In seinem gleichfalls in der »Times« abgedruckten Statement versuchte Owen die Sichtung mit der simplen »Erklärung« abzutun, M'Quhae und seine Leute hätten nichts anderes gesehen als einen Seelöwen. Eine bewundernswerte Ferndiagnose. Doch der Kapitän ließ sich nicht beirren und blieb bei seiner ursprünglichen Aussage, er habe im Südatlantik eine Seeschlange beobachtet.
Übrigens kam es nur zwei Monate später in denselben Gewässern zu einer weiteren Begegnung. Im Dezember 1848 geriet das Segelschiff *Pekin* unweit des Kaps der Guten Hoffnung in eine Flaute, als ein Besatzungsmitglied plötzlich ein erstaunliches Geschöpf im Wasser entdeckte. Das Tier konnte durchs Fernglas genau beobachtet werden und glich einer riesigen Schlange mit großem Kopf und einer zottigen Mähne. Welche unbekannte Spezies hatte in diesen Breiten ihren angestammten Lebensraum?

1849 Die Geburtsstunde des »Tischrückens«

An einem kalten Dezembertag gegen Ende der 1840er Jahre zog Mr. John Fox, ein biederer Farmer und Angehöriger der methodistischen Kirche, in ein kleines Haus im Städtchen Hydeville im US-Staat New York. Mit ihm kamen seine Frau und zwei Töchter, die damals zehnjährige Margaretta und die siebenjährige Katie. Familien, die bereits vor ihnen in dem Haus gelebt hatten, munkelten, dass es dort nicht geheuer

und in diesen vier Wänden schon zu merkwürdigen Vorfällen gekommen sei.
Mr. Fox war ein gottesfürchtiger Mann und gab wenig auf die Gerüchte. Aber schon bald vernahm die ganze Familie mysteriöse Klopflaute und andere Geräusche. Zuerst traten sie gegen Abend auf, später auch mitten in der Nacht. Bald kamen die Nachbarn, um die rätselhaften Töne ebenfalls zu hören. Dabei kam ein Besucher auf die Idee, eine Art »Klopf-Alphabet« zu entwickeln, um eine Kommunikation mit dem unheimlichen »Gegenüber« zu versuchen. Es schien zu klappen, denn Mrs. Fox gelang es dadurch, Näheres über jenen »Geist« zu erfahren. Er sei auf Erden Kaufmann gewesen, habe in demselben Haus gelebt und sei eines Tages umgebracht worden. Seine Gebeine hätten die Mörder im Keller verscharrt.
Als sie dies überprüften, erlebte die Familie Fox eine echte Überraschung: Unter dem Fundament des Hauses konnte man bei wiederholten Grabungen tatsächlich Knochen zutage fördern! Die ganze Sache brachte ihnen aber bald Ärger und Nachteile, darum blieb ihnen nichts übrig, als zu Verwandten in die Stadt Rochester zu ziehen. Doch auch am neuen Wohnsitz gingen die Phänomene weiter, in deren Mittelpunkt die beiden Schwestern zu stehen schienen. Für sie gehörte das Abhalten von spiritistischen Sitzungen bald zum täglichen Leben.
Während dieser Séancen, bei denen Katie Fox und eine Mrs. Tamlin anwesend waren, konnte im Herbst 1849 ein bis dahin nicht bekanntes Phänomen beobachtet werden. Ganz unerwartet bewegten sich mit einem Mal kleine Gegenstände, und die Saiten einer Gitarre begannen eine Melodie zu spielen, ohne dass man sie berührte. Und wenig später sollte noch eine weitere, unheimliche und unerklärliche Beobachtung hinzukommen.

Um jene mittlerweile fast automatisch erfolgenden Klopfzeichen zu hören, pflegte man an einem geräumigen Tisch Platz zu nehmen. Eines Abends jedoch gingen zu aller Überraschung diese Klopftöne von dem Möbelstück selbst aus. Wenig später spürten alle, deren Hände auf der Tischplatte lagen, wie ein leichtes Zittern durch das Holz ging. Gleich darauf geriet der Tisch in lebhafte Bewegungen. Er begann sich erst zu neigen und schließlich sogar von der Stelle zu rücken. Als alle Anwesenden ihren ersten Schreck überwunden hatten, kam jemand auf die Idee, am Tisch sitzend auch Fragen zu stellen. Man hatte kaum Platz genommen, die Hände sich berührend im Kreis auf der Platte ruhen lassen und etwas gefragt, als das Möbel unter ständigen Bewegungen zu klopfen begann.

Das bald weltweit beliebte »Tischrücken« hatte damit seine Geburtsstunde erlebt. Damit einhergehend auch der moderne Spiritismus, dessen Anhänger fest überzeugt waren, durch Klopfzeichen mit Geistern Verstorbener in Verbindung treten zu können. Zahllose Menschen sollte dieses nach damaliger Überzeugung so effektive Kommunikationsmittel mit dem Jenseits in seinen Bann ziehen und eine Revolution im Denken und Glauben der Menschen auslösen. Heutzutage begegnen uns derlei Dinge allenfalls noch als Partygag. Denn längst hat die moderne Wissenschaft der Parapsychologie, bei der die Hauptarbeit im Labor stattfindet, die Stelle des romantischen Spiritismus eingenommen. Begonnen aber hat alles mit den seltsamen Klopfgeräuschen im Haus der Familie Fox, was deren Leben von einem auf den anderen Tag grundlegend veränderte.

1850 Ende einer Parforce-Jagd

Am 1. Oktober 1850 sollte in den Wäldern rund um Berlin eine Parforce-Jagd stattfinden. Dies ist eine Hetzjagd zu Pferd auf Wild, bei der auf die Fährte gebrachte Hunde die zu jagenden Tiere bis zur Erschöpfung verfolgen. Als einer der prominenten Gäste hatte auch der junge Prinz Kraft zu Hohenlohe-Ingelfingen seine Teilnahme zugesagt. Da er sich jedoch tags zuvor mit einem Mal unwohl fühlte, sagte er ab und legte sich am Abend des 30. September frühzeitig ins Bett.

Mitten in der Nacht schreckte er urplötzlich aus dem Schlaf auf. Im Traum war ihm auf der Jagd das Pferd durchgegangen. Er schlug mit dem Kopf an einen Baum und lag mit gebrochenem Schädel auf dem Waldboden. Hier erwachte er und sah sich selbst am Fußende des Bettes mit blutendem Gesicht auf dem Boden liegen.

Ungläubig setzte sich der Prinz in seinem Bett auf und begann auf sein Ebenbild zu starren, bis es langsam verschwunden war. Im Zimmer war es stockdunkel. Der Traum hatte ihn beunruhigt, aber noch mehr verursachte ihm die Tatsache Missfallen, dass er überhaupt beunruhigt war. Endlich schlief Prinz Hohenlohe wieder ein, der Schlaf war jedoch nicht von langer Dauer. Bald darauf wachte er erneut auf, um für ein weiteres Mal sein blutendes Ich vor dem Bett zu erblicken. Und wieder verschwand die Vision nach einiger Zeit.

Inzwischen war der Morgen heraufgedämmert, und seinem Unbehagen zum Trotz beschloss er, nun in jedem Fall an dieser Jagd teilzunehmen. Nein, *er* würde sich nicht von einem dummen Traum ins Bockshorn jagen lassen. Als er sich mit den anderen am vereinbarten Platz traf, erzählte der Prinz

unter anderem seinem Bruder Friedrich Wilhelm von diesem Traumerlebnis. Beide lachten aber nur herzlich darüber.
Die Jagd begann, und gleich zu Beginn ging das Pferd des Prinzen mit ihm durch. Im immer dichter werdenden Wald scheute es, bis der Prinz sich an einem Baum den Kopf aufschlug. Als er aus seiner Ohnmacht kurz erwachte, lag er auf dem Waldboden. Seine rechte Gesichtshälfte war völlig aufgerissen, aus dem Auge floss Blut, und sein Schädel war gebrochen und teilweise skalpiert. Sein Pferd musste ihn in wildem Galopp über eine längere Strecke im Steigbügel mitgeschleift haben. Er wurde zum Glück bald von den anderen Jagdteilnehmern gefunden und in die Potsdamer Wohnung seines Bruders gebracht. Dort kam er erst nach drei Tagen wieder zu Bewusstsein. Als er einen Spiegel verlangte, musste er feststellen, dass seine Verletzungen völlig mit jenen identisch waren, die er in der Nacht vom 30. September auf den 1. Oktober nach seinem Alptraum an sich gesehen hatte.

1851 »Bigfoot« ist draußen!

Sicher hat jeder schon einmal vom mysteriösen »Yeti« gehört – dem »Schneemenschen«, der immer wieder in den unwirtlichen Höhen des Himalajas gesichtet wurde. Aber nicht nur aus dem Hochgebirge Zentralasiens, sondern aus vielen anderen Teilen unserer Welt kommen immer wieder Berichte über Begegnungen mit jenen geheimnisvollen Wesen. Ob »Yeti« oder »Yowie«, wie sie in Australien genannt werden, oder »Bigfoot« und »Sasquatch« in Nordamerika und Kanada: Ihnen allen ist gemeinsam, dass sie womöglich

als Bindeglied in der menschlichen Entwicklung zwischen Mensch und Affe stehen. Für ausgestorben gehalten, haben sie in einigen ökologischen Nischen überlebt.
In den USA und in Kanada hört man etwa seit den 1830er Jahren von Begegnungen mit »Bigfoot« und »Sasquatch«, und die Ähnlichkeit zwischen den damaligen und heutigen Berichten spricht dafür, dass es sich um dasselbe Phänomen handelt. In der Hauptsache kommen die Sichtungsberichte Nordamerikas aus dem Nordwesten der USA, den Staaten Kalifornien, Washington sowie Oregon. Aber aus beinahe allen anderen US-Bundesstaaten und Provinzen Kanadas wurde ebenfalls vom Auftreten jener unheimlichen Tiermenschen berichtet.
So schrieb eine Regionalzeitung aus Arkansas im Jahr 1851, was zwei Jägern in Greene County widerfahren war. Sie beobachteten, wie solch ein Wesen einer ganzen Viehherde nachsetzte. Die Jäger beschrieben das Geschöpf wie folgt: »Es war riesig, der Körper völlig behaart, sein langes Haar fiel bis auf die Schultern herab. Der wilde Mann sah uns einen kurzen Augenblick an und sprang dann mit großen Sätzen davon. Die Fußabdrücke, die das Wesen hinterließ, waren 33 Zentimeter lang.«
In dem zitierten Zeitungsbericht wurde die Ansicht geäußert, das Wesen sei ein verstörter Überlebender jenes Erdbebens, das 1811 die ganze Region verwüstet hatte. In frühen Berichten vom Anfang des 19. Jahrhunderts bezeichnete man die Geschöpfe noch als »wilde Menschen«. Man glaubte, dass es sich um menschliche Wesen handle, die in Wäldern hausten und denen daher im Lauf der Zeit ein dichtes Fell gewachsen war. Heute weiß man, dass eine stammesgeschichtlich rückwärts gerichtete Entwicklung, in wieder primitivere Lebensformen, äußerst unwahrscheinlich ist. Dann müssten auch,

gemäß dieser »Logik«, nach einiger Zeit die Obdachlosen im eigenen Fell gehen …

Viele detaillierte Sichtungsberichte geben Auskunft über besondere Merkmale und das Verhalten von »Bigfoot« und »Sasquatch«. Ganz offensichtlich sind sie sehr menschenscheu und meiden Siedlungen. Manchmal allerdings scheint ihre Neugier zu siegen, und dann schleichen sie sich an Zelte heran und durchwühlen dort die Sachen. In moderner Zeit wurde sogar beobachtet, wie sie auf Autos sprangen und darauf schaukelten. Allerdings gibt es frühere Berichte, in denen zu lesen ist, dass sie ganze Goldgräbercamps verwüsteten, um die Eindringlinge zu vertreiben. »Bigfoot« und »Sasquatch« wurden in Nordamerika auch häufiger in der Umgebung von Bauernhöfen und abgelegenen Ortschaften beobachtet – wahrscheinlich, weil dort die Nahrungssuche, vor allem im Winter, sehr viel einfacher ist. Doch trotz ihres wilden, oft bedrohlichen Aussehens sind sie im Allgemeinen nicht aggressiv. Auch wenn ihrem »Kollegen« aus dem Himalaja, dem »Yeti«, regelmäßig die Tötung von Vieh – und in ganz seltenen Fällen auch die von Hirten – nachgesagt wird, haben die nordamerikanischen Vertreter der rätselhaften Spezies noch keinem Menschen ein Leid zugefügt.

1852 Die letzte Fahrt der *Monongahela*

Sanft dümpelte der Schoner *Monongahela* am 13. Januar 1852 in der Dünung des Pazifischen Ozeans. Die Mannschaft erwartete sehnsüchtig den Wind, der sich auch bereits in einer schwachen Brise ankündigte. Plötzlich meldete der

Matrose im Ausguck eine halbe Meile backbord voraus ein rätselhaftes Phänomen, das die Seeleute schlagartig aus ihrer Lethargie riss.

Auf Deck hob Kapitän Seabury sein Fernglas an die Augen und starrte auf die angegebene Stelle im Meer. Was er zu sehen bekam, war ein ungeheuer großes Tier, das wild um sich schlug, als läge es im Todeskampf. Wenn es ein Wal ist, so dachte Kapitän Seabury, dann muss es ein Riesenexemplar sein. Daher ließ er vorsichtshalber gleich drei Boote zu Wasser.

Die Seeleute ruderten ganz nah an das Tier heran, und Seabury selbst jagte eine Harpune in die sich wie wahnsinnig gebärdende Kreatur. Als erfahrene Walfänger legten sich die drei Bootsbesatzungen mächtig in die Riemen. Einen Augenblick später tauchte ein drei Meter langer Kopf aus dem Wasser und griff die Boote an. Schon nach wenigen Augenblicken waren zwei davon völlig zerstört. Da das Ungeheuer erst einmal untertauchte, gelang es der dritten Mannschaft, die Überlebenden der unvorhergesehenen Attacke zu retten.

Doch da war noch die Harpune, die Seabury der Kreatur nachgeworfen hatte. Rasend schnell spulte sich das Seil der Harpune ab, und dem Kapitän gelang es mit knapper Not, ein weiteres Tau anzuknoten. Als das unbekannte Tier schließlich in 300 Metern Tiefe zum Stillstand kam, waren nur noch wenige Armlängen Seil übrig. Entweder hatte das Ungeheuer den Meeresboden erreicht, oder es war tot.

Inzwischen war die *Monongahela* näher heranmanövriert, und die Männer machten das Seil daran fest, noch bevor sie an Bord gingen. Auch ein anderes Schiff, die *Rebecca Sims,* unterwegs nach New Bedford in den USA, war herangekommen und hatte bis auf wenige Kabellängen beigedreht. Kapitän Seabury ging dort an Bord und berichtete Kapitän Samuel Gavitt, den er kannte, von seiner Begegnung. Die Männer kamen überein, dass die *Rebecca Sims* zur Sicherheit über Nacht in der Nähe blieb.

Am folgenden Morgen kommandierte Seabury alle Männer an die Winde, um das noch immer straffe Seil hochzudrehen. An dessen Ende schien nur noch eine regungslose Masse zu hängen. Schließlich tauchte das Ungeheuer aus dem Wasser auf. Es war tot. Die Seeschlange war länger als die fünfunddreißig Meter messende *Monongahela* und hatte einen riesigen Körper, dessen Durchmesser die Matrosen auf bis zu sieben Meter schätzten. An ihrem langen, dicken Hals baumelte ein enormer Kopf, der dem eines Alligators nicht unähnlich sah. Der ganze Körper hatte eine schmutzig braune Farbe, mit einem meterbreiten, weißen Streifen auf dem Rücken. Es waren weder Beine noch Flossen erkennbar, so dass sich das Geschöpf nur durch die Bewegungen seines langen Körpers und des vier bis fünf Meter langen Schwanzes bewegen konnte. Dieser besaß Höcker oder Knoten wie der Rücken eines Störs.

Das gewaltige Monstrum an Bord zu hieven war unmöglich. Darum ließ Kapitän Seabury den Kadaver längsseits ziehen, um ihn wie einen Wal zu zerlegen. Die Haut erwies sich als viel härter als die der Meeressäuger, und das Tier schien kein brauchbares Fett zu besitzen. So ließ Seabury nur den Riesenschädel abhacken, an Bord ziehen und in Salzlake einlagern. In dessen Kiefer saßen vierundneunzig ungefähr zehn Zentimeter lange Zähne, die, wie bei Schlangen üblich, hakenförmig eingekrümmt waren.

Vor seiner Weiterfahrt verfasste Seabury einen ausführlichen Bericht über den Vorfall und gab diesen Kapitän Gavitt von der *Rebecca Sims* mit, die zu ihrem Heimathafen unterwegs war. Dieser Bericht ist alles, was von dem seltsamen Fang übrig geblieben ist. Denn kurz darauf ging die *Monongahela* mit

Mann und Maus unter. Erst Jahre später wurden einige Trümmer an die Küste der Aleuteninsel Unimak gespült.
Wurde der Walfänger von einer weiteren Seeschlange verfolgt und beim Zusammentreffen versenkt? Das Rätsel um die *Monongahela* wird wahrscheinlich für alle Zeiten als ungelöster Fall in den Annalen der Seefahrt verbleiben.

1853 »Zigarren« und leuchtende Scheiben am Himmel

Wie ich bereits im Kapitel über das Jahr 1808 berichtet habe, stellt das UFO-Phänomen alles andere als ein Mysterium der letzten fünfundsechzig Jahre dar. Und genau wie in der zweiten Hälfte des 20. Jahrhunderts – hier stachen besonders die Jahre 1947, 1954 oder 1965 hervor –, gab es auch schon im 19. Jahrhundert Zeiten, in denen fliegende Objekte besonders häufig am Himmel zu sehen waren. Das Jahr 1853 scheint im Zeichen einer solchen Sichtungswelle gestanden zu haben, wie die folgenden Beispiele belegen werden.
Am 22. Mai beobachtete ein Mr. Gregg, wie sich drei leuchtende Objekte scheinbar dem Planeten Merkur am Himmel näherten. Diese Objekte entsprachen drei »Haupttypen« von Flugobjekten, wie sie auch in unseren Tagen häufig gesichtet werden. Das erste war groß und rundlich, das zweite hatte die Form einer Zigarre und das dritte die einer Scheibe.
Die französische meteorologische Gesellschaft berichtete am 9. Juli 1853 über »eine große Anzahl von roten Punkten am Firmament, kleinen Sonnen ähnlich«. Und am 26. Oktober beobachteten Augenzeugen gegen zwei Uhr frühmorgens

eine große leuchtende Scheibe über Ragusa in Sizilien. Das fliegende Objekt bewegte sich von Ost nach West und war volle zwei Minuten sichtbar, was einen Meteoriten ausschließen würde.

Im Zeichen einer weiteren, ungleich größeren Sichtungswelle stand das Ende des 19. Jahrhunderts, wovon ich später berichten werde. Die »große Luftschiffwelle« machte vor allem in den USA von sich reden. Doch auch im alten Europa wurden regelmäßig fremdartige Objekte gesichtet – und von den Zeugen dann in deren zeitgenössischen Begriffen beschrieben.

Eine Leserin schrieb mir vom Erlebnis ihrer 1881 geborenen Großmutter, das dieser als jungem Mädchen widerfuhr. In ihrem Heimatdorf nahe der niederbayerischen Stadt Passau sah sie in der Dämmerung einen »Feuer speienden Drachen« landen. Als dieser nach einer Weile wieder abflog, wurde dabei ein Hausdach komplett verwüstet. Bis zu ihrem Tod im Jahr 1975 hatte diese Frau immer wieder von diesem Erlebnis erzählt, das für sie bestimmt nicht weniger verstörend gewesen sein mag, als es bei heutigen »unheimlichen Begegnungen« regelmäßig der Fall ist.

1854 Freudiges Wiedersehen mit einem Verstorbenen

Der junge Mr. Stone eilte 1854 durch die Straßen einer englischen Kleinstadt, um einen Botengang für seinen Arbeitgeber zu erledigen. Dabei ging ihm eine Pferdewette durch den Kopf, die er kurz zuvor abgeschlossen hatte. Bis zum

Rennen waren es nur mehr wenige Tage, und nach Erledigung seines Auftrages gedachte er noch bei einem Freund vorbeizuschauen, um diesem ein paar Informationen über seine Gewinnchancen zu entlocken. Denn der Freund war ein »alter Hase« in Wettgeschäften.

Als er gerade gedankenverloren die Straße überquerte, fiel sein Blick auf einen alten Mann, den er aus früheren Tagen gut kannte. Dieser hatte ein Pub besessen und war Kunde seines Vaters, dem eine Brauerei gehörte. Der junge Stone musste öfter bei ihm die Rechnung für das gelieferte Bier einkassieren. Das lag aber schon etliche Jahre zurück, und sie hatten sich schon länger nicht mehr gesehen.

Der Wirt war ein heiterer und umgänglicher Mann und erfreute sich bei allen großer Beliebtheit. Am rechten Arm trug er einen stählernen Haken, weil er bei einem Unfall in jungen Jahren die rechte Hand verloren hatte. Dass er stattdessen eine Prothese wie ein alter Pirat trug, schien ihn nicht zu stören. Er sagte, der Haken wäre recht nützlich, um randalierende Betrunkene aus seinem Pub zu werfen.

Mr. Stone freute sich, diesen früheren Kunden seines Vaters wiederzusehen. Spontan ging er auf ihn zu, damit er ihn begrüßen konnte. Das Gesicht des alten Mannes strahlte vor Freude, als er den jungen Mann erblickte. Er griff Stones Hand mit seiner Linken, wie er es immer getan hatte, wenn sie sich trafen. Stone wusste, dass der Wirt sich recht gut mit Pferdewetten ausgekannt hatte. Und so fragte er ihn gleich nach den Gewinnaussichten seiner Wette sowie nach weiteren Rennterminen und machte sich hierüber unverzüglich ein paar Notizen. Ihr Gespräch dauerte ungefähr sieben Minuten. Beim Abschied gaben sich beide erneut die Hand, und Stone setzte seinen Botengang ohne eine weitere Verzögerung fort. Und weil er den wettkundigen Wirt getroffen hatte,

erledigte sich der geplante Besuch bei seinem Freund wegen derselben Angelegenheit von selbst.
Als Stone sich später auf dem Heimweg befand, dachte er ein wenig über sein Gespräch mit dem Wirt nach. Als er die Stelle erreichte, wo sie sich getroffen hatten, blieb er wie angewurzelt stehen und zitterte am ganzen Körper. Jetzt erst war ihm klargeworden, dass der alte Mann bereits vor vier Jahren das Zeitliche gesegnet hatte. Nicht genug – er selbst hatte sogar an dessen Begräbnis teilgenommen.
Doch ebenso gut konnte er sich an alle Einzelheiten der Bekleidung erinnern, die der alte Wirt kurz zuvor bei ihrem unverhofften Wiedersehen getragen hatte. Auf dem Kopf hatte er einen runden Filzhut getragen, um den Hals einen blauen Seidenschal mit einem weißen Punktmuster. Auch den charakteristischen Schnitt seiner Jacke hatte er noch vor Augen sowie seine schwere und massiv goldene Uhrkette. Und all das sollte er sich plötzlich nur eingebildet haben?
Fürs Erste spielte Stone mit dem Gedanken, jemanden gesehen und gesprochen zu haben, der dem Verstorbenen frappierend ähnlich sah. Dies konnte aber nicht sein, nicht bei dessen unverwechselbarem Äußeren und dem auffälligen Stahlhaken am rechten Arm. Stone kannte den Pubbesitzer seit Jahren. Seine Art zu reden, sein ganzes Verhalten: Eine Verwechslung war absolut ausgeschlossen. Auch einer optischen Täuschung konnte er kaum erlegen sein, denn die Begegnung hatte sich am helllichten Tag abgespielt. Noch weniger war es möglich, dass er im Zustand völliger Verwirrung sieben Minuten lang Selbstgespräche geführt hatte. Bei all den Menschen, die sich mit ihm auf der Straße befunden hatten, wäre es durch diese offensichtliche Belustigung zu einem spontanen Volksauflauf gekommen.
Je mehr Stone über sein unverhofftes Zusammentreffen mit

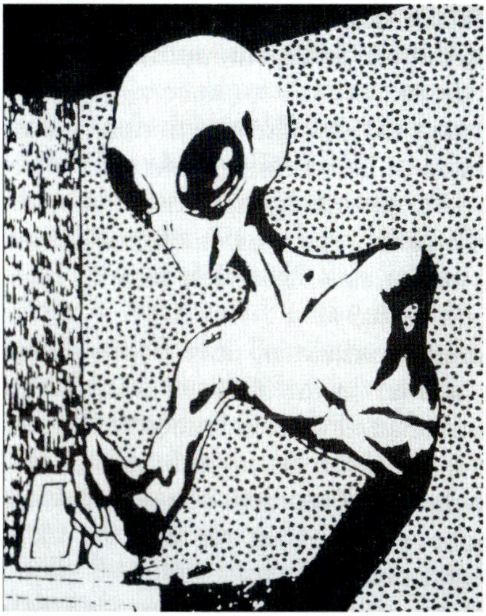

1 »Ein graues Männlein pflegt bei nächtlicher Frist ...« Beschrieb der 1805 verstorbene Schiller Begegnungen mit fremden, vermutlich außerirdischen Intelligenzen?

2 Das UFO-Phänomen war zu allen Zeiten präsent – so auch im 19. Jahrhundert und noch viel früher (oben rechts).

3 Im Jahr 1816 fand man am Westufer des Mississippi versteinerte Fußabdrücke von Menschen und Dinosauriern. Gab es – entgegen der gültigen Lehrmeinung – eine Zeit, in der Mensch und Saurier gemeinsame Wege gingen? (unten)

4 So soll der »Götterbote Moroni« dem damals 18-jährigen Joseph Smith erschienen sein. Moroni erzählte von einem auf Goldplatten gravierten Buch mit der Geschichte vom Exodus zweier israelitischer Stämme lange vor Kolumbus nach Nordamerika (links).

5 Am 22. September des Jahres 1827 übergab der »Götterbote« Smith die gravierten Platten. Die Existenz dieses Buches wurde von mehreren Zeugen bestätigt und niemals widerrufen, obwohl einige von ihnen später zu erbitterten Gegnern Smiths wurden (unten).

6 Eine beispiellose Unglücksserie begann mit dem Tod von US-Präsident William H. Harrison. Er war von einem Häuptling der Shawnee verflucht worden und starb 1840 nach nur einem Monat Amtszeit im Weißen Haus (rechts).

Mysteriöser Tod: William Henry Harrison (1841).

Ermordet: Abraham Lincoln (1861–1865).

7 Jeder Präsident der Vereinigten Staaten, der in einem Jahr mit einer Null am Ende gewählt wird, solle ein vorzeitiges und unnatürliches Ende finden. Der Fluch traf zuverlässig alle 20 Jahre ein (Mitte).

Ermordet: William McKinley (1897–1901).

Hirnblutung: Franklin D. Roosevelt (1933–1945).

8 Auch John Fitzgerald Kennedy wurde in einem »Jahr mit Null« gewählt, und starb an den Folgen eines Attentates. Ronald Reagan, 1980 gewählt, wurde angeschossen und überlebte, und ein Attentat auf George W. Bush misslang. Hat der Fluch nach 140 Jahren seine Kraft verloren? (unten)

Ermordet: John F. Kennedy (1961–1963).

Angeschossen: Ronald Reagan (1981–1989).

9 Der 1968 verstorbene Pater Pio (links) soll nach Augenzeugenberichten, die unter Eid abgegeben wurden, an mehreren Orten gleichzeitig erschienen sein. Die Französin Emilie Sagée versetzte mit dieser Fähigkeit der Bilokation 1845 ein Internat in Lettland in helle Aufregung.

10 Obwohl der Eisenbahnarbeiter Phineas Gage im Jahr 1847 von einer Eisenstange durchbohrt wurde, trug er nur geringe gesundheitliche Schäden davon. Noch immer birgt das menschliche Gehirn unendlich viele Rätsel, die aus medizinischer Sicht unerklärlich sind (unten links).

11 Nördlich von Teneriffa hatte die »Alecton« 1861 eine Begegnung mit einem riesigen Tintenfisch. Der Kapitän ließ drei Stunden auf das Tier schießen, bis es verendete (linke Seite, unten rechts).

12 Eine riesige Seeschlange wurde von der Besatzung der britischen Fregatte »Daedalus« im südlichen Atlantik beobachtet, wie sie etwa 20 Minuten lang neben dem Schiff herschwamm (oben).

13 Die Ermordung Abraham Lincolns am 14. April 1865. Nur drei Wochen zuvor hatte der US-Präsident von seinem bevorstehenden Ableben geträumt, doch seine Vorahnung konnte ihn nicht vor der Ermordung retten (unten).

14 Daniel D. Home (1833 bis 1886) war ein »Allroundgenie in Sachen PSI«. Seine Fähigkeiten, wie etwa schwereloses Schweben (Levitation), zählen zu den eindrucksvollsten in der Geschichte der Parapsychologie (links).

15, 16 Offiziell wurden die Marsmonde 1877 entdeckt. Um ihre Existenz wusste man jedoch schon in der Steinzeit. Im Flusstal der Vilaine hat man für jeden Planeten unseres Sonnensystems einen Menhir gefunden, wie hier jenen für den Mars bei Messac (unten links). Ganz in der Nähe stehen zwei kleinere für die Marsmonde Phobos und Deimos (unten rechts).

17 Professor Zöllners Experimente mit der 4. Dimension. Auf unerklärliche Weise wechselten zwei Holzringe aus einem verknoteten Ring an den Fuß des nebenstehenden einbeinigen Tischchens (rechte Seite, oben links).

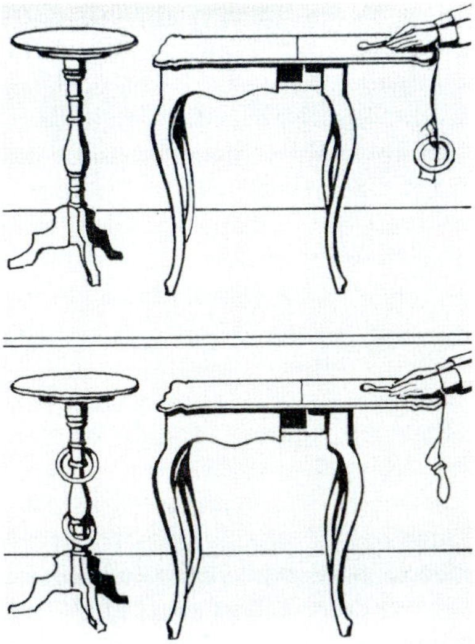

18 Bis heute nicht erklärbar: Der Gang über glühende Kohlen, ohne Verletzungen zu erleiden. Nur ein fauler Trick oder echt? (unten)

19 Gegen Ende des 19. Jahrhunderts tauchten unbekannte »Luftschiffe« massenhaft am Himmel nicht nur über Amerika auf. War dies ein »Vorläufer« des modernen UFO-Phänomens im 20. und 21. Jahrhundert? (oben rechts)

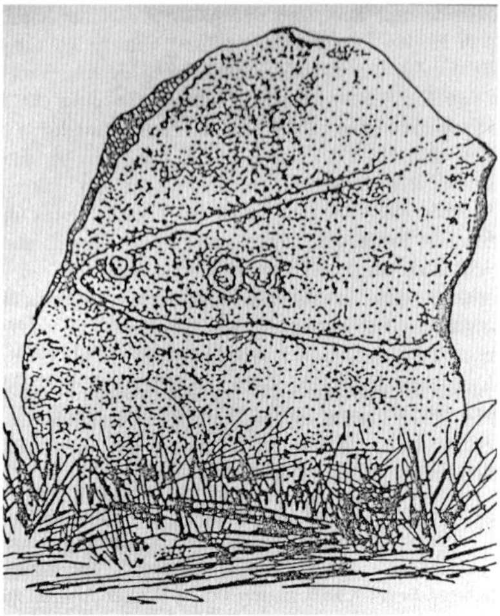

20 Der mittlerweile gestohlene Grabstein auf dem Friedhof von Aurora (Texas). Liegt hier seit 1897 ein Außerirdischer begraben? (oben links)

21 Auch der Londoner Verleger und Publizist William T. Stead beschrieb den Untergang der »Titanic« – 20 Jahre zuvor! Doch dann war er selbst unter den Opfern der Katastrophe, die 1502 Menschen das Leben kostete (oben rechts).

22 Viel zu wenig Rettungsboote und sträfliche Selbstüberschätzung verhinderten, dass beim Untergang der »Titanic« mehr Menschen gerettet werden konnten (unten).

dem Pubbesitzer nachdachte, umso klarer wurde ihm, dass ihm etwas Außergewöhnliches widerfahren sein musste. Denn jede natürliche Erklärung führte sich rasch von selbst ad absurdum. Vielleicht geschieht es tatsächlich von Zeit zu Zeit, dass sich für uns etwas wie ein »Tor zu einer anderen Realität« auftut, in welcher die Zeit und die Kausalität, so wie wir sie kennen, nicht mehr gelten.

1855 Unheimliche Spuren im Schnee

In der eiskalten Nacht vom 7. auf den 8. Februar 1855 stieg ein unbekanntes Lebewesen aus dem Meer. Es spazierte durch die Felder und Dörfer der südenglischen Grafschaft Devonshire, unweit von Exmouth, wo die Flüsse Exe und Teign ins Meer münden. Niemand hatte das unbekannte Geschöpf gesehen. Aber weil es am Vorabend kräftig geschneit hatte, fand man die Spuren, die es hinterlassen hatte. Auf einer Gesamtstrecke von etwa 150 Kilometern verliefen sie geradlinig, mitten durch Dörfer und Höfe, Wasserarme, Felder und Wälder. Es waren kleine, hufeisenförmige Abdrücke. Sie hatten eine gewisse Ähnlichkeit mit Eselsspuren und waren nicht länger als sieben bis zehn Zentimeter. Die Schrittweite betrug nicht mehr als zwanzig Zentimeter.
Natürlich gibt es auf diesem Planeten keinen Esel, der konsequent und einspurig in gerader Linie laufen würde – und das unbeirrt auch über Dächer und Mauern. Selbst die häufig beschworene Armee von Spaßvögeln und Fälschern hätte es unmöglich zuwege gebracht, zwischen Einbruch der Dunkelheit und Sonnenaufgang diese gewaltige Unmenge von

Spuren in den Schnee zu prägen. Die »Times« berichtete in ihrer Ausgabe vom 16. Februar 1855 über das Rätsel: »Diese Entdeckung einer großen Anzahl von Fußspuren von äußerst seltsamer Form und mysteriöser Herkunft hat in Topsham, Lympstone, Exmouth, Teignmouth und Dawlish für große Aufregung gesorgt. Die Abergläubischen in der Bevölkerung glauben sogar, dass es die Fußstapfen des leibhaftigen Teufels sind. Dass aber alle Schichten der Bevölkerung beunruhigt sind, lässt sich aus der Tatsache erkennen, dass dieses Thema während der sonntäglichen Messe erwähnt wurde. Donnerstagnacht kam es in der Gegend von Exeter und Devon zu starken Schneefällen. Am folgenden Morgen entdeckten die Einwohner der oben erwähnten Städte Spuren eines merkwürdigen Tieres. Es schien überall gewesen zu sein, denn die Spuren waren auch an den unzugänglichsten Stellen zu sehen – auf Hausdächern, an schmalen Mauern, in Hinterhöfen und Gärten. Es gab wohl kaum einen Garten in Lympstone, der nicht einen Fußabdruck aufwies.«
Bei dem mysteriösen Besucher handelte es sich eher um einen Zweibeiner, als um ein Wesen auf vier Beinen. Den Spuren nach war es an verschiedene Haustüren herangeschlichen, hatte sich dann aber wieder zurückgezogen. Zudem musste sich das Geschöpf permanent in Bewegung befunden haben, denn nirgendwo fand man Hinweise darauf, dass es eine Rast eingelegt hatte. Was das Rätsel sicher noch undurchsichtiger machte. Ohnehin hatten viele Bewohner des Landstrichs große Angst, die Häuser zu verlassen. In Dawlish, wo die Spuren mitten durch den Ort führten, veranstalteten die Dorfbewohner eine Jagd auf den unheimlichen Gast. Bewaffnet mit Stöcken und Gewehren, folgten sie der Fährte, bis die Hunde laut bellend und mit vor Angst gesträubtem Fell wieder aus dem Wald kamen.

Kann man heute, mehr als 150 Jahre nach dem Phänomen vom Februar 1855, noch herausfinden, wer oder was damals durch seine Spuren beinahe eine Panik an der Südküste Englands verursacht hat? Findige Köpfe glaubten schon, des Rätsels Lösung gefunden zu haben. Zum Beispiel der britische Zoologe Sir Richard Owen (1804–1892), der die Abdrücke einem Dachs zuordnete. Auch wurde spekuliert, die wie Hufe anmutenden Fährten wären durch Eis an den Krallen von Vögeln entstanden. Selbst Ratten und andere Nager mussten herhalten. Nach und nach stellten sich aber alle diese »Erklärungen« als unzutreffend heraus. In der bekannten Tierwelt gab es keine Spezies, die auch nur entfernt als Verursacher in Frage käme.

Fest steht einzig, dass irgendetwas über Nacht Abertausende von Spuren hinterlassen hat, die sich über viele Kilometer erstreckten. Unidentifizierbare Fährten, die die ländlichen Einwohner, welche mit Sicherheit den Unterschied zwischen Dachs- und Rattenspuren kannten, in schiere Panik versetzten. Und wenn das Geschöpf nun doch aus dem Meer kam? Ein Hinweis auf diese Möglichkeit kommt aus einem anderen Teil der Welt.

In den Jahren 1839 bis 1843 entdeckte der Polarforscher Sir James Clark Ross (1800–1862) auf seinen Südpolexpeditionen unter anderem das Süd-Victoria-Land. Auf einer seiner Forschungsreisen machte er Station auf der nur von Seehunden und Meeresvögeln bewohnten Insel Desolation. Dort entdeckte er mysteriöse Spuren. Sie glichen genau jenen, wie sie 1855 in der Grafschaft Devonshire auftauchen sollten. Die Herkunft all dieser ominösen Spuren wird wohl für immer ein Rätsel bleiben.

1856 Ein Toter, der sein Grab verließ

Nordöstlich von Kapstadt, inmitten des berühmten südafrikanischen Weinlandes, liegt die Stadt Paarl. Benannt nach dem in der Morgensonne wie Perlen glänzenden »peerlberg«, ist sie heute mit ihren knapp 200 000 Einwohnern die zweitgrößte Stadt der Kap-Provinz in der Republik Südafrika.
Es war 1956, als eine Gruppe junger Leute aus Kapstadt während eines Picknicks am heute »Paarl Mountain« genannten Hausberg der Stadt einen sonderbaren Fund machte. Sie fanden einen großen Grabstein aus edlem schwarzen Marmor, auf dem die Worte eingemeißelt waren: »Zur Erinnerung an John Gebhard. Gesegnet, wer in Gott ruht.« Was hatte diesen einsamen Grabstein in die Wildnis der Paarl-Berge verschlagen? Wurde er auf elegante Art »entsorgt«, oder hatten Vandalen gewütet?
Keine der beiden Möglichkeiten traf zu. Denn mit dem Stein ist eine unsagbar bizarre Geschichte verbunden, die sich nahezu auf den Tag genau hundert Jahre zuvor in Paarl zugetragen hatte. Von beispielloser Tragik, sorgte sie schon Mitte des 19. Jahrhunderts für Verwirrung und Entsetzen.
Am Morgen eines sonnigen Novembertages im Jahr 1856 betrat der Direktor des Zuchthauses von Paarl die Zelle des Häftlings John Gebhard, um den zum Tod Verurteilten mit den allerletzten Formalitäten seines Lebens zu konfrontieren. Dieser war schuldig gesprochen worden, den französischen Pflanzer Pierre Villiers aus Habgier ermordet zu haben, obwohl er bis zuletzt seine Unschuld beteuert hatte. Trotzdem erwartete ihn nun der Tod durch den Strang. Der Direktor verlas noch einmal das Todesurteil und fragte Gebhard, ob er noch etwas zu sagen hatte. Dieser antwortete kurz und be-

stimmt: »Ja, ich bin unschuldig!« Zu dem ebenfalls anwesenden Pfarrer sagte er trotzig: »Mein Vater, vergeuden Sie nicht Ihre Zeit. Meinen Körper könnt ihr zerstören, jedoch nicht meine Seele. Nicht einmal meinen Körper werdet ihr zurückbehalten können.«

Danach stieg John Gebhard gefasst die Stufen zum Galgen hinauf. Als ihm der Henker die schwarze Kapuze über den Kopf zog, protestierte er abermals: »Kein Grab und kein Sarg werden mich halten können, denn ich sterbe unschuldig!« Der Henker streifte dem Delinquenten eine Schlinge über den Kopf, zog sie zusammen und rückte fachmännisch den kunstvoll geknüpften Knoten an einen bestimmten Punkt hinter Gebhards rechtem Ohr. Dann betätigte er einen Hebel, die Falltüre schwang nach unten, und mit einem hässlichen, dumpfen Ton brach Gebhards Genick unter dem Gewicht seines eigenen Körpers.

Da der Direktor des Zuchthauses misstrauisch war und glaubte, Freunde des Verurteilten könnten versuchen, dessen Leichnam zu entwenden, kümmerte er sich persönlich um das Begräbnis. Zwei Stunden nach der Hinrichtung und den vorgeschriebenen medizinischen Untersuchungen wurde John Gebhard amtlich für tot erklärt. Seine sterblichen Überreste legte man in einen einfachen, schwarzen Sarg, dessen Deckel nicht nur fest zugenagelt, sondern auch versiegelt wurde. Unter strenger Bewachung beförderte man den Sarg zum Gefängnisfriedhof, der sich in den Ausläufern der Paarl Mountains befand. Einen Steinhügel errichtete man ebenfalls auf dem Grab, und bewaffnete Soldaten bezogen Posten, die sich zwei Monate lang Tag und Nacht ablösten. Diese hatten dafür zu sorgen, dass sich keiner am Grab zu schaffen machte. Was auch nicht geschah.

Acht Wochen nach der Hinrichtung wurde der wirkliche

Mörder des Pflanzers entdeckt und festgenommen. Man fand die Geldbörse des Opfers bei dem Knecht Peter Lorenz, der im Prozess gegen Gebhard als Hauptbelastungszeuge aufgetreten war. Als die Gendarmen die Schlafstelle von Lorenz durchsuchten, kamen die Uhr und der Ring des Ermordeten zum Vorschein. Unter dem massiven Druck der Beweise gestand Lorenz den Mord, den er Gebhard erst so erfolgreich angelastet hatte. Die Gerechtigkeit nahm ihren Lauf – wenn auch reichlich spät.

Noch bevor der unschuldig Hingerichtete offiziell rehabilitiert wurde, verfügte der Gouverneur der Kap-Provinz die Exhumierung Gebhards, damit dieser in geweihter Erde begraben werden konnte. Seine Mutter begleitete die Beamten und die zur Umbettung beorderten Arbeiter. Der Steinhaufen wurde abgetragen, das Erdreich ausgehoben und der noch unverrottete Sarg heraufgezogen. Schon das Gewicht machte die Totengräber stutzig. Als sie schließlich die Nägel herausgezogen und die unbeschädigten Siegel aufgebrochen hatten, mussten sie verblüfft feststellen, dass der Sarg vollkommen leer war.

Es herrschte Ratlosigkeit und Bestürzung, denn immerhin waren die Überreste eines Gehenkten verschwunden, der darüber hinaus einem eklatanten Justizirrtum zum Opfer gefallen war. Der Gouverneur ordnete in dieser prekären Lage an, auch die umliegenden Gräber zu öffnen. Ohne Ergebnis: Alle anderen Toten waren vorhanden, einzig die Leiche von John Gebhard fehlte. Noch in den darauffolgenden Jahren wurde immer wieder stichprobenartig in allen Gefängnisgräbern nachgesehen, doch konnte das Rätsel bis heute nicht aufgeklärt werden.

Nur der einsame Grabstein, den die jungen Leute aus dem nahen Kapstadt genau hundert Jahre später fanden, erinnert

an diesen Toten, der – so unglaublich das klingen mag – seinem Grab entflohen war. Der Stein wurde geborgen und ins Museum von Paarl gebracht, ins »Oude Pastorie Museum«, das nach der ehemaligen Pfarrei benannt ist, in deren Räumen es sich heutzutage befindet. Dort verstaubt das Zeugnis eines unglaublichen und an Bizarrheit kaum zu überbietenden Vorfalls aus den Grauzonen unserer Realität kaum beachtet in einer Ecke.
Wohin John Gebhards Leiche verschwunden sein mag, darüber können wir unsere Phantasie grenzenlos strapazieren. Vermögen ins Unermessliche gesteigerte Gefühle wie Verzweiflung und Wut sowie ein ohnmächtiges Gefühl der Ungerechtigkeit, auch über den Tod hinaus einen Organismus derart zu beherrschen, dass er einfach ins Unbekannte verschwindet?

1857 Der »Wassergeist« von Loch Arkaig

Nicht nur in den Weiten der Ozeane wurden seit Anbeginn der Seefahrt immer wieder »Ungeheuer« gesichtet und in den Logbüchern dokumentiert. Auch in den Binnengewässern mancher Länder scheinen geheimnisvolle Geschöpfe beheimatet zu sein, die sich bis dato jeder Klassifizierung zu entziehen wussten. Natürlich sträuben sich die meisten Zoologen daher, die Realität solcher Tiere anzuerkennen.
In Skandinavien erzählt man sich immer wieder von unbekannten Spezies, die sporadisch in den lokalen Seen gesichtet werden. In Nordamerika, und dort vor allem in Kanada, machen diverse »Süßwassermonster« große Gewässer wie den Lake Okanagan, Manitoba oder Simcoe unsicher. Ähnliche

Geschichten kennen wir auch von den Seen Irlands, die von »Wassergeistern« oder »Wasserpferden« bewohnt sein sollen. Und natürlich von den schottischen Hochlandseen, den »Lochs«.
Allen voran Loch Ness. Über den sechsunddreißig Kilometer langen See im Glen More Valley und das dort wiederholt gesichtete Ungeheuer haben sich schon Fluten an Druckerschwärze ergossen. Erstmalig gesehen wurde das Seeungeheuer von Loch Ness im Jahr 565. Ein Schüler des irischen Missionars St. Columbanus sollte über den See schwimmen, um für seinen Meister ein Boot vom gegenüberliegenden Ufer zu holen. Plötzlich sei ein furchterregendes Wesen mit »großem Gebrüll und offenem Maul« an die Seeoberfläche gekommen. Einzig den Gebeten von St. Columbanus sei es zu verdanken gewesen, dass der nasse Novize nicht von dem Ungeheuer verspeist wurde, berichtete Columbanus' Biograf St. Adamnan, der im siebten Jahrhundert eine Vita über den heiliggesprochenen Missionar verfasste.
Loch Ness ist keinesfalls das einzige Gewässer Schottlands – wenn auch das mit Abstand bekannteste –, das sich mit Sichtungen unbekannter Geschöpfe einen Namen gemacht hat. Loch Arkaig liegt in den nordwestlichen Highlands und ist mit achtzehn Kilometern gerade einmal halb so lang wie Loch Ness. Im 19. Jahrhundert drangen noch recht wenige Geschichten von rätselhaften Seeungeheuern über das schottische Hochland hinaus. Der britische Aristokrat Lord Malmesbury beschrieb in seinem Buch »Memoiren eines Ex-Ministers« eine Begegnung, welche seinem Treiber John Stewart während eines Jagdausfluges am 3. Oktober 1857 widerfahren war: »Mein Treiber und sein Bursche berichteten mir heute Morgen von einem sonderbaren Tier, das im Loch Arkaig leben soll. Sie nennen es den Wassergeist in Pferdegestalt. Es

ist dasselbe Wesen, von dem man ab und zu in den Zeitungen liest und das des Öfteren in den Hochlandseen beobachtet worden sein soll. Mein Treiber will das Tier bei Achnacarry gesehen haben – beide Male bei Sonnenaufgang an einem strahlenden Sommermorgen, als die Wasseroberfläche spiegelglatt war. Er sah den Kopf des Tieres aus dem Wasser ragen, auch seinen hinteren Teil, der nicht dem eines Fisches oder eines Seehundes ähnelte, sondern dem Rücken eines Pferdes glich.«

Im westlich von Arkaig gelegenen Loch Morar soll sich ebenfalls ein Seeungeheuer tummeln. Und am Ufer des Loch Watten im äußersten Nordosten Schottlands, zwischen Thurso und Wick, ereignete sich mehr als sechzig Jahre nach der Begegnung am Loch Arkaig eine veritable Tragödie.

Am 21. April 1923 ging der gerade pensionierte Oberst Trimble mit seinem Spaniel Bruce in seinem Besitz spazieren, welcher am Ufer des Loch Watten lag. Die Bauern der Umgebung hatten ihm schon öfter von einer »Riesenschlange« berichtet, die in dem See leben sollte. Doch nie hatte er diesen Geschichten Glauben geschenkt. An jenem Tag aber tauchte plötzlich vor dem Oberst ein Ungeheuer aus dem Wasser auf. Aus kurzer Entfernung starrte ihn ein riesiges Tier mit einem winzigen Kopf an einem langen Hals an. Laut bellend stürzte sich sein Hund ins Wasser. Im nächsten Augenblick war das Monster untergetaucht, und sein Hund kehrte wohlbehalten ans Ufer zurück.

Von nun an legte sich der Oberst auf die Lauer. Aber er sah nur ab und zu ein paar Bewegungen auf der sonst glatten Fläche des Sees. Stets begleitete ihn Bruce, doch am 1. Mai ereignete sich ein trauriger Zwischenfall. Der Hund schwamm etwas weiter draußen im See, als mit einem Mal das Wasser aufwallte. Gleich darauf war nichts mehr zu sehen, doch der

Spaniel kehrte nicht mehr zurück. Trimbles Nachbar, ein gewisser Dr. MacArdish, war zum Zeugen des unheilvollen Szenarios geworden.
Der Oberst wollte den Verlust seines Hundes nicht hinnehmen und sann auf Vergeltung. Er besorgte sich beim Abdecker ein großes Stück Pferdefleisch und präparierte hieraus mehrere Köder. Dann nahm er ein Boot, fuhr auf den Loch Watten und warf die dicken, auf riesige Haken gespießten Fleischstücke aus, die an Schwimmkörpern festgemacht waren.
Drei Tage lang geschah nichts. Am Abend des 4. Mai ging der Oberst wieder einmal an den See, um seine Köder zu überprüfen. Gegen 21.30 Uhr, es war schon lange dunkel geworden, hörte die Haushälterin plötzlich Schreie. Voller Unruhe lief sie zum etwa hundert Meter entfernten Haus des Gärtners und ging mit diesem zum Ufer. Dort fanden sie Oberst Trimble, ausgestreckt im Schilf im knapp einen Meter tiefen Wasser liegen. Er war tot – ein langer Stahlhaken, noch mit dem Seil an einem Schwimmkörper befestigt, steckte in seiner Brust.
Nach dieser Tragödie wagte sich keiner der Menschen aus der Umgebung mehr nach Einbruch der Dunkelheit auch nur in die Nähe des Ufers von Loch Watten.

1858 Die Erscheinungen von Lourdes

In den Hautes-Pyrénées im Südwesten Frankreichs liegt Lourdes, einer der bekanntesten Wallfahrtsorte der römisch-katholischen Kirche. Jährlich besuchen Millionen von Pilgern, hierunter auch unzählige Kranke und Leidende, den Ort, denn der gilt als Stätte wunderbarer Heilungen.

Zwischen dem 11. Februar und dem 16. Juli 1858 erlebte die damals vierzehnjährige Bernadette Soubirous (1843–1879) insgesamt achtzehn Visionen. In diesen sprach eine strahlende Frau zu ihr, welche sich als »unbefleckte Empfängnis« ausgab. Die Erscheinung wies das Mädchen auf eine schlammige Quelle hin, deren Wasser heilkräftig sei und zum Trinken und Waschen benutzt werden solle. Zudem übermittelte ihr die Erscheinung eine Botschaft, die geradezu typisch ist für solche Phänomene. Nur Gebete und Reue würden zur Besserung der Menschheit beitragen.

Obwohl die Marienerscheinung mit keinem Wort eine Heilkraft der Quelle erwähnt hatte, meldete der Bischof von Tarbes, dessen Bistum auch Lourdes umfasste, bis Ende März 1858 drei Wunderheilungen. Nicht nur dies: Nach eingehender Überprüfung des Falles erklärte die Kirche die Visionen der Gottesmutter ohne Zweifel für authentisch. Und an der Stelle, wo sich die Grotte mit der Quelle befand, wurde eine Wallfahrtskapelle errichtet. Zwar war man seitens der Kirche bemüht, weiterhin Beweise für die Stichhaltigkeit der Heilungen zu sammeln, doch hatten sich die Gerüchte darüber schon viel zu sehr verselbständigt. Wahre Scharen von Pilgern strömten in den Ort, der rasch größer wurde. Und viele unter ihnen hofften auf Heilung von Gebrechen, gegen die die Medizin nichts ausrichten konnte.

Die Wallfahrtskapelle wurde 1870 in den Rang einer Basilika erhoben. Schon 1933 hatte man die Seherin Bernadette Soubirous heiliggesprochen. Mit der Zeit wurde der Zustrom von Menschen nach Lourdes immer größer: Um die Massen von Pilgern unterzubringen, errichtete man eine neue, unterirdisch gelegene Kirche aus Spannbeton. Das mit 20 000 Sitzplätzen versehene Gotteshaus wurde 1958, genau hundert Jahre nach Beginn der Marienerscheinungen, ein-

geweiht und zählt seither zu den größten Kirchen in unserer Welt.
Seit 1858 erkannte die römisch-katholische Kirche dreiundsechzig Heilungen als Wunder an, davon acht im Jahr 1858 selbst. Nichtsdestotrotz ergaben Analysen des Quellwassers, welches die Gläubigen trinken und worin sie auch baden, keine außergewöhnlichen chemischen Besonderheiten. Die einzelnen Fälle wurden und werden einer sehr strengen Prüfung unterzogen. Eine Heilung muss eine ganze Reihe von Anforderungen erfüllen, um als Wunder anerkannt zu werden. An erster Stelle stehen Beweise in Form von ärztlichen Untersuchungen, in neueren Zeiten auch Röntgenaufnahmen und chemische Analysen. Der Patient muss an einer Krankheit gelitten haben, die sich spürbar auf seinen Körper auswirkte. Und diese Symptome und Einschränkungen müssen binnen weniger Stunden nach dem »göttlichen Eingreifen« verschwunden sein. Natürlich darf der verbesserte Zustand oder die Heilung nicht vorübergehend sein. Beide müssen Bestand haben.
Ebenso muss die Möglichkeit ausgeschlossen sein, dass diese Heilung auf eine Behandlung zurückzuführen ist, welcher sich der Patient zum betreffenden Zeitpunkt gerade unterzog. Werden alle diese Bedingungen erfüllt, befassen sich zwei Gremien mit den Resultaten. Erklärt die Mehrheit des ersten Gremiums, das aus Ärzten besteht, die Heilung für echt, überprüft ein weiteres, dessen Mitglieder von den Bischöfen von Tarbes und Lourdes berufen werden, die Fakten nach Ablauf mehrerer Jahre nochmals. Wird auch dieses Mal die Heilung für echt erklärt, geht der Bericht über den Fall an den Bischof jener Diözese, in der der geheilte Patient lebt. Wenn die »Kanonische Kommission« im Vatikan darauf ebenfalls die Heilung als einen Fall göttlichen Eingreifens erklärt, gilt sie als Wunder.

Darüber hinaus bieten sich für manche Heilungen auch weitere mögliche Erklärungen. So sind beispielsweise Neurotiker, die an den verschiedensten Symptomen leiden, leicht beeinflussbar und wurden in vergleichbaren Fällen durch Hypnose geheilt. Wie jeder Arzt heute weiß, können Leiden wie Lähmung, Taubheit und Blindheit allein durch psychische Störungen auftreten. Etliche dieser Leiden verschwinden auch von selbst. Doch was ist, wenn der Patient unheilbar erkrankt ist, etwa an Krebs? Hier wurden erst zwei Heilungen seit 1858 anerkannt – im klinischen Alltag wird jedoch immer wieder einmal von »spontanen Remissionen« berichtet, wenn tödliche Krankheiten von selbst verschwinden. Die Macht des Geistes über die Materie …
Trotz der nicht unbedingt allzu hohen Zahl anerkannter Wunderheilungen strömen nach wie vor zahllose Pilger nach Lourdes und ertragen geduldig das Gedränge in dem überfüllten Ort, der eher einem Jahrmarkt gleicht als einer heiligen Stätte. Wenige unter ihnen erwarten tatsächlich, geheilt zu werden. Die meisten suchen nur Trost und Kraft, die sie aber dringend benötigen, um weiterhin ihre Schmerzen und Leiden zu ertragen.

1859 Wo ist der Planet »Vulkan«?

Der französische Landarzt Dr. Lescarbault, der im hundert Kilometer von Paris entfernten Orgères-en-Beauce praktizierte, war neben dem Arztberuf ein begeisterter Amateurastronom. Als er am 26. März 1859 durch sein Teleskop auf die Sonne blickte, wurde er auf einmal Zeuge eines bemerkenswerten Schauspiels. Am linken, oberen Rand der Sonnenscheibe sah er einen dunklen Punkt auftauchen und dann allmählich nach unten wandern. Fasziniert beobachtete der Doktor die Erscheinung. Da ihm als Hobbyastronom nicht unbekannt war, dass sich Sonnenflecken anders verhalten, war Lescarbault überzeugt, einen bis dato unbekannten Planeten entdeckt zu haben.

Es musste sich bei dem Punkt um die Umrisse eines Planeten handeln, der zwischen der Sonne und der Erde stand. Und es war weder die Venus noch der Merkur, die in unserem solaren System der Sonne noch viel näher stehen als die Erde. Außerdem bewegte sich der unbekannte Himmelskörper schneller als der Merkur und schien eine noch kleinere Umlaufbahn zu besitzen. Auf diesem Planeten musste es extrem heiß sein, und so gab der Doktor ihm – in Erinnerung an den römischen Gott des Feuers – den Namen »Vulkanus« oder »Vulkan«.

Die Entdeckung kam nicht ganz unerwartet. Der bedeutendste Astronom dieser Zeit, Urbain Le Verrier (1811–1877), hatte die Existenz eines noch enger die Sonne umrundenden Planeten schon seit zwanzig Jahren vorhergesagt. Er studierte die Gravitation eines jeden Planeten auf die Umlaufbahnen der anderen und stieß dabei auf merkwürdige Abweichungen beim Merkur. Wie bei allen anderen Planeten beschreibt auch dessen Umlaufbahn statt eines Kreises die Form einer Ellipse. Jedoch bewegt sich deren lange Achse um die Sonne, als würden die anderen Planeten daran ziehen. Im Klartext: Die Umlaufbahn selbst bewegt sich. Als Le Verrier weitere Berechnungen anstellte, kam er zu der Folgerung, dass ein anderer, unbekannter Planet die gesamte Umlaufbahn in Bewegung brachte.

Als der Landarzt schließlich am 26. März 1859 auf den dunk-

len Punkt vor der Sonne stieß, schien dies Le Verriers Annahmen zu bestätigen. Der große Astronom suchte den Arzt auf, damit er dessen Berechnungen mit seinen eigenen vergleichen konnte. Anhand aller Informationen bestimmte Urbain Le Verrier den mittleren Abstand des »Vulkanus« von der Sonne auf 21 052 000 Kilometer. Dies ist etwa ein Drittel der Distanz, die der Merkur von der Sonne hat, sowie ein Siebentel des Abstands Sonne-Erde. Die Umlaufzeit berechnete er mit neunzehn Tagen und siebzehn Stunden. Außerdem sei die Bahn des »Vulkan« wie die des Merkur gebogen, auf dass er nicht bei jedem Umlauf die Sonne kreuzen würde.
Nach den Berechnungen Le Verriers sollte dieser neue Planet im März oder April 1860 wieder vor der Sonne erscheinen. Viele Astronomen hingen in den beiden Monaten ständig vor ihren Fernrohren, doch nichts geschah. Erst im März 1862 zeigte sich der »Neue« wieder. Der britische Amateurastronom Lummis aus Manchester sichtete einen schwarzen Fleck, der die Sonne kreuzte. Dank dieser Beobachtung konnten Umlaufbahn und -dauer noch genauer berechnet werden. Sie wurden auf 21 201 000 Kilometer sowie neunzehn Tage und zweiundzwanzig Stunden korrigiert, unterschieden sich also nur minimal von Le Verriers Berechnungen.
Dieser starb 1877, nachdem er von Berufskollegen angefeindet und in argen Misskredit gebracht worden war. Die nächste Sichtung fand dann am 29. Juli 1878 statt. Während einer vollständigen Sonnenfinsternis in den USA sichteten zwei erfahrene Astronomen den neuen Planeten neben der Sonne. Professor Watson, Direktor des Observatoriums von Ann Arbor (Michigan), und Lewis Smith, ein Hobbyastronom, der schon mehrere Kometen entdeckt hatte, beschrieben den Vulkan übereinstimmend als rot. Watson sah nicht nur ein Licht wie bei einem Stern, sondern erkannte deutlich eine

Scheibe, die auf einen Planeten schließen ließ. Man war überzeugt, einen neuen Planeten in unserem System zweifelsfrei bestimmt zu haben.
Doch es kam anders. Als Watson 1880 starb, war die astronomische Welt davon überzeugt, dass der vermeintliche Planet ein Stern namens »Theta Cancri« sei. Nach 1880 bekam kein Astronom mehr den geheimnisvollen Planeten zu Gesicht. Und der berühmte Physiker Albert Einstein (1879–1955) bewies später, dass kein anderer Planet für die Bahnstörungen des Merkurs verantwortlich sein konnte.
Aber was war es dann wirklich, was zahlreiche ernstzunehmende Astronomen und Forscher jahrelang vor der Sonnenscheibe beobachtet hatten?

1860 In Luft aufgelöst?

Seit 150 Jahren hat es niemand mehr gewagt, einen halb verfallenen Wachtturm zu betreten, der hoch über den Klippen nahe der Ortschaft San Juan im Südosten Kubas steht. Um ihn zu errichten, ließ man einen alten Tempel abreißen und verwendete dessen Steine als billiges Baumaterial. Als die Arbeiter davon erfuhren, stellten sie unter Protest den Bau ein, da sie großes Unglück durch die Entweihung des Tempels befürchteten. Daraufhin verpflichtete man Soldaten für den Weiterbau.
An einem Februarabend des Jahres 1860 bezog der erste Wachtposten den Turm. Man fand ihn, nur wenige Stunden nach Dienstantritt, wie er halb wahnsinnig vor Angst unter einem Gebüsch kauerte. Beim Verhör sagte er aus, eine un-

sichtbare, bösartige Wesenheit habe ihn den ganzen Abend beobachtet und als Schatten überallhin verfolgt.
Am Abend darauf wurde ein anderer Soldat zur Wache abkommandiert. Er lehnte sogar das Angebot seiner Vorgesetzten strikt ab, weitere Kameraden zu seiner Unterstützung zu erhalten. Die Ablösung stolperte am nächsten Morgen über sein Gewehr. Es lag außerhalb des Wachtturms und war abgefeuert worden. Der Soldat selbst wurde nie wieder gesehen. Genau wie sechs weitere Infanteristen, die in den folgenden Wochen unter denselben Umständen spurlos verschwinden sollten. Stets hatten auch sie vorher ihre Gewehre abgefeuert.
Wie ein Lauffeuer ging das Gerücht, dass es in dem Bauwerk nicht mit rechten Dingen zugehe. Selbst unter Androhung disziplinarischer Strafen fand sich kein Soldat mehr, der sich bereit erklärte, dort Wache zu halten. So schickte man Hauptmann Manolo Herez aus der nahe gelegenen Garnisonsstadt Manzanillo nach San Juan. Er traf im März 1860 dort ein und begab sich ohne Verzögerung an den unheimlichen Ort, um mit seinen Untersuchungen zu beginnen.
Hauptmann Herez notierte in seinem ersten Bericht an seine Vorgesetzten, dass er mit Ausnahme eines schwachen Pulvergeruches nichts Ungewöhnliches hatte feststellen können. Er wollte die leidige Sache schnell zu Ende bringen, und so rekrutierte er eine Mannschaft, die ausschließlich aus Unteroffizieren bestand. Diese hielt an sechs aufeinanderfolgenden Nächten beim Turm in einem kleinen Wäldchen Wache. Als sich in dieser Zeit nichts ereignete, konnten auch wieder Soldaten der Mannschaftsränge zum Dienst auf dem Wachtturm abkommandiert werden.
Am Abend, bevor Herez nach Manzanillo zurückkehren sollte, beschloss er, noch einmal eine Nacht in unmittelba-

rer Nähe des Turmes zu verbringen. Gemeinsam mit einem Gefreiten sowie zwei Korporalen ließ er unter den Bäumen ein Lager errichten und teilte die Wachen mit zweistündigem Wechsel ein. Gegen drei Uhr morgens, als Hauptmann Herez hellwach vor seinem Zelt saß, bemerkte er, wie der Wachtposten den Turm verließ. In dem fast taghellen Mondschein konnte er alle Bewegungen genau erkennen. Plötzlich sah der Hauptmann, wie sich etwas, das er später in einem Protokoll als »dunklen Fleck« bezeichnete, aus der Finsternis löste, hinter dem Wachsoldaten her schwebte und ihm in den Turm folgte.

Noch bevor Hauptmann Herez seine Männer alarmieren konnte, beobachtete er im Wachtturm ein verschwommenes Licht. Es nahm rasch an Intensität zu, bis das Innere des Turms hell erleuchtet war. Durch eines der Fenster konnte er den Posten in seltsam zusammengekauerter Stellung erkennen. Unmittelbar hierauf erfolgte ein dumpfer Knall, und das Licht verschwand. Als endlich Hauptmann Herez und seine Soldaten zum Ort des Geschehens kamen, war vom Wachhabenden keine Spur mehr zu finden. Nur ein leichter Pulvergeruch lag in der Luft.

Später gaben alle vier Zeugen zu Protokoll, dass der Posten den Turm nie unbemerkt verlassen konnte, da er sich ständig in ihrem Blickfeld befunden hatte. Und durch die kleinen Fenster hätte er niemals herausklettern können. Der verschollene Wachtposten wurde schließlich offiziell für tot erklärt, und die Armee gab den Beobachtungsturm auf. Viele Jahre später wurde 800 Meter entfernt ein mobiler Posten errichtet. Und auch hier wollten die Gerüchte nicht verstummen, dass es immer wieder zu ungewöhnlichen Leuchterscheinungen und dumpfen Explosionen komme. Sogar auf unsere heutige Zeit wirkte sich dieses ominöse Geschehen aus: Die kubanische Luftwaffe plante den Bau einer Radarstation, für die der alte Turm weichen sollte. Wie bereits vor 150 Jahren weigerten sich auch hier wieder die Arbeiter – das Projekt wurde daraufhin ersatzlos gestrichen. So verwittert jener alte Wachtturm als unheimlicher Schauplatz unerklärlicher Vorfälle noch heute langsam vor sich hin …

1861 Seeschlacht mit einem Monster-Tintenfisch

Es war der 30. November 1861. Die *Alecton*, ein französisches Kanonenboot, dümpelte bei ruhiger See und schönem Wetter 120 Meilen nordöstlich der Kanareninsel Teneriffa. Urplötzlich zerriss der Schrei des Wachhabenden im Ausguck die friedliche Stille. Der Matrose hatte einen zum Teil untergetauchten, riesenhaften Körper auf der Wasseroberfläche dahintreiben gesehen. Sofort befahl der Kapitän, beizudrehen und sich dem Objekt zu nähern, um es genau in Augenschein zu nehmen. Es stellte sich heraus, dass da ein ungewöhnlich großer Tintenfisch von leuchtend ziegelroter Farbe schwamm. Mit schwarzen Augen, in die zu blicken sich die Matrosen fürchteten. Der Körper der ungewöhnlichen Kreatur war etwa sechs Meter lang, ihre Tentakel maßen mindestens noch einmal dasselbe. Das Riesentier, welches nach Schätzungen des Kapitäns wenigstens zwei Tonnen gewogen haben musste, trieb an der Wasseroberfläche dahin, war jedoch unverkennbar am Leben.

Der Kommandant des Kanonenbootes war sich sehr wohl darüber im Klaren, dass die Existenz solch gigantischer Tintenfische heftig umstritten war. Zwar waren einige Jahre zuvor, 1847 und 1854, zwei verstümmelte Exemplare tot an der dänischen Küste angespült worden. Doch nur wenige Zoologen dachten seinerzeit an die Möglichkeit noch unentdeckter Spezies – vor allem nicht in solch Furcht erregenden Dimensionen. Somit stellte diese Begegnung mit einem lebenden Exemplar eine nie zuvor da gewesene Chance dar, die Streitfrage ein für alle Mal zu klären.

Da es sich bei der *Alecton* um ein gut ausgerüstetes Kriegsschiff handelte, beschloss der Kapitän, auf das Tier schießen zu lassen. Mehrere Kanonenkugeln wurden abgefeuert, zusätzlich schoss man auch mit Harpunen auf die Kreatur. Zuerst schien es, als ob nichts dem weichen Fleisch des Tintenfisches etwas anhaben könnte. Zudem störte sich das Tier nicht sonderlich um das feindselige Verhalten der Männer auf der *Alecton.* Mehrere Male tauchte es unter die Wasseroberfläche, um danach ebenso regelmäßig wieder nach oben zu kommen.

Nach drei Stunden »Seeschlacht« muss eine der Kanonenkugeln dann doch lebenswichtige Organe verletzt haben, denn das Geschöpf blutete stark und Schaum trieb auf dem Wasser. Kurz darauf gelang es einem der Matrosen, ein Seil mit einer Schlinge daran um den sich im Todeskampf windenden Körper zu werfen. Als aber die Männer die Kreatur an Bord ziehen wollten, schnitt das Tau glatt durch den Körper und trennte Kopf und Tentakel ab. Der verbliebene hintere Teil konnte zwar an Bord gezogen werden, doch leider musste er bald wieder ins Wasser zurückgeworfen werden, weil er rasch zu verwesen begann. So kehrte die *Alecton* einige Tage später nach Frankreich zurück, ohne einen überzeugenden Beweis, welcher die vorgefasste Meinung der Zoologen hätte ändern können.

Begegnungen wie diese sind glücklicherweise seltene Ausnahmen geblieben. Häufiger treffen Kraken, Kalmare und Tintenfische auf einen anderen Feind. Es ist der Wal, mit dem sie sich immer wieder Kämpfe auf Leben und Tod liefern. Diese Schlachten unter Giganten finden zumeist in Wassertiefen zwischen 700 und 1200 Metern statt. Waljäger berichteten von Saugmalen, die sie an den Körpern harpunierter Pottwale fanden. Der Durchmesser der Abdrücke betrug bis zu einem halben Meter. Und in seinem Todeskampf spie schon so mancher Wal den Inhalt seines Magens aus. Dabei traten Teile von Fangarmen zutage, deren Dicke die eines erwachsenen Menschen mit Leichtigkeit übertraf.

1862 Der Ring des Riesen

Als junger Seemann war der Däne Ole Oleson im Jahr 1862 auf der Brigg *Christine* angeheuert, weil ihm das Leben in seinem Heimatland wohl etwas zu eintönig schien. Auf diese Weise wollte er auch die weite Welt kennenlernen. Die *Christine* segelte auf einer Route, die sie von Dänemark aus durch den Atlantik nach Süden, am Kap der Guten Hoffnung vorbei und durch den Indischen Ozean nach Indien bringen sollte. Widrige Wetterverhältnisse sorgten jedoch dafür, dass das Schiff sein angepeiltes Ziel nicht erreichte.
Denn von einer Stunde zur anderen zogen im Indischen Ozean, auf halbem Weg zum Ziel, düstere, schwere Wolken auf. Ein gewaltiger Sturm brach mit aller Macht über die *Christine* herein. Die Brigg wurde hin und her geworfen und schließlich an die Felsen einer kleinen Insel geschleudert. Sie brach auseinander und sank binnen weniger Minuten.

Eine Handvoll Überlebender, unter ihnen war auch Ole Oleson, klammerten sich an die Felsen und zogen sich daran hinauf. Ihre anfängliche Freude, dem sicheren Tod durch Ertrinken entronnen zu sein, wich schnell einer grausamen Erkenntnis. Sie mussten feststellen, dass dieses karge Eiland nur aus nackten Felsen bestand. Nichts wuchs darauf, es gab weder etwas zu essen noch zu trinken. Eins war klar: Wenn nicht bald ein Schiff auf dieser Route entlangkäme und sie entdecken würde, müssten sie elendig verhungern und verdursten.

Wie lange sie auf dem einsamen Fels im Meer ausgeharrt hatten, vermochte Ole Oleson später nicht mehr zu sagen. Denn mit einem Mal tauchte, wie aus dem Nichts, ein gewaltiges »Schiff« auf. Aber nicht im Meer. Es kam aus der Luft auf sie zugeflogen. Dieses »Schiff« stürzte förmlich aus den Wolken hernieder, drehte erst im allerletzten Augenblick ab und schlug explodierend ein paar hundert Meter entfernt in die der Insel vorgelagerten Klippen.

Als sich ihr erster Schreck etwas gelegt hatte, kletterten die Männer zu dem völlig zerstörten, noch brennenden und teilweise ins Wasser gerutschten Wrack hinüber. Was sie sahen, war grauenvoll. Alle Insassen des fliegenden »Schiffes« waren getötet worden. Es waren jedoch keine Menschen. Diese Wesen waren etwa vier Meter groß, und ihre Haut besaß eine bronzene Farbe. Die Kleidung jener Riesen war von einer Art, die sie nie zuvor gesehen hatten. Einer der Schiffbrüchigen war von dem Anblick so entsetzt, dass er durchdrehte und schreiend ins Meer sprang. Seine Leiche wurde nicht mehr gefunden.

Jungmatrose Oleson und die anderen Überlebenden gingen bald darauf an die Untersuchung des fremdartigen Wracks. Darin entdeckten sie Werkzeuge von gewaltigem Ausmaß,

die Menschen von normaler Größe nur schwerlich hätten benutzen können. Ebenso fanden sie metallene Kästen und Nahrung, die sie nicht zu identifizieren vermochten. Doch genau diese fremdartige »Weltraumverpflegung« sicherte ihr Überleben.
Aus den unterschiedlichsten Teilen des Wracks bastelten die Männer der *Christine* ein kleines Floß zusammen, mit dem sie sich zurück auf den weiten Ozean wagten. Außerdem nahm ein jeder irgendein Erinnerungsstück an sich, von dem er glaubte, dass es irgendeinen Wert besäße. Ole Oleson streifte einem der Riesen einen Ring vom Finger, aus einem unbekannten Metall gefertigt und mit zwei feurig leuchtenden Steinen. Dann verließen sie die Felseninsel und vertrauten sich Wind und Wellen an.
Wie lange sie dieses Mal auf dem Wasser trieben, konnte keiner genau sagen. Unterwegs starben noch zwei weitere Matrosen an Erschöpfung, bis sie von einem russischen Frachter, der sich auf dem Weg nach Australien befand, an Bord genommen wurden.
Später wanderte Ole Oleson nach Amerika aus, wo er sein Erlebnis nach Jahrzehnten dem texanischen Blatt »Houston Post« anvertraute. Zwischenzeitlich war er mit dem Ring, den er über alle Widrigkeiten seiner Odyssee retten konnte, zu verschiedenen Juwelieren gegangen. Keiner von ihnen vermochte jedoch das Metall und die Steine zu identifizieren. Auch nicht die Redakteure der »Houston Post«, denen Ole Oleson das geheimnisvolle Schmuckstück als Beweis für seine unglaubliche Geschichte präsentierte. Leider entzieht es sich unserer Kenntnis, was letztlich aus dem Ring des Riesen geworden ist, als Ole Oleson zu Beginn des 20. Jahrhunderts das Zeitliche segnete.

1863 Gefundenes Fressen

Ist es denkbar, dass Lebewesen Gelerntes dauerhaft in ihren Genen abspeichern können und ihre Nachkommen noch Generationen später davon profitieren? Die Verhaltensforscher diskutieren diese Fragen schon seit Jahren. Man könnte nun dagegenhalten, warum noch immer Jahr für Jahr unzählige Igel unter Autorädern enden, anstatt ihr Verhalten den Erfordernissen unseres modernen Straßenverkehrs angepasst zu haben.

Gettysburg, eine Kleinstadt in Pennsylvania, ist für die Geschichte der Vereinigten Staaten ein historischer Schlüsselort. Denn die Schlacht, die dort vom 1. bis 3. Juli 1863 tobte, war wohl die blutigste des amerikanischen Bürgerkriegs. Sie brachte mit der Niederlage der Konföderierten unter General Robert E. Lee die Wende zugunsten der Nordstaaten. Es war ein Gemetzel ohne Beispiel: Nach den dreitägigen Kämpfen lagen Abertausende toter Pferde und mehr als 50 000 tote oder schwer verwundete Soldaten beider Kriegsparteien auf den Schlachtfeldern. Der Fluss Plum Run, der daran vorbeifließt, bevor er in den Susquehanna River mündet, war rot vom Blut der Gefallenen. Der »lachende Dritte« bei diesem Blutvergießen zwischen Nord- und Südstaaten waren die Geier. Für sie muss es ein wahrhaft »gefundenes Fressen« gewesen sein.

General Lees Debakel ist längst Geschichte. Wer jedoch noch immer jedes Jahr nach Gettysburg zurückkehrt, sind die von Aas lebenden Vögel. So tun sie es seit bald 150 Jahren. Das konnte Harold J. Greenlee, Sachverständiger für Grünanlagen und Erholungsgebiete, aufgrund jahrzehntelanger Beobachtungen feststellen. Gemeinsam mit Studenten der Universität von Pennsylvania und dem Polytechnischen Institut von Vir-

ginia studierte er die Flugbewegungen der Geier und versuchte in alten Dokumenten aus der Zeit des Bürgerkriegs weitere Informationen über das Auftauchen der Vögel an den Kriegsschauplätzen zu bekommen.
Greenlee und seine studentischen Mitarbeiter fanden heraus, dass sich die Geier regelmäßig auf »Little Round Top« und auf »Big Round Top« niederlassen. Das sind zwei Hügel, auf welchen einige der blutigsten Schlachten stattfanden. Greenlee glaubt, dass die Geier, nachdem sie so reiche »Beute« fanden, an jenem Platz blieben und später immer wieder zurückkehrten. Doch auch das Leben eines Geiers währt nicht ewig. Und obwohl seit jener Schlacht von Gettysburg etliche Generationen von Geiern vergangen sind, leben noch heute rund 900 Exemplare in jenem Gebiet, das 1895 zum »militärischen Nationalpark« erklärt worden ist.

1864 Unverwüstliche Konkurrenz

Der Bürgerkrieg, der eine gewaltige Kluft zwischen die Süd- und Nordstaaten der USA gerissen hatte, neigte sich 1864 schon dem Ende zu. Da etablierte sich in New Orleans ein Totengräber mit Namen Samuel Dombey. Der ehemalige dunkelhäutige Sklave zog sich den Hass seiner Berufskollegen zu, weil er seine Dienste in ihren Augen viel zu billig anbot. Rassismus spielte sicher die größere Rolle. Die anderen sannen auf gewalttätige Abhilfe und engagierten hierfür den »Zauberer« Dr. Beauregard. Ihm zahlten sie fünfzig Dollar, damit er den unliebsamen Konkurrenten mit einem wirksamen Fluch belegen möge.

Am folgenden Morgen vernahm Samuel Dombey, als er seiner Arbeit auf dem Friedhof nachging, plötzlich eine laute Explosion. Augenblicke später taumelte eine rußgeschwärzte und stark blutende Gestalt aus einem nahen Gebüsch. Der »Zauberer« Dr. Beauregard hatte offensichtlich einen Anschlag mit der Schrotflinte geplant und sich bei der Ladung gründlich verschätzt. Fauler Zauber: Die Flinte explodierte in seinen Händen, worauf er wochenlang mit dicken Verbänden herumlief.

Beauregards dilettantischer Versuch blieb nicht der einzige Anschlag auf Dombeys Leben. Doch der dunkelhäutige Mann schien fast unverwundbar. Nach der missglückten Aktion mit der überladenen Flinte beschlossen die anderen Totengräber, die Sache nun selbst in die Hand zu nehmen. Sie legten ein Fässchen voller Schießpulver unter Dombeys Nachtlager im Werkzeugschuppen und zündeten die Lunte an, während er schlief. Die nachfolgende Explosion zerstörte zwar die Hütte bis auf die Grundmauern, doch Dombey wurde meterweit davongeschleudert und konnte sich unverletzt wieder aufrappeln.

So schnell aber gab die lokale »Totengräber-Mafia« ihre finsteren Pläne nicht auf. Bald nach jener Explosion wurde der unliebsame Konkurrent entführt und an Armen und Beinen gefesselt in den Lake Pontchartain geworfen. Zum Glück konnte er sich im letzten Moment befreien und ans Ufer schwimmen. Als Nächstes setzten seine Widersacher das Haus, in dem er lebte, in Brand. Als er sich ins Freie rettete, hielten sie mit Schrotgewehren direkt auf ihn. Die Feuerwehr eilte zum Ort des Geschehens und brachte Dombey ins Krankenhaus. Dort erholte er sich nach kurzer Zeit vollständig von seinen Schussverletzungen.

Die Anschläge gingen weiter, doch nie gelang es den missgünstigen Totengräbern, den »unverwundbaren Sam« zu töten. Es war einfach unmöglich. Eines Tages hörten die Attacken dank einem ganz banalen Grund auf. Samuel Dombey hatte nämlich alle überlebt, die versucht hatten, ihn umzubringen. Schließlich starb er im gesegneten Alter von achtundneunzig Jahren eines natürlichen Todes. Unbesiegbar wie der zäheste Langstreckenläufer, hatte er alle anderen im »Lauf des Lebens« schlicht und einfach abgehängt.

1865 Lincolns Todestraum

Jener Persönlichkeit, um die es in der folgenden Geschichte geht, sind wir bereits an anderer Stelle begegnet. Und zwar im Zusammenhang mit einer unglaublichen Serie vorzeitigen und unnatürlichen Ablebens, die sich 140 Jahre lang an amerikanischen Präsidenten manifestieren sollte.

Am Abend des 23. März 1865 hatte Abraham Lincoln, der durch die Abschaffung der Sklaverei in die Geschichte eingegangene, 16. Präsident der Vereinigten Staaten von Amerika, enge Freunde zum Nachtessen ins Weiße Haus eingeladen. Der Präsident war wie schon am Tag zuvor auffallend still, als würde ihn irgendetwas zutiefst bedrücken. Die Gäste merkten es wohl, wagten aber nicht, nachzufragen, bis Lincoln von sich aus das Schweigen brach. »Ich habe etwas Entsetzliches geträumt, das mir keine Ruhe lässt«, deutete er kryptisch an. Und nachdem die Gäste ihn zum Weitererzählen drängten, begann Lincoln mit leiser, stockender Stimme und ins Leere gerichteten Augen zu berichten, was ihm so schwer auf der Seele lastete.

Zwei Tage zuvor, am 21. März, hatte der Präsident lange gearbeitet und war dann spätabends erschöpft ins Bett gegangen. Plötzlich hatte er jenen Traum, der ihn noch tagelang aufs Äußerste beunruhigen sollte. Um ihn herum sei es ganz still gewesen, träumte ihm. Einzig unterdrücktes Schluchzen war zu vernehmen, als weinten zahlreiche Menschen. Beunruhigt sei er aufgestanden, von seinem Schlafzimmer aus die Treppe hinuntergestiegen und zum Sitzungssaal im Weißen Haus gegangen. Auch dort hörte er tränenerstickte Stimmen. Doch kein Mensch war zu sehen. Von lähmendem Entsetzen gepackt, sei er durch verschiedene Säle weitergeeilt und schließlich in einen Raum gelangt, in dem die Fenster nach Osten gingen. Als er sich – noch immer in seinem Albtraum – in dem Zimmer umsah, fiel sein Blick auf einen Sarg, an dem Soldaten die Ehrenwache hielten. Er war von weinenden Menschen umgeben und stand offen. Als er die Frage stellte, wer denn gestorben sei, erhielt er zur Antwort: »Der Präsident. Er wurde ermordet.« Im nächsten Moment sei er schweißgebadet aufgewacht.
Vergeblich versuchten die Gäste, Abraham Lincoln zu beruhigen. Auch der gut gemeinte Versuch seines alten Freundes Ward Hill Lamon, dass »Träume nur Schäume« seien, nützte nichts. So löste sich die Tafelrunde an jenem bedrückenden Abend bald auf und jeder ging seiner Wege.
Wenige Tage später schien alles vergessen. Lincoln erlebte einen triumphalen Erfolg: Nach der Eroberung von Richmond (Virginia) am 3. April 1865, der die bedingungslose Kapitulation der zuvor aus dem Staatenbund ausgetretenen Südstaaten folgte, hielt er unter dem begeisterten Jubel der schwarzen Bevölkerung Einzug in die ehemalige Hauptstadt der »Konföderierten Staaten von Amerika«. Doch dann kam der schicksalhafte 14. April 1865.

An diesem Abend fuhr Lincoln, begleitet von seiner Frau, zum Ford's Theatre in Washington, um sich die Komödie »Der amerikanische Cousin« anzusehen. Der Präsident nahm mit der »First Lady« in der Ehrenloge Platz, die nur von einem einzigen Geheimpolizisten bewacht wurde. Seit dem gewonnenen Krieg gegen die Südstaaten hatte Lincoln gefährliche politische Feinde, die ihm auch nach dem Leben trachteten.

Die Lichter waren gerade erloschen und das Theaterstück begann, als plötzlich ein Schuss durch den Saal peitschte. Laute Schreie der Angst und des Entsetzens gellten durch das Theater. Als die Menschen in die Präsidentenloge drängten, bot sich ein entsetzliches Szenario. Abraham Lincoln war in sich zusammengesunken, tödlich getroffen von einer Kugel. In der allgemeinen, rasch um sich greifenden Panik war es dem Attentäter zunächst gelungen zu entkommen. Doch er wurde gestellt und konnte überwältigt werden, bis ihn selbst die Kugel eines Polizisten traf. Es war der arbeitslose Schauspieler John Wilkes Booth, ein fanatischer Parteigänger der Südstaaten und gleichzeitig ein erbitterter Gegner der Politik des Präsidenten.

Schon tags darauf erfüllte sich genau das Bild, das Abraham Lincoln in seinem prophetischen Traum vorhergesehen hatte. Im Ostzimmer des Weißen Hauses lag, umgeben von einer trauernden Menschenmenge, der Leichnam des ermordeten Präsidenten. Er war aufgebahrt in einem offenen Sarkophag. Die Vorahnung, die ihn drei Wochen zuvor so sehr erschüttert hatte, konnte den amerikanischen Staatsmann nicht vor seinem Schicksal retten. Doch dies war ja, wie wir bereits erfahren haben, mit einer ganz unglaublichen Todesserie verknüpft.

1866 Eine lange Zeit in Trance

Einer der am längsten anhaltenden Fälle komatösen Zustands betraf eine junge Frau mit Namen Molly Francher. Sie lebte unglaubliche sechsundvierzig Jahre lang in einer Art Trancezustand und besaß in dieser Zeit außergewöhnliche hellseherische Fähigkeiten.

Molly Francher war eine ganz normale, gesunde junge Frau im Alter von vierundzwanzig Jahren, die bei ihren Eltern im New Yorker Stadtteil Brooklyn lebte. Am 3. Februar 1866 beklagte sie sich etwa gegen 10.00 Uhr morgens über Unwohlsein und Schwindel und sank vor den Augen ihrer Mutter bewusstlos zu Boden. Der sofort gerufene Hausarzt Dr. Spier konnte nur feststellen, dass Molly in ein Wachkoma gefallen war. Sie bewegte sich nicht, doch mit geschlossenen Augen antwortete sie ganz langsam auf die ihr gestellten Fragen.

Am folgenden Morgen entdeckte Doktor Spier, dass Molly kaum noch atmete. Ihr Herz klopfte ganz schwach und äußerst langsam, und ihre Temperatur war deutlich gesunken. Ihr gesamter Körper war kalt und feucht wie bei einer Sterbenden. Als sie vierundzwanzig Stunden später noch immer am Leben war, zog er mehrere Kollegen zu Rate. Doch auch diese konnten keine andere Diagnose stellen und sagten Mollys baldiges Ende voraus.

Den wohlerwogenen Einschätzungen zum Trotz vergingen neun Jahre, ohne dass sich Mollys Zustand änderte. Gefangen in einem Zustand zwischen Leben und Tod, war die Frau fürchterlich abgemagert. Sie nahm so gut wie keine Nahrung zu sich. Dr. Spier schätzte, dass sie in besagten neun Jahren nicht mehr gegessen habe als ein normaler Mensch in zwei oder drei Tagen. Zahlreiche Mediziner befassten sich in der

Folgezeit mit dem außergewöhnlichen Fall. Doch sie kamen keinen Schritt weiter. Im Jahr 1875 berichtete Dr. Spier dann, dass seine Komapatientin übernatürliche Kräfte besitze. Zwei damals sehr bekannte Neurologen, Dr. Willard Parker aus New York sowie Dr. Robert Ormiston aus Boston, waren trotz großer Zweifel bereit zu weiteren Forschungen. Dr. Spier ließ sie die Frau zunächst eingehend untersuchen und führte ihnen dann vor, wie Molly auf ihr gestellte Fragen ganz langsam antwortete. Danach brachte er die zwei Kapazitäten in ein anderes Zimmer und eröffnete ihnen, dass Molly jederzeit Kleidung und Handlung entfernter Personen auf das Genaueste beschreiben könne. Es sei ihr sogar möglich, Briefe in geschlossenen Umschlägen zu lesen.

Bei einer späteren Untersuchung kam der Astronom und Mediziner Dr. Richard Parkhurst hinzu. Er schlug vor, einen Passanten auf der Straße zu bitten, ein paar Worte auf ein Stück Papier zu schreiben und dieses in einen Umschlag zu stecken, ohne dass jemand anderes die Mitteilung gelesen habe. Ein weiterer Unbeteiligter solle den Umschlag Dr. Spier überbringen. In der Zwischenzeit würden er und beide Neurologen Molly nach dem genauen Wortlaut fragen.

Ein zufällig ausgewählter Passant schrieb eine kurze Mitteilung auf ein Blatt Papier, das daraufhin in drei Umschläge (!) gesteckt wurde. Sodann brachte man es zu Dr. Spier, der sieben Kilometer entfernt wohnte. Als Dr. Parker die bewusstlose Frau fragte, ob sie die Worte in dem Umschlag lesen könne, erklärte ihm diese, es handle sich um einen Brief, der in drei Umschlägen stecke. Er hätte weder Anschrift noch eine Anrede, sondern bestünde einzig aus den Worten: »Lincoln wurde von einem verrückten Schauspieler ermordet.«

Eine Stunde später erschienen die anderen Ärzte. Man öffnete den Brief, und alle konnten den von Molly Francher vorgetragenen Inhalt nachlesen. Diese lebte übrigens bis 1912 in diesem wachkomaartigen Zustand. Eines Morgens kam sie plötzlich zu sich, erwachte in einer für sie völlig neuen Welt, umgeben von Menschen, die sie überhaupt nicht kannte. Mollys Eltern waren schon seit langem verstorben, und sie konnte sich nicht an ihr Leben vor dem Koma entsinnen. Auch ihre hellseherischen Fähigkeiten waren nicht mehr vorhanden. In dieser trostlosen Situation lebte sie noch drei Jahre, bis sie 1915 im Alter von dreiundsiebzig Jahren friedlich im Schlaf starb. Zwei Drittel ihres Lebens verbrachte sie in jenem rätselhaften Zustand zwischen Leben und Tod. Auch unsere heutigen Mediziner sind nicht wirklich schlauer geworden, wenn es um die geheimnisvollen Fähigkeiten geht, die dem Gehirn innewohnen.

1867 Die »schwarze Prophezeiung«

Der Bauer Mitar Tarabich (1829–1899) aus einem kleinen Dorf bei Kremna in Serbien konnte weder lesen noch schreiben. Immer wieder jedoch plagten ihn düstere Visionen der Zukunft, welche er seinem Beichtvater, dem orthodoxen Priester Zaharije Zaharich, berichtete. Dieser trug sie um das Jahr 1867 in ein kleines Notizbuch ein. Jene Aufzeichnungen erlangten als »die schwarze Prophezeiung« große regionale Bekanntheit, sagten sie doch die Entwicklungen im Serbien des 19. Jahrhunderts sehr detailliert voraus. So wurde beispielsweise das Ende der Herrscherdynastie Obrenovich beschrieben, wie es sich dann im Jahr 1903 tatsächlich zugetragen hat.

Doch auch für die Zeit nach den beiden Weltkriegen und bis an die Schwelle des 21. Jahrhunderts gab Tarabich verblüffende Informationen preis: »Die Menschen reisen in Wagen ohne Ochsen und durch die Lüfte.« Auch wenn recht viele Seher und Propheten die Erfindungen Auto und Flugzeug vorweggenommen haben, sind derartige Voraussagen Mitte des 19. Jahrhunderts erstaunlich.
Was den hellsichtigen serbischen Bauern ebenfalls bewegte, war die Erfindung des Fernsehens: »Aber die Menschen vergessen Gott. Sie erfinden ein Gerät, mit dem man Bilder von der ganzen Welt sehen kann, nicht aber mit den Toten sprechen, obwohl diese Maschine ganz nahe an dieser Möglichkeit wäre.«
Es wird unheimlich. Unter dem Sammelbegriff der Transkommunikation kennt man heute Phänomene, die sich auf Magnetbändern (»Tonbandstimmen«), aber auch auf Video (»Transvideo«) manifestieren. Nebenbei bemerkt, mittlerweile auch auf PCs, doch dies nur am Rande. Bei zahlreichen Experimenten konnten tatsächlich Bilder von Verstorbenen auf Videoaufnahmen erkannt und identifiziert werden. Doch zurück zur »Schwarzen Prophezeiung«, die auch Details über die politische Entwicklung enthält.
»Nach dem großen Kriege entstehen viele Staaten. Ein großer Gerichtshof wird gebildet, um Streit zwischen ihnen zu schlichten.« Nach dem Zweiten Weltkrieg gingen viele von den Großmächten abhängige Kolonien in die Unabhängigkeit, und auch vormalige Staatsgebilde zerbrachen. Im holländischen Den Haag wurde inzwischen ein internationaler Gerichtshof geschaffen, dessen Zuständigkeit auch Verbrechen umfasst, welche zuvor auf internationaler Ebene nicht geahndet werden konnten. Und hier kommt wieder die Zukunft Serbiens ins Spiel.

»In Serbien herrscht unter einem Mann, welcher eine Art von neuer Religion bringt, Friede. Dieser Mann wird fast hundert Jahre alt. [...] Danach wird das Land von einer Kommission verwaltet. Es kommt zu jahrelangen Schwierigkeiten, weil die Brüder sich zu hassen beginnen. Dann leben sie in getrennten Gebieten und der Friede kehrt wieder ein.«

Der Kroate Josip Broz (1892–1980), besser bekannt unter dem Namen *Tito,* begann seine Laufbahn als kommunistischer Partisanenführer im Zweiten Weltkrieg. Im 1944 neu gegründeten Staat Jugoslawien vermochte er die verschiedenen Volksgruppen friedlich zu vereinen, und sein gemäßigter, von Moskau unabhängiger Kommunismus brachte dem Staat auf dem Balkan bescheidenen Wohlstand. Jugoslawiens Zerfall begann 1991 – heute existieren stattdessen mehrere unabhängige Staaten, »weil die Brüder sich zu hassen begannen«. Nach dem blutigen Krieg und Luftangriffen der NATO auf Serbien herrscht heute gespannte Ruhe. »Ethnische Säuberungen«, wie die »politisch korrekte« Bezeichnung für Vertreibung und Mord heute lautet, haben dafür gesorgt, dass vormals als Nachbarn im Vielvölkerstaat geeinte Menschen getrennt voneinander leben. Eine bessere Charakterisierung wie jene von Mitar Tarabich könnte man kaum finden.

Selbst die Mond- und Marsmissionen der NASA treten in der »Schwarzen Prophezeiung« auf: »Der Mensch reist zu fremden Welten und findet leblose Wüsten vor. Er erkennt das Leben nicht, das dort wohnt.«

Die Astronauten von bislang sechs Apollo-Mondlandeunternehmen stapften über wüstenartigen Mondboden. Und Marssonden fanden zwar eindeutige Hinweise auf Wasser, aber noch immer streiten sich die Wissenschaftler, ob unser roter Nachbarplanet wirklich Leben trägt (oder einst trug) oder nicht.

Neben Hinweisen auf die Verschmutzung von Wasser, Boden und Luft sagte der serbische Bauer auch einen weiteren, letzten großen Weltkrieg voraus – mit »Kanonenkugeln, die die Soldaten nicht töten, sondern einschlafen lassen«.
Die Forschung an »non-lethal weapons«, also nicht tödlichen Militärwaffen, nimmt neben der »traditionellen« Produktion von Massenvernichtungsmitteln einen bedeutenden Raum in den Labors der Rüstungskonzerne ein. Der Serbe Mitar Tarabich hat all das bereits vor mehr als 150 Jahren vorausgesehen.

1868 Allroundgenie in Sachen PSI

Curriel, eine Kleinstadt westlich von Edinburgh. Hier wurde am 20. März 1833 ein Junge geboren, der zum berühmtesten Medium des 19. Jahrhunderts werden sollte. Er vermochte eine geradezu unglaubliche Palette verschiedener psychokinetischer Erscheinungen zu erzeugen, also materielle Bewegungen und Abläufe auf psychischem Weg zu beeinflussen. Und das alles bei hellem Tageslicht und nicht im Zwielicht schummriger »Kabinette«. Nie konnte ihm Betrug nachgewiesen werden. Der berühmte britische Chemiker und Physiker Sir William Crookes (1832–1919) untersuchte seine Fähigkeiten unter strengsten Laborbedingungen. Noch heute zählen sie zu den eindrucksvollsten in der langen Geschichte der Parapsychologie.
Die Rede ist von Daniel Dunglas Home (1833–1886). Sein Programm an Fähigkeiten reichte von der oben erwähnten psychokinetischen Bewegung von Gegenständen bis zur unerklärlichen Verlängerung seiner Gliedmaßen. Er war durch

Feuer nicht verwundbar, und mehr als einmal vermochte er sich buchstäblich schwerelos in die Luft zu erheben.
Am 30. November 1868 demonstrierte D. D. Home diese verblüffende Feuerfestigkeit eindrucksvoll, wie wir sie heute auch von Priestern und Schamanen diverser Naturvölker kennen. Augenzeugen schilderten, wie er zuerst das Feuer im Kamin anfachte, um sein Gesicht mitten auf die glühenden Kohlen zu legen. Alsdann hielt er seine Finger eine Zeitlang in eine Kerzenflamme, und als Nächstes ergriff er ein rotglühendes Stück Kohle. Selbiges blies er bis zur Weißglut an und forderte alle Anwesenden auf, es ihm gleichzutun. Ein gewisser Mr. Jencken verbrannte sich dabei die Finger, und andere Zeugen konnten sich der Kohle nur bis auf zehn Zentimeter nähern. Einzig der ebenfalls anwesende Lord Adare – ein Adeliger mit großem Interesse an PSI-Phänomenen – war in der Lage, das weißglühende Stück fast eine halbe Minute lang in den Fingern zu halten. Er blieb ebenfalls seltsamerweise völlig unverletzt.
Besagter Lord Adare verfasste auch einen Bericht über eines der dramatischsten und in der Öffentlichkeit am meisten diskutierten Experimente. Es fand zwei Wochen nach Homes Demonstration seiner außergewöhnlichen Feuerfestigkeit statt. Für dieses Event am 16. Dezember 1868 stellte Adare sein eigenes Heim am Buckingham Gate Nr. 5 in London zur Verfügung. Anwesend waren an jenem Abend neben dem Hausherrn ein Lord Lindsay sowie Captain Charles Wynne, ein Cousin von Lord Adare.
Home verfiel in Trance und sprach plötzlich mit der Stimme der im gleichen Jahr verstorbenen Schauspielerin Adah Menken, mit der er und der Lord befreundet gewesen waren. Und auf einmal setzte sich dann ein Stuhl in Bewegung. Von der Wand, vor der er gestanden hatte, glitt er langsam durch den

Raum und blieb schließlich vor Captain Wynne stehen. Obwohl leer, hatten Wynne und Lord Lindsay das Gefühl, auf dem Stuhl sitze jemand. Inzwischen war Home aufgestanden. Während er ein paar Mal auf und ab ging, hörte Lindsay eine Stimme nahe an seinem Ohr flüstern: »Er wird durch ein Fenster hinausschweben und durch ein anderes wieder hereinkommen.« Es war unverkennbar Adah Menkens Stimme. Der geschockte Lindsay hatte kaum den anderen Anwesenden mitgeteilt, was er gehört hatte, als Home mit leiser, aber eindringlicher Stimme sagte: »Erschrecken Sie nicht und verlassen Sie nicht Ihre Plätze – auf keinen Fall!«
Im gleichen Augenblick erhob er sich vom Boden und bewegte sich auf die Wand zu, wo er verschwand. Alle hielten den Atem an, denn die Räume befanden sich drei Stockwerke über der Straße. Sie hörten dann, wie im Nebenzimmer das Schiebefenster hochklappte. Augenblicke später tauchte Home draußen, vor dem Fenster auf, wo er frei in der Luft schwebte. In dieser Lage verharrte er noch einige Sekunden, schob dann das Fenster auf und glitt, mit den Füßen voran, zurück ins Zimmer. Nach einer kleinen Erholungspause ging das unglaubliche Szenario weiter.
Home wiederholte die erstaunliche Vorführung. In horizontaler Lage schwebte er – stocksteif und mit dem Kopf voraus – im Nebenraum zum Fenster hinaus und kehrte auch wieder wohlbehalten zurück. Als er aus seiner Trance erwachte, war er äußerst erregt und erschöpft; ebenso sagte er, er hätte das Gefühl gehabt, in großer Gefahr gewesen zu sein. In derselben Nacht zog Home sämtliche Register seiner geheimnisvollen Kräfte: Flammen schlugen aus seinem Kopf, und ein seltsames Zirpen ertönte, als fliege ein Vogel im Raum umher. Home war erneut in Trance gefallen und sprach in einer sonderbar klingenden und vollkommen unbekannten Sprache.

Der eingangs erwähnte Sir William Crookes unterzog das Allroundgenie in Sachen PSI strengsten wissenschaftlichen Untersuchungen und veröffentlichte das Ergebnis seiner Arbeit 1871 im renommierten »Quarterly Journal of Science«. Demnach wiesen seine Laboruntersuchungen bezüglich Homes medialer Begabungen mit Nachdruck darauf hin, »die Existenz einer neuen Kraft anzunehmen, die in einer noch unbekannten Weise mit dem menschlichen Organismus in Verbindung steht und die zweckdienlich als ›psychische Kraft‹ benannt werden könnte«.

Auch wenn sich unter seinen konservativen Kollegen ein wahrer Sturm der Entrüstung erhob: Bis heute konnten keine Anzeichen dafür gefunden werden, dass Daniel Dunglas Home getrickst und getäuscht hätte. Home bleibt damit ohne Zweifel eine der geheimnisumwobensten Persönlichkeiten des 19. Jahrhunderts.

1869 Leuchtende Menschen

Niemand von uns macht sich noch irgendwelche Gedanken, wenn beim Umlegen eines Lichtschalters der ganze Raum in taghellem Glanz erstrahlt. Und sitzen wir an einem lauen Sommerabend im Freien, erfreuen wir uns an umherfliegenden Glühwürmchen und denken auch hier nicht weiter nach. Nachfolgend geht es um mysteriöse Leuchterscheinungen, welche von Quellen ausgestrahlt werden, die man eigentlich nicht zu den bekannten Lichtquellen rechnet. Denn dazu mag vieles gehören – der menschliche Körper aber mit Sicherheit nicht.

Am 24. September 1869 erschien die folgende Leserzuschrift in der Zeitschrift »English Mechanic«: »Eine Amerikanerin ging gerade zu Bett, als sie entdeckte, dass von der Oberseite der vierten Zehe ihres rechten Fußes ein Licht ausging. Durch Reiben verstärkte sich der phosphoreszierende Schein und breitete sich über den ganzen Fuß aus. Zudem stiegen unangenehm riechende Dämpfe auf und erfüllten den Raum. Auch als sie den Fuß in Wasser tauchte, verschwanden weder das Licht noch die Dämpfe. Selbst Waschen mit Seife konnte das Leuchten der Zehe nicht verringern. Dieses hielt etwa eine Dreiviertelstunde an, bevor es abklang, und auch ihr Ehemann hatte es gesehen.«
Bei leuchtenden Tieren, wie etwa dem Glühwürmchen oder dem Leuchtkäfer, erklären Biologen und Chemiker diesen Zustand als Folge chemischer Reaktionen im Körper, an denen Sauerstoff, Luciferase und Adenosin-Triphosphat beteiligt sind. Eine derartige chemische Reaktion liegt jedoch bei leuchtenden Menschen in keinem Fall vor. Biolumineszenz, wie der Vorgang wissenschaftlich bezeichnet wird, scheidet also aus, und trotzdem kommt es immer wieder – wenn auch eher selten – zu solchen Erscheinungen. So beobachteten die Trauergäste 1835 nach dem Ableben von Jane Pallister gleichfalls ein seltsames Leuchten, das von ihrem Körper auszugehen schien. In diesem Fall soll es die Form eines Kreuzes mit mehreren Sternen besessen haben, und man interpretierte es als ein »Wunder infolge tugendhaften und gottgefälligen Lebens«. Da ist es nicht mehr weit zu den Gloriolen der christlichen Heiligen.
Doch kehren wir zurück zu den Lebenden. Genau neunundneunzig Jahre nach Jane Pallister wurde die »leuchtende Frau von Pirano« zur Weltsensation. Die Italienerin Anna Monaro lag im Mai 1934 mit einer schweren Asthmaerkrankung im

Spital. Eine Pflegerin machte des Nachts ihre Runde durch die Station, als ihr plötzlich ein seltsames Leuchten auffiel. Erst erntete sie nur Spott bei der Meldung an den Stationsarzt. Doch als das Leuchten nach Wochen immer noch zu sehen war, begaben sich Ärzte aus vielen Ländern ans Bett der Kranken. Das unwirklich flackernde, blaue Licht, das keinen Schatten warf, konnte in der Folge sogar auf Zelluloid gebannt werden. Nach mehreren Wochen hörten die mysteriösen Leuchterscheinungen auf und kehrten nicht wieder. Das Rätsel aber konnte bis heute nicht geklärt werden, obgleich Ärzte die verschiedensten Hypothesen anboten.
In die medizinische Fachliteratur fand bereits im Jahr 1897 ein Fall Eingang, bei dem die Operationswunde eines Brustkrebses ein so starkes Licht aussandte, dass man bei Dunkelheit in mehr als einem Meter Entfernung noch das Zifferblatt einer Uhr ablesen konnte. Selbst im 21. Jahrhundert können wir bestenfalls spekulieren, wodurch derartige Phänomene ausgelöst werden.

1870 Astrale Exkursionen

Es gibt zahllose Fälle, in denen Menschen im Augenblick ihres Ablebens nahen Angehörigen oder Freunden erscheinen. Parapsychologen vermuten, dass dies möglicherweise durch die Aussendung einer feinstofflichen Komponente geschieht, welche man auch als »Astralkörper« bezeichnet. Heute benutzt man für derartige Erfahrungen den Begriff »Out-of-Body Experience«, Überbegriff für vielfältigste Arten außerkörperlicher Erfahrungen, die nicht zwangsläufig mit dem Sterben zusammenhängen dürften. Ein vollkommen ungewöhnlicher Fall eines außerkörperlichen Erlebnisses datiert zurück ins Jahr 1870. Ungewöhnlich deshalb, weil nicht ein Sterbender seinen Angehörigen erschien. Das Gegenteil war der Fall, denn diese tauchten am Ort des tragischen Geschehens auf.

Der bewusste Vorfall fand auf hoher See statt, an Bord des Dampfers *Robert Lowe.* Der Ingenieur W. H. Pearce war an einer Typhusinfektion erkrankt und dämmerte in seiner Koje dem Ende entgegen. Da er mit dem Heizer D. Brown befreundet war – sogar die Familien der beiden Männer kannten einander sehr gut –, war es dessen Aufgabe, dem Sterbenden Beistand zu leisten. Dieser war zudem äußerst unruhig und versuchte immer wieder aufzustehen. Was dann geschah, versetzte den Heizer in Panik.

»Während ich versuchte, Pearce am Aufstehen zu hindern, sah ich plötzlich auf der gegenüberliegenden Seite der Koje seine Frau, seine zwei Kinder und die Mutter, die ich alle recht gut kenne und die alle noch leben. Sie schienen sehr in Sorge zu sein, sahen aber sonst wie ganz normale Menschen aus. Sie trugen normale Kleidung und schauten vielleicht etwas blasser als gewöhnlich aus.«

Doch es kam noch dramatischer, denn zusätzlich zu der visuell wahrnehmbaren Erscheinung konnte Heizer Brown die Besucher nun auch sprechen hören. Deutlich vernehmbar sagte die Mutter des Sterbenden zu ihm: »Er wird am Donnerstag um 12.00 Uhr beerdigt werden, in einer Wassertiefe von 1400 Faden.«

Daraufhin verschwand die ganze Familie, und Brown sah diese erst wieder nach seiner Rückkehr von der Reise. Der im Sterben liegende Pearce hatte die Angehörigen wohl nicht wahrgenommen, da er sich im Koma befand. Im Zustand

höchster Erregung stürzte Brown aus der Kajüte und betrat diese erst wieder, als der Ingenieur gestorben war.
Übrigens erwies sich die Voraussage über die Bestattung als nicht zutreffend, denn Bordingenieur Pearce starb nicht an einem Donnerstag, sondern an einem Dienstag. Und er wurde noch am selben Tag um neun Uhr auf See bestattet anstatt um zwölf Uhr. Brown lief gleich nach dem Erscheinen der »Phantomfamilie« zum Kapitän und tat diesem kund, dass er es nicht länger bei dem Sterbenden aushielte. Später bestätigte der Kapitän, dass der Heizer vollkommen verstört gewirkt habe. Er erfuhr jedoch erst im Nachhinein den Grund für dessen starke seelische Erschütterung. Er hielt den Bericht des Mannes für absolut glaubhaft. Vor allem, weil dieser nicht versucht hatte, die von der Erscheinung gemachten, unzutreffenden Aussagen in seinem Sinn zu ändern.

1871 Der Vampir von Croglin

Vampire – gibt es sie wirklich, diese »Untoten«, die nachts aus ihren Gräbern kommen und sich am liebsten vom Blut lebender Personen ernähren? Oder sind sie nur ein Produkt der Phantasie? Der viktorianische Schriftsteller Augustus Hare berichtete über einen sehr gut bezeugten Vorfall aus dem Jahr 1871, in dessen Mittelpunkt die Tochter einer Familie aus dem nordwestlichen England stand.
An einem Septembermorgen marschierte eine kleine Gruppe von Männern durch das feuchte Gras des Friedhofs von Croglin, einem kleinen Dorf in der englischen Grafschaft Cumberland. Alle waren bewaffnet: mit Schrotflinten, Si-

cheln und auch Stangen. Ihre Gesichter waren wie versteinert, und sie gingen zielstrebig voran. Das Ziel, das sie verfolgten, war nicht alltäglich. Sie suchten einen Vampir!

Es begann im Sommer 1871, als eine Familie mit Namen Cranswell den Hof »Croglin Low Hall« für sieben Jahre pachtete. Die Eltern hatten eine damals fünfzehnjährige Tochter – Amelia – sowie die Söhne Michael und Edward, beide bereits über zwanzig Jahre alt. Sie wurden schnell im Dorf heimisch, nahmen an den ortsüblichen Festivitäten teil und fügten sich ohne Schwierigkeiten in die Gemeinschaft in Croglin ein.

An einem Sommerabend saßen die Cranswells auf der Wiese vor dem Anwesen, das aus dem 16. Jahrhundert stammte, und genossen den wundervollen Mondaufgang. Es herrschte eine friedliche und unbeschwerte Stimmung, bis Amelia bemerkte: »Irgendetwas Seltsames liegt heute Abend in der Luft.«

Als die Familie schließlich gegen 22.30 Uhr ins Bett ging, fühlte sich die Kleine unruhig und konnte nicht einschlafen. Amelia hatte zwar das Fenster geschlossen, ließ aber die Fensterläden offen. Eine Weile saß sie im Bett und schaute auf den Hof, der im Mondlicht lag. Plötzlich bemerkte sie etwas, das aussah wie zwei gelbe Lichtpunkte. Diese bewegten sich im Schatten der Gebäude links vom Hof.

Erst neugierig, dann mit wachsendem Entsetzen konnte Amelia beobachten, wie die Lichter immer näher zum Fenster heranglitten. Sie wirkten wie die feurigen Augen eines Tieres, nur dass sie dafür deutlich zu hoch über dem Boden lagen, beinahe zwei Meter. Als diese glühenden Lichter sie anstarrten, war sie vor Angst wie gelähmt. Im nächsten Augenblick hörte sie das Geräusch von langen Fingernägeln, die an den Scheiben kratzten. Das Mädchen sprang mit einem Satz aus dem Bett und lief zur Tür.

Doch die war aus unerklärlichen Gründen verschlossen. Jetzt drang ein anderer Laut an ihre Ohren: Die alptraumhafte Kreatur klopfte die Bleifassungen heraus, welche die Scheiben hielten. Das erste Glas zersprang am Boden, und ein langer knöcherner Finger drang herein und drehte den Riegel um. Als das Fenster aufschwang, kletterte die Kreatur ins Zimmer. Dann sprang sie Amelia an, riss sie heftig an den Haaren und biss sie blutgierig in die Kehle, in der jeder Laut erstarb.

Als sie wieder schreien konnte, liefen ihre Brüder Michael und Edward herbei. Diese zertrümmerten das aus unerfindlichen Gründen blockierte Türschloss und fanden ihre Schwester bewusstlos vor. Blut strömte aus ihrer Kehle. Edward sprang zum weit aufgerissenen Fenster und konnte gerade noch etwas sehen, das er später als »einen langen, spindeldürren Burschen mit einem seltsamen Umhang« beschrieb. Die unheimliche Gestalt verschwand durch den Torbogen des Hofes.

Glücklicherweise waren die Wunden nicht tief, und Amelia erholte sich schnell. Die Eltern beschlossen, sie in die Schweiz zu schicken, wo sie einen Erholungsurlaub machen sollte. Bevor sie jedoch dic Rcise antreten konnte, suchte sie der bösartige Vampir von Croglin ein weiteres Mal heim.

Die Mitglieder der Familie hatten mittlerweile Vorsorge für diesen Fall getroffen. Amelia verriegelte die Fensterläden und ließ ihre Kammertüre offen stehen. Im daneben liegenden Zimmer schlief ihr Bruder Edward, dessen geladene Pistole griffbereit neben dem Bett lag. Eine Woche lang geschah nichts. Plötzlich wachte Amelia kurz nach Mitternacht auf und sah das Mondlicht in ihr Zimmer scheinen. Und die am Abend vorher sorgfältig geschlossenen Fensterläden waren offen! Wieder hörte sie das unheimliche Geräusch der Fingernägel auf den Scheiben.

Amelia stieß einen spitzen, heftigen Schrei aus. Sogleich stürzte Edward herein und feuerte aus kürzester Entfernung auf die flüchtende Gestalt. Diese schien zu straucheln und floh über den Hof ins Dunkel der Nacht.
Inzwischen war auch ihr Bruder Michael gekommen, und die beiden machten sich an die Verfolgung. Im Mondlicht sahen sie die Gestalt, die ein Feld in Richtung des Dorfes überquerte. Als sie zu den ersten Häusern von Croglin kamen, sahen sie das unheimliche Wesen im Friedhof verschwinden. Dort verlor sich seine Spur.
Durch den Lärm waren einige Bewohner wach geworden. Im ersten Morgengrauen marschierte ein Dutzend Männer, angeführt von den Brüdern Cranswell, über den Friedhof. Sie gingen durch das vom Tau feuchte Gras zwischen den Gräbern, als einer der Männer rief, dass ein Grabstein nicht mehr an seinem Platz stehe. Alle liefen zusammen und starrten gebannt nach unten, wo ein bereits halb zerfallener Sarg mit geöffnetem Deckel stand.
Darin lag ein merkwürdig mumifizierter Körper, und als sie genauer hinsahen, erkannten sie die frische Schusswunde in einem Bein der Mumie. Wie Augustus Hare, der diesen Fall sorgsam dokumentierte und der Nachwelt überlieferte, berichtete, wurde das alte Ritual der Vampirbannung noch am selben Morgen durchgeführt. Man läutete kurzerhand den Priester aus dem Bett, der einen Choral anstimmte. Dann wurde dem mumifizierten Körper ein angespitzter Pfahl, den er vorher in das geweihte Wasser des Taufbeckens getaucht hatte, mitten ins Herz gestoßen. Im selben Moment verstummte mit einem Schlag der morgendliche Gesang aller Vögel rund um Croglin.

1872 Diktat aus dem Jenseits?

Einer der bedeutendsten englischen Schriftsteller, Charles Dickens (1812–1870), war zeit seines Lebens vom Phantastischen und Geheimnisvollen fasziniert. Eines Tages ermunterte ihn ein amerikanischer Freund, Wilkie Collins, einen sehr eigenartigen Roman mit dem Titel »Das Geheimnis des Edwin Drood« zu schreiben. Dickens hatte das Werk einer Zeitschrift versprochen, die es in zwölf monatlichen Fortsetzungen veröffentlichen wollte. Doch er sollte den Roman nie beenden: Als er 1870 starb, hatte er gerade mal die sechste Folge geschrieben. Für seine begeisterten Leser war es ein schwerer Schock. Sie hatten keine Ausgabe der Zeitschrift versäumt – und nun ließ sie der große Literat im Regen stehen.

Szenenwechsel. In Brattleboro im Süden des US-Bundesstaates Vermont lebte eine ältere Dame, die häufig an Séancen und Geisterbeschwörungen teilnahm. Als Besitzerin eines großen Blockhauses hatte sie an den jungen Drucker Thomas P. James ein Zimmer vermietet. Auch er nahm hier und da an den Sitzungen teil, doch hielt sich sein Interesse für das Übersinnliche in Grenzen. Bis zu jenem 3. Oktober 1872, der sein Leben in neue, ungeahnte Bahnen lenken sollte.

James teilte seiner Vermieterin mit, dass er in seinem Zimmer in direkten Kontakt mit dem verstorbenen Literaten Dickens getreten sei. Dieser habe ihm aufgetragen, seinen nicht vollendeten Roman zu Ende zu schreiben. Und Thomas P. James nahm die Aufgabe offenbar sehr ernst. In den folgenden Wochen und Monaten erlebten zahlreiche Zeugen, wie der von Dickens begonnene Roman »Das Geheimnis des Edwin Drood« doch noch seiner Vollendung entgegenstrebte.

Nach seiner regulären Arbeit als Drucker kam James meistens erschöpft heim, setzte sich in seinem Zimmer in einen Sessel und schlief ein paar Stunden. Wenn er dann aufwachte, ging er sofort ans Werk und schrieb mit größter Schnelligkeit, als ob er den Sätzen, die ihm diktiert wurden, kaum folgen könne. Mit seiner ungelenken Handschrift schaffte er manchmal eine Anzahl Seiten, andere Male brachte er nur wenige Sätze zu Papier. Er veränderte oder korrigierte niemals etwas und erklärte, er habe nicht das Recht dazu. Wenn es wahrhaftig der selige Charles Dickens gewesen war, der Thomas James' Hand lenkte, so musste er sich ab und an auch in Geduld fassen. Nämlich dann, wenn Thomas in der Nachbarschaft wieder einmal einem hübschen Mädchen den Hof machte.
Als schließlich im November 1873 das Ende des Buches »nach dem Diktat von Dickens« erschien, waren die Kritiker erst sehr misstrauisch und bereit, den Roman in Grund und Boden zu treten. Doch es wurde eine der größten literarischen Überraschungen jener Zeit. Die Experten waren verblüfft: Aus der Feder eines ganz jungen Mannes war ein Buch entstanden, das sehr wohl von Dickens selbst hätte geschrieben sein können. James indessen wurde nicht müde zu betonen, dass es nach dessen persönlichem Diktat entstanden sei, was denn auch für zusätzliche Irritationen sorgte.
Mehr als fünfzig Jahre später führte der große Sir Arthur Conan Doyle (1859–1930) eine ausgiebige Untersuchung zu dieser Sache und zur Person von Thomas P. James durch. In der renommierten englischen Literaturzeitschrift »Fortnightly Review« dozierte Conan Doyle 1927, James habe weder vor noch nach diesem einzigen Manuskript irgendein literarisches Talent besessen. Schon mit dreizehn Jahren hatte er die Schule verlassen und eine Lehre als Drucker begonnen. Für ein einziges Buch aber schien er sowohl den Stil und den

Wortreichtum als auch die Denkweise von Charles Dickens übernommen zu haben. Unvorstellbar für einen schlecht gebildeten Amerikaner, dem überdies typisch britische Satzkonstruktionen vollkommen fremd waren.
»Würde es sich um eine Nachahmung handeln«, resümierte Doyle, »so hätte diese das außergewöhnliche und seltene Verdienst gehabt, die stilistischen Eigenheiten von Charles Dickens niemals zu stark hervorzuheben. Nach seinem einzigen Geniestreich geriet Thomas James bald in völlige Vergessenheit. Er schrieb nie wieder etwas und starb bereits in jungen Jahren vollkommen verarmt und vergessen von der Welt, die ihn einst als große literarische Hoffnung feierte.

1873 Die *Mississippi-Queen* ist verschwunden

Verschwinden Schiffe auf hoher See oder sogar schon am Rand der Weltmeere – über das seit Jahrhunderten berüchtigte Bermuda-Dreieck habe ich an früherer Stelle berichtet –, lassen sich im Handumdrehen jede Menge Erklärungen finden, die nicht unbedingt Zuflucht ins Phantastische nehmen müssen. Im weiten Meer lauern die vielfältigsten Gefahren. Was aber soll man denken, wenn ein großes Schiff mitten auf einem Fluss im Landesinneren für immer verschwindet? Der gesunde Menschenverstand sagt uns, dass ein derartiges Szenario schlicht und einfach ausgeschlossen sein sollte. Doch weit gefehlt! Es scheint auf diesem Planeten nichts zu geben, was es nicht gibt …
Der Flussdampfer *Mississippi-Queen* war für jene Zeit eine »Titanic der Flüsse«, was die luxuriöse Ausstattung ebenso

wie seinen Ruf als schwimmenden Palast betraf. Die *Queen* war mit Passagiervormerkungen auf Jahre hinweg ausgebucht. Scharen von Schaulustigen standen an den Ufern des Mississippi, wann immer der majestätische Dampfer vorbeizog. Es war eine unvergleichliche Attraktion jener Zeit, ein bewundernswertes Stück Technik und Ingenieurskunst, das die Menschen in seinen Bann zog.

So wurde auch ihr Aufbruch am 17. April 1873 wie ein Volksfest gefeiert, als sie ihre Fahrt Richtung Süden nach New Orleans aufnahm. Gemächlich verschwand sie in der Ferne, doch in New Orleans kam sie nie an.

Als sie schon mehr als zwölf Stunden an ihrem Zielort überfällig war, schickten die beunruhigten Reeder Telegramme an alle Stationen auf der Fahrtroute. Noch nie zuvor hatte die *Mississippi-Queen* Verspätung gehabt. Und wie erwähnt, sind die Möglichkeiten, auf einem Fluss verloren zu gehen, ungleich begrenzter als in den endlosen Weiten der Ozeane. Zwar kennt man seit langem die launische Art des größten Flusses Nordamerikas, von Zeit zu Zeit und ohne Vorwarnung seinen Lauf zu ändern. In diesem Fall aber hätte man das Schiff, auf Grund gelaufen, in irgendeinem Seitenarm finden müssen.

Aus den antelegrafierten Städten kam sehr schnell Antwort. Nirgendwo hatte der Luxusliner länger haltgemacht, als vorgesehen war. Überall gab es genügend Zeugen, die die Abfahrt des Flussdampfers beobachtet hatten. Ein paar Minuten nach Mitternacht hatte die *Queen* noch im Fahrplan und auf Kurs gelegen. Kurz darauf verlor sich ihre Spur. Für immer.

Es ließ sich nicht mehr länger ignorieren, dass mit dem Dampfer etwas passiert sein musste. So begann man mit einer großangelegten Suchaktion, in deren Verlauf der Fluss systematisch abgesucht wurde. Boote fuhren flussabwärts, zogen

schwere Ketten hinter sich her, die bis zum Grund hinabreichten. Hätten Bruchstücke des verschollenen Dampfers unter oder über Wasser getrieben, hätte man sie mit an Sicherheit grenzender Wahrscheinlichkeit aufgefischt.
Doch man fand nichts. Keine Spur von dem Luxusliner und den Passagieren, kein Überbleibsel von der Besatzung oder von Teilen der Ladung. Genau wie es schon ein knappes Jahr zuvor mit dem Heckraddampfer *Iron Mountain* geschah, der im Juni 1872 auf dem Ohio River verschwand – mit 400 Tonnen Baumwolle sowie fünfundfünfzig Passagieren an Bord. Die beiden Schiffe tauchten niemals wieder auf – genauso gut hätten sie in eine andere Realität gedampft sein können. Vielleicht waren sie das auch und wurden von einem Augenblick zum nächsten von einem »absoluten Anderswo« vereinnahmt und nicht wieder herausgegeben …

1874 Aus dem Nichts

Eine der rätselhaftesten Erscheinungen auf dem weiten Feld übersinnlicher Fähigkeiten betrifft die sogenannte Materialisation. Ein bis dato noch nicht erklärbarer Vorgang, in dessen Verlauf buchstäblich »aus dem Nichts« Dinge erscheinen, die so dann auch für unsere Sinne begreifbar werden. Man kennt Fälle, bei denen kein wahrnehmbarer Unterschied zu gewöhnlicher Materie festzustellen war.
Das spätere 19. Jahrhundert lieferte uns mit dem Medium Florence Cook ein Beispiel par excellence für derlei unglaubliche Phänomene. Bereits im zarten Alter von nur sechs Jahren begann ihre »Karriere«. Und kein Geringerer als der an-

gesehene britische Chemiker und Physiker Sir William Crookes (wir begegneten ihm bereits im Zusammenhang mit dem »Allroundgenie in Sachen PSI« Daniel D. Home) stellte Untersuchungen mit und über Florence Cook an. Er kam zu einem positiven Ergebnis.

Sobald Florence im Verlauf einer Séance in Trance fiel, erschien direkt neben ihr eine weibliche Gestalt, die sich »Katie King« nannte. Von dieser wollte das Medium sogar erfahren haben, dass sie bereits früher einmal gelebt habe. Und zwar zur Zeit von Königin Katharina, der Gemahlin von König Karl II. von England (1630–1685). Damals hätte sie jedoch einen anderen Namen getragen: Annie Morgan.

Diese »Katie King« fiel so gänzlich aus dem Rahmen üblicher Geistererscheinungen jener Tage. Denn sie materialisierte sich während der Séancen zu einem völlig konkreten, ja leibhaftigen Wesen. Bei einer dieser Vorführungen sprang plötzlich und ohne Warnung ein Mr. Volkmann auf und stürzte sich auf das Phantom, als dieses sich gerade zu materialisieren begann. Später konnte er berichten, dass sich die Gestalt vollkommen materiell angefühlt hätte, wie ein lebendiges Wesen. Als Sir William Crookes davon hörte, entschloss er sich zu weiteren Experimenten, die er an verschiedenen Orten durchführte, unter anderem in seinem eigenen Haus.

Dort erlebte der Forscher am 12. März 1874 etwas, das seine anfängliche Skepsis gehörig ins Wanken brachte. Diesmal tauchte »Katie King« in ein langes weißes Kleid gehüllt und mit einer Art Turban auf dem Kopf auf. Und sie redete ihn sogar an! Sie bat den Gelehrten, in den Séanceraum zu gehen und Florence zu helfen, da sie fast vom Sofa gerutscht sei. Crookes ging an der Gestalt vorbei in das andere Zimmer und hob die Frau hoch. Sie hatte wie die ganze Zeit zuvor ein schwarzes Kleid an und war eindeutig spürbar ein lebender menschlicher Körper. »Nicht mehr als drei Sekunden waren vergangen zwischen dem Augenblick, als ich die vor mir stehende, weiß gekleidete ›Katie King‹ sah, und dann Miss Cook auf dem Sofa im Kabinett aus der Lage aufhalf, in die sie zusammengesunken war«, berichtete Crookes. Es war allem Anschein nach unmöglich, dass Florence Cook und das Phantom ein und dieselbe Person waren.

Auch bei weiteren Sitzungen war Crookes bemüht, so viele Sicherungen wie nur möglich gegen Täuschungen einzubauen. So zog er bei einem Mal den Physiker und Ingenieur Cromwell Varley zu Rat, der sich einen Namen durch die Verlegung des ersten transatlantischen Kabels erworben hatte. Varley befestigte mehrere Drähte an den Handgelenken von Florence Cook und setzte sie unter Schwachstrom. Ein angeschlossenes Galvanometer hätte auf der Stelle jeden Versuch des Mediums verraten, sich der Drähte zu entledigen. Trotzdem sah man das Phantom aus dem Séanceraum kommen. Als das Experiment wiederholt wurde, verwendete Crookes Drähte, die so kurz waren, dass sie nicht über das Kabinett hinausreichten. Ohne diese abzustreifen, hätte Florence, wäre sie selbst als »Katie King« in Erscheinung getreten, niemals in den anderen Raum gelangen können. Doch auch dieses Mal erschien die geisterhafte Gestalt, und das Galvanometer zeigte nichts Auffälliges an.

Aber Crookes ging noch weiter. Er ließ sich einmal mit Florence Cook, ein anderes Mal mit »Katie King« fotografieren. Dabei fand er ganz signifikante Unterschiede zwischen den beiden heraus. So hatte das Medium durchbohrte Ohrläppchen sowie eine Narbe am Hals, »Katie« besaß beides nicht. Die Farbe der Haare war ebenfalls unterschiedlich. Bei anderen Untersuchungen vermochte er beider Puls zu messen: Florence wies 90 Schläge pro Minute auf, »Katie« dagegen 75.

So etwas zu fälschen liegt jenseits aller Möglichkeiten. So wandte sich Crookes mit der folgenden Erklärung an die Öffentlichkeit: »Ich habe die absolute Gewissheit, dass Miss Cook und Katie zwei getrennte Individuen sind. Sich vorzustellen, dass diese ›Katie King‹ der letzten drei Jahre das Ergebnis eines Betrugs sei, tut jedermanns Vernunft und dem gesunden Menschenverstand mehr Gewalt an, als ihr zu glauben, was sie selbst zu sein behauptet.«
Bald danach endete das Erscheinen von »Katie King«, denn im Mai 1874 materialisierte sie sich zum letzten Mal. Und abgesehen von den wenigen Fotografien, blieb nur eine abgeschnittene Locke als Erinnerung zurück. Offenbar hat Florence ihre Fähigkeit verloren, denn Jahre später wurde sie des plumpen Betrugs überführt. Vielleicht wollte sie an frühere Erfolge anknüpfen. Unberührt davon blieben jene Phänomene, bei denen ihr auch mit wissenschaftlichen Methoden keine Täuschung nachzuweisen war.

1875 Flaschenpost auf großer Fahrt

Die Flaschenpost: Inbegriff eines Szenarios, in dessen Verlauf sich die Überlebenden eines Schiffsunglücks mit allerletzter Not auf ein ebenso kleines wie abgelegenes Eiland flüchten konnten. Eine Robinsonade, die erst ein glückliches Ende findet, wenn die Flasche mit dem Hilferuf an fernen Gestaden angespült und ein Schiff zur Rettung der Gestrandeten auf den Weg geschickt wurde.
Eine gut verkorkte Flasche ist trotz ihrer Zerbrechlichkeit durchaus seetüchtig. Taifune und Hurrikans können sogar

große Schiffe auf den Meeresgrund schicken, aber eine Flasche tanzt selbst beim stärksten Sturm weiter auf den Wellen. Zudem zersetzt Glas sich nicht: 1954 wurden achtzehn Flaschen aus einem Schiff geborgen, welches zu Anfang des 18. Jahrhunderts vor der Küste von Kent gesunken war. Die Flüssigkeit darin war undefinierbar, das Glas jedoch wirkte noch fast wie neu.

Im Jahr 1875 meuterte die gesamte Crew der kanadischen Bark *Lennie* und ermordete die Offiziere. Einen Steward ließen sie wegen seiner Navigationskenntnisse am Leben. Dieser steuerte das Schiff nach Frankreich, gab jedoch vor, nach Spanien zu segeln. Mehrmals warf er auf der Fahrt heimlich Flaschen über Bord, in denen Nachrichten steckten. Eine davon gelangte tatsächlich in die Hände der französischen Behörden. Diese zögerten nicht lange und ließen das Schiff entern. Die völlig überrumpelten Meuterer wurden in den Kerker geworfen und hingerichtet.

Der absolute »Star« unter den Nachrichten, die man den Wellen des Meeres anvertraute, war eine Kakaobüchse. Ihren großen »Auftritt« hatte sie mehr als ein halbes Jahrhundert nach der oben geschilderten Meuterei auf der Bark *Lennie.* Im November 1933 sank der britische Frachter *S. S. Saxilby* auf der Fahrt von Neufundland nach dem walisischen Hafen Port Talbot. Bei dem Unglück gab es keine Überlebenden. Unter den Opfern war ein Matrose mit Namen Joe Okane, der aus dem gleichfalls in Wales gelegenen Küstenstädtchen Aberavon stammte.

Kaum mehr als zwei Jahre nach dieser tragischen Katastrophe trieb eine halb verrostete Kakaodose an der walisischen Küste an. Sie enthielt eine handgeschriebene Nachricht: »S. S. Saxilby sinkt, hier irgendwo vor der irischen Küste. Grüße an meine Schwester, an meine Brüder und an Dinah. J. O.«

Der Absender dieser Post war, man ahnt es schon, kein anderer als besagter Matrose Joe Okane. Die Nachricht war an seine nächsten Angehörigen adressiert. Sie landete nicht einmal eine Meile von seinem Elternhaus entfernt an heimatlichen Gestaden. Hin und wieder reicht der lange Arm dessen, was wir nicht mehr als »Zufall« bezeichnen sollten, sehr, sehr weit.

1876 Geisternde Hunde

Wir sollten uns längst von der überheblichen Meinung verabschiedet haben, dass unsere tierischen Mitgeschöpfe nur durch ihren Instinkt geleitet werden. Auch Hunde, Katzen, Pferde und viele anderen Tiere besitzen Bewusstsein, Intelligenz und eine Seele. Und die scheint den Tod ebenso zu überleben, wie wir es auch beim Menschen für möglich halten.

Mehr als vierzig Jahre lang lebte auf Ballechin House im schottischen Perthshire ein gewisser Major Steward. Zugegeben, er war sehr exzentrisch, und er hatte eine Vorliebe für Hunde und Spiritualismus. Bei seinem Tod im Jahr 1876 lebten vierzehn wedelnde Vierbeiner mit ihm auf Ballechin House. Und weil die Erben nicht wussten, was sie mit den Hunden anfangen sollten, ließen sie bedenkenlos alle vierzehn einschläfern. Das sollte weitreichende Folgen haben.

Kurze Zeit später saß die Frau des Neffen von Major Steward nachmittags in der Bibliothek von Ballechin House, als sie mit einem Mal den unverkennbaren Geruch von Hunden zu riechen vermeinte. Auch spürte sie etwas am Bein, als hätte sie ein Hund mit der Schnauze angestupst.

So kam das Anwesen in den Ruf, ein Spukhaus zu sein. Besagter Neffe des verstorbenen Major Steward kam in der Folge bei einem Unfall in London ums Leben, und so ging Ballechin in den Besitz eines Verwandten über. Captain Steward, der neue Eigentümer, vermietete das Herrenhaus nebst dazugehörigen Ländereien gerne an Leute, die Sportjagden veranstalteten. Doch eines Nachts im August 1896 wurden die Gäste von grauenhaften Geräuschen und dem Gefühl von Hundenasen an ihren Beinen derart erschreckt, dass sie Hals über Kopf flohen und sogar auf die Erstattung ihrer Miete verzichteten.
Bald darauf wurde der Marquis of Bute, ein Mitglied der renommierten, 1882 gegründeten »Psychical Research Society«, auf die Vorgänge in Ballechin House aufmerksam. Mr. Bute und seine Kollegen beschlossen, in dem Anwesen ein Fest zu veranstalten und sich dabei mit den geisternden Hunden zu beschäftigen. Im Verlauf dieses Festes hörten die fünfunddreißig geladenen Gäste eigenartige Geräusche, gedämpfte »Explosionen«, das Rascheln sich bewegender Füße sowie endloses, lautes Vorlesen. Man erklärte sich das alles zunächst mit Eulen auf dem Dachboden oder auch defekten Wasserleitungen. Dann aber kam Streit auf. Zuletzt beschuldigten sich die Anwesenden sogar selbst, den mysteriösen Lärm produziert zu haben.
Plötzlich jedoch war an der Tür ein Klopfen zu vernehmen. Im Zimmer erschien eine wabernde Gestalt, welche an einen Cockerspaniel erinnerte. Dem Marquis und seinen Gästen lief es eiskalt über den Rücken. Ihnen wurde klar, dass in Ballechin House tatsächlich starke übersinnliche Kräfte am Werk waren.

1877 Wer hat die Marsmonde entdeckt?

Nicht nur unsere Erde besitzt einen Mond, der sie beständig umrundet. Bis auf ein paar Ausnahmen verfügen auch die anderen Planeten unseres Sonnensystems über einen oder mehrere Begleiter. Spitzenreiter ist Jupiter, der nach neuesten Erkenntnissen siebzehn Trabanten aufweist. Unseren »roten Nachbarn«, den Mars, umrunden zwei Monde mit den Namen Phobos und Deimos. Sie sind sehr winzig, deshalb wurden sie, wie wir in der Schule gelernt haben, erst im Jahr 1877 entdeckt – und zwar durch den amerikanischen Astronomen Asaph Hall (1829–1907).

Offiziell zumindest. Denn mit den beiden Minimonden (Phobos hat einen Durchmesser von sechzehn, Deimos gar nur von acht Kilometern) sind ein paar Ungereimtheiten verknüpft, die uns schnell an die Grenzen unseres Weltbildes stoßen lassen.

Der berühmte Schriftsteller Jonathan Swift (1667–1745) vermochte die beiden Marsmonde nämlich bereits in seinem 1727 erschienenen Buch »Reise nach Laputa« zu beschreiben. Den Helden Swifts, Gulliver, verschlug es nicht nur zu den Liliputanern, sondern auch zu einem Volk, das uns in Astronomie und anderen Wissenschaften haushoch überlegen war. Wirklich mysteriös ist, dass Swift darin die Existenz der Marsmonde bereits 150 Jahre vor deren Entdeckung durch Asaph Hall beschrieb.

Es wird jedoch noch geheimnisvoller. In »Reise nach Laputa« beschreibt Swift ein paar charakteristische Eigenheiten dieser Monde, die seinerzeit eigentlich niemand gewusst haben konnte! Etwa die, dass Phobos und Deimos ihren Mutterplaneten auf beinahe kreisrunden Bahnen umlaufen. Und auch, dass sie den Mars viel schneller umrunden, als dieser sich um seine eigene Achse dreht. Ein solches Verhalten ist in unserem Sonnensystem einmalig. Deshalb spekulierten in den 1960er Jahren sowjetische Astronomen, ob die beiden Marsmonde vielleicht künstliche Objekte seien. In ihre Umlaufbahn gebracht von einer früher auf dem Mars beheimateten, ausgestorbenen Zivilisation.

Szenenwechsel. Mit meinem Freund Rainer Holbe, der sich wie kaum ein Zweiter in der Bretagne im Westen unseres Nachbarlandes Frankreich auskennt, war ich in den 1990er Jahren etliche Male in gemeinsamen Seminarwochen unterwegs. Mit zwei geräumigen Kabinenbooten fuhren wir unsere Gäste durch die malerische und zum Teil noch unberührte Flusslandschaft der Vilaine sowie ihrer Nebengewässer. Wir sprachen über unglaubliche Fakten und phantastische Phänomene. Und erfuhren unsererseits einige neue und weltbildstürzende Tatsachen.

Südlich der alten Universitätsstadt Rennes, im Département Ille-et-Vilaine, erstreckt sich im Flusstal der Vilaine ein regelrechtes Abbild unseres Sonnensystems. Über eine Distanz von gut fünfzig Kilometern reihen sich mächtige Menhire – und ein jeder davon steht für einen Planeten unseres Systems. Es war im Jahr 2000, da kamen Archäologen dem Geheimnis hinter diesen wie auf einer endlosen Perlenkette aufgereihten Steinkolossen auf die Spur. Es ist phantastisch.

Unweit des Städtchens Messac ragt mitten im Auwald ein mehr als vier Meter hoher Monolith auf. Dieser »Menhir de grées« steht für den Planeten Mars. Und nur 150 Meter entfernt davon stehen, offenbar maßstabsgetreu plaziert, zwei etwa einen Meter hohe Monolithen. Diese symbolisieren die erwähnten Marsmonde Phobos und Deimos. Deren Namen kommen aus dem Griechischen und bedeuten »Angst« und »Schrecken«. Offiziell entdeckt wurden sie 1877.

Doch Jonathan Swift beschrieb sie, wie bereits erwähnt, schon 150 Jahre vorher in seinem Buch »Reise nach Laputa«. Und noch viel früher, nämlich in der Jungsteinzeit, müssen sie den unbekannten Großsteinsetzern am Flüsschen Vilaine bekannt gewesen sein. Es ist höchste Zeit, unsere Geschichtsbücher umzuschreiben, jene Sammelsurien historischer Irrtümer. So wie Christoph Kolumbus 1492 eher der Letzte war, der Amerika »entdeckte«, fand die erste Entdeckung der beiden Marsmonde sicher schon lange vor 1877 statt.

1878 Experimente mit der 4. Dimension

Im 19. Jahrhundert verbreitete sich ein bis dahin nie da gewesenes Interesse für übersinnliche Fähigkeiten und Phänomene. Aber die Beschäftigung mit solchen Erscheinungen wurde oftmals kritiklos betrieben und diente nicht selten der reinen Unterhaltung. Einer der ersten namhaften Wissenschaftler, der sich mit paranormalen Manifestationen experimentell zu beschäftigen begann, war der Leipziger Professor der Astrophysik Friedrich Johann Karl Zöllner (1834–1882). Was Zöllner besonders interessierte, waren Hypothesen zur Existenz einer vierten Dimension. Das Thema war nicht neu, denn zuvor hatten sich bereits Mathematiker wie Carl Friedrich Gauß (1777–1855) und Bernhard Georg Friedrich Riemann (1826–1866) und auch der Philosoph Immanuel Kant (1724–1804) damit beschäftigt.

Eines Tages kam Zöllner auf die Idee, ob nicht etwa gewisse paranormale Erscheinungen als Anzeichen für die Existenz einer vierten Dimension dienen könnten. Er hatte Berichte über Séancen gelesen, bei denen auf unerklärliche Weise Gegenstände aus geschlossenen Räumen verschwunden beziehungsweise darin aufgetaucht seien. Für die uns altbekannte Auffassung eines nur aus drei Dimensionen bestehenden Universums ist solch ein Vorgang weder verständlich noch überhaupt vorstellbar. Aus einem fest verschlossenen Behälter kann ein fester Körper nicht ins Freie gelangen, ohne irgendwo eine Öffnung zu hinterlassen. Bezieht man aber eine vierte Dimension in das Weltbild ein, so wären derartige Phänomene nachvollziehbar.

In England hatte gegen Ende der 1870er Jahre das amerikanische Psychokinese-Medium Henry Slade Aufmerksamkeit erregt. So lud ihn Zöllner nach Leipzig ein und führte mit ihm eine Reihe außergewöhnlicher Experimente durch.

Einer der eindrucksvollsten Versuche Zöllners zum Nachweis der Existenz von zumindest einer weiteren Dimension war dessen berühmt gewordenes »Knotenexperiment« vom 8. Mai 1878. Wie der Professor in seinem Versuchsbericht schrieb, kam es hierbei zu einer »vierdimensionalen Knotenschürzung ohne Trennung der materiellen Moleküle«.

Zwei Lederstreifen, vierundvierzig Zentimeter lang und einen Zentimeter breit, waren jeder für sich an beiden Enden versiegelt, bildeten also zwei in sich geschlossene Ringe. Sie lagen auf einem Tisch, und Zöllner bedeckte sie dort mit seinen Händen. Slade berührte nur einmal kurz Zöllners Handrücken, und nicht einmal drei Minuten später hatten sich beide Lederriemen mehrfach ineinander verknüpft. Da die Streifen hierbei deutlich sichtbare Drehungen um die Längsachse aufwiesen, folgerte der Professor, dass die Knüpfung in der vierten Dimension erfolgt sein müsse. Für ein zweites Experiment am Nachmittag desselben Tages hatte Zöllner von einem Tischler zwei Ringe drechseln lassen. Einer bestand aus

Eichenholz, der zweite aus Erlenholz. Außerdem hatte er aus einem Tierdarm ein ringförmig in sich geschlossenes Stück herausgeschnitten. Alle drei Objekte reihte er auf eine Darmsaite, deren Enden verknotet und versiegelt waren, und hielt alles mit den Händen auf dem Tisch fest. Sodann forderte er Slade auf, die beiden Holzringe ineinander zu verschlingen und in das Darmstück, das in sich geschlossen und damit unendlich war, einen Knoten zu knüpfen.

Doch es kam etwas anders als erwartet. Unerklärlicherweise waren nach ein paar Augenblicken alle beiden Holzringe von der Darmsaite verschwunden. Dafür befanden sie sich am Fuß eines in der Nähe stehenden einbeinigen runden Tischchens. Zur gleichen Zeit hatten sich in dem Darmring innerhalb der Saite zwei Knoten geschlungen.

Professor Zöllner zeigte sich recht beeindruckt von den Ergebnissen dieser Experimente. In der Öffentlichkeit jedoch erregten die Versuche beachtliches Aufsehen – und heftigen Widerstand aus den Reihen seiner Kollegen. Die überwältigende Mehrheit der Gelehrten empfand seine Versuche als reine Provokation. Für sie stand von vorneherein fest: »So etwas« konnte ganz einfach nicht wahr sein.

Zöllner ließ sich jedoch von der Engstirnigkeit seiner akademischen Kollegen nicht entmutigen und experimentierte nach Slade noch mit weiteren Psychokinese-(PK)-Medien. Dann starb er jedoch 1882 ganz unerwartet an einem Schlaganfall. Seine bahnbrechende Arbeit wurde von der offiziellen Wissenschaft totgeschwiegen, und für lange Zeit dachte niemand mehr daran, sich weiter mit diesem Gebiet zu beschäftigen. Erst als im 20. Jahrhundert plötzlich die Großmächte ihr Interesse an außersinnlichen Phänomenen entdeckten, erinnerte man sich wieder der Versuche des Leipziger Professors, der damals bereits seiner Zeit um Jahrzehnte voraus war.

1879 Wenn der Körper plötzlich länger wird

Eine der ungewöhnlichsten Erscheinungen spielt sich sozusagen im »Grenzbereich« zwischen Medizin und Parapsychologie ab. Immer wieder wird berichtet, dass menschliche Körper unter bestimmten Umständen – meist im Zustand von Trance oder Ekstase – länger geworden sind oder ihre Form verändert haben. Solche Berichte reichen oft sehr weit zurück, wie die Aufzeichnungen zur Seligsprechung der 1620 verstorbenen Ordensfrau Veronica Laparelli zeigen. Zahlreiche Augenzeugen versicherten per Eid, wie die Nonne zuweilen immer länger wurde, als sie das Brevier betete. Das steigerte sich allmählich, bis ihr Hals derart gestreckt war, dass sie deutlich größer als gewöhnlich erschien. Um eine optische Täuschung auszuschließen, maßen die anderen Schwestern im Kloster ihre Körpergröße vor und nach diesen Erscheinungen. Sie stellten dabei fest, dass diese Veränderungen bis zu zwanzig Zentimeter ausmachten.

Ungefähr zwölf Monate lang, bis zum August des Jahres 1879, wurde die neunzehnjährige Esther Cox aus Amherst im kanadischen Nova Scotia von unerklärlichen Körperveränderungen heimgesucht. Die junge Frau, die sich zusammen mit ihrer jüngeren Schwester ein Zimmer teilte, wurde recht häufig mitsamt ihrer Bettwäsche in die Mitte des Raumes geschleudert. Hierbei sträubten sich ihre Haare, das Gesicht lief blutrot an, und ihre Augen schienen aus den Höhlen zu quellen. Auf die Hilferufe ihrer Schwester kamen Angehörige und Nachbarn gelaufen, die Zeugen eines unglaublichen Vorganges wurden.

Voller Entsetzen mussten sie zusehen, wie Esther buchstäblich anschwoll. Arme, Beine und der Körper vergrößerten

sich unnatürlich. Dann hallte etwas wie Donnerschläge durch das Zimmer, und das Mädchen kehrte augenblicklich in den früheren Zustand zurück. Dieser unheimliche Vorgang wiederholte sich häufig zwischen August 1878 und Sommer 1879, dann hatte die junge Frau endlich wieder Ruhe.
War der Fall der Esther Cox von vielen Begleiterscheinungen einer typischen Poltergeist-Manifestation geprägt, so stellte sich der folgende Vorfall aus dem Jahr 1880 vollkommen anders dar. Der französische Arzt Dr. Imbert-Gourbeyre hatte sich längere Zeit mit der Stigmatisierten Marie-Julie Jahenny beschäftigt. Am 27. September 1880 beobachtete er gemeinsam mit fünf weiteren Zeugen, wie Marie-Julie in Trance fiel. Dabei schien ihr Kopf regelrecht in den Körper zu versinken – bis unter die Ebene der Schultern, die nun rechtwinklig vom Schlüsselbein abstanden. Ihre Zunge schwoll zu unglaublicher Größe an, bis sie aus dem Mund drang. Der gesamte Körper schrumpfte zum Brustkorb hin zusammen, so dass die Frau eher einem Fleischklumpen glich. Schließlich wurde die rechte Körperhälfte zwischen Schulter und Hüfte erheblich größer, während die andere praktisch weiter zu einem »Nichts« zusammenzuschrumpfen schien. Genau diesen Eindruck fand der Arzt bestätigt, als er den Körper der Frau durch das Nachthemd hindurch abtastete. Als Mediziner und Professor der Pathologie war er von diesem Phänomen natürlich zutiefst erschüttert.
Selbst unsere moderne Medizin kann sich auf derartige Ereignisse keinen Reim machen. Da keine körperlichen Ursachen als Auslöser für solche Phänomene bekannt sind, müssen die Gründe dafür woanders gesucht werden. Und zwar im Bereich paranormaler Erscheinungen, zumal sich die meisten der hiervon Betroffenen in einer Art »mentaler Ausnahme-Situation« befanden. Ungefähr ein Jahrzehnt vor den hier

beschriebenen Vorfällen hatten vertrauenswürdige Zeugen auch an dem berühmten Medium Daniel D. Home – wir sind ihm bereits in einem vorangegangenen Abschnitt begegnet – unerklärliche Verlängerungen an Armen, Beinen sowie am Körper beobachtet. Dem Briten soll es demnach mindestens dreißig Mal gelungen sein, durch Einsatz übersinnlicher Fähigkeiten und vor Zeugen eine signifikante Körperverlängerung zu erreichen.
Den alten Indern waren diese Phänomene wohl auch schon sehr vertraut. Denn die Befähigung zur bewussten Körperverlängerung wird in der Yoga-Lehre zu den »acht Siddhis« gezählt, den mit Hilfe von Yoga erworbenen magischen Kräften. Den Möglichkeiten zur Demonstration der Macht des Geistes über die Materie scheinen wahrlich keine Grenzen gesetzt zu sein.

1880 Am hellen Tag und vor Zeugen

Dass Menschen auf Gewässern unter höchst mysteriösen Umständen spurlos und für immer verschwunden sind, habe ich bereits anhand mehrerer Fälle dokumentiert. Einer der unglaublichsten Vorfälle, die sich auf festem Boden und vor Zeugen ereigneten, spielte sich am 23. September 1880 auf einem Gestüt achtzehn Kilometer außerhalb der Kleinstadt Gallatin im amerikanischen Staat Tennessee ab.
Auf dem Gestüt lebte der Pferdezüchter David Lang gemeinsam mit seiner Frau, der elfjährigen Tochter Sarah sowie dem achtjährigen Sohn George. Am Morgen jenes 23. September verließ er das Haus durch die Vordertür und sprach noch

kurz mit der Frau und den spielenden Kindern, bevor er an seine Arbeit ging. Dabei wandte er sich noch einmal um, winkte seinen Lieben zu und ging dann festen Schrittes zu den Pferdeställen. Als Mrs. Lang ihm nachsah, schien ihr die aufgehende Sonne direkt in die Augen. Im gleichen Moment bemerkte sie eine offene Kutsche, welche in eine Staubwolke gehüllt die Auffahrt zum Farmhaus hochgefahren kam.
Darin erkannte sie ihren Bruder sowie August Peck, den Richter von Gallatin. Sofort ging sie zur Hofglocke, um ihrem Mann zu signalisieren, dass er zum Haus zurückkehren solle. Während sie noch ihre Hand ausstreckte, sah sie David mit ausladenden Schritten in der Mitte einer großen Viehweide laufen. Urplötzlich jedoch glaubte sie ihren Augen nicht mehr zu trauen: Lang verschwand von der Bildfläche, noch bevor sie die große Glocke in Gang setzen konnte. Ihr Ehemann war fort. Von einem Augenblick zum nächsten verschwand er mitten im Gehen von der Weide, als hätte es ihn nie gegeben.
Auch Richter Peck in der Kutsche war wie vor den Kopf gestoßen. Der Weide zugewandt, hatte er David Lang dort gesehen und wollte ihn gerade rufen, als dieser sich vor seinen Augen buchstäblich in Luft auflöste. Einzig Langs Schwager hatte das unfassbare Geschehen nicht bemerkt. Als ihm der Richter aufgeregt erzählte, was gerade vorgefallen war, sprangen beide Männer augenblicklich von der Kutsche und überquerten die Weide. Mrs. Lang rannte ebenfalls auf die Stelle zu, wo sie ihren Mann zuletzt gesichtet hatte. Dort trafen sie alle zusammen und versuchten, eine Erklärung für den Zwischenfall zu finden. »Er muss in ein Loch gefallen sein«, meinte Richter Peck. Doch Mrs. Lang bestand darauf, dass ihr Mann weder ausgerutscht noch hingefallen sein konnte: »Er war einfach verschwunden!«

So gingen sie daran, die Weide Zentimeter um Zentimeter abzusuchen. Doch es fand sich nichts, kein Loch, keine Spalte im Boden. Mrs. Langs Bruder läutete mit der Glocke Sturm, so dass kurze Zeit später Dutzende von Nachbarn eintrafen. Auch dieses Großaufgebot an Leuten konnte keine Spur des abhandengekommenen Pferdezüchters finden. Zwar wurde jeder Millimeter des Anwesens genauestens untersucht, doch fand sich nichts außer dem dort wachsenden Weidegras. Als auch Wochen später nichts vorangegangen war, engagierte man einen Geologen und einen Landgutachter, die das Gelände ein weiteres Mal durchkämmten. Selbige konnten lediglich feststellen, dass der Untergrund aus Kalkgestein bestand, in dem es weder Spalten gab geschweige denn eine Höhle, in die der Rancher gefallen sein konnte. Nun machten sich Ratlosigkeit und Verzweiflung breit. Auch weitere Suchaktionen blieben erfolglos, und in den inzwischen vergangenen 130 Jahren konnte das Rätsel gleichfalls nicht gelöst werden.
Aber ein Jahr später gab es nochmals Aufregung unter den Menschen in und um Gallatin. Die Stelle jener Weide, auf der der Pferdezüchter verschwunden war, hatte sich seltsam verändert. Eine kreisrunde Fläche von etwa vier Metern im Durchmesser war mit markant hohem und dicht wachsendem Gras bestanden. Die Tiere der Farm mieden instinktiv diesen Fleck, selbst Insekten waren dort nicht zu finden. Nur Langs Kinder Sarah und George spielten ab und zu dort – wobei Sarah dann immer wieder laut rief: »Bist du irgendwo in der Nähe, Dad?«
Es war Anfang August 1881, als Sarah wieder einmal nach dem Vater rief und plötzlich eine deutlich hörbare Stimme antwortete. Es klang wie ein entfernter Hilferuf. Die Kinder rannten ins Haus und berichteten, was sie gehört hatten. Ohne lange zu überlegen, lief ihre Mutter zu der kreisförmi-

gen Fläche. Auch sie rief nach ihrem Mann, hörte ihn antworten und schwor, dass es dessen Stimme gewesen sei. In den Folgetagen gingen sie regelmäßig zu der Stelle und riefen nach David Lang. Sowohl die Mutter als auch beide Kinder hörten ihn antworten. Von Tag zu Tag aber wurde seine Stimme schwächer, bis die Antwort am fünften Tag ganz verstummte. Fortan blieben die Lebenszeichen jenes Mannes aus, welchen es möglicherweise in eine Dimension verschlagen hatte, die nur um eine ganz geringe Schwingungsdifferenz getrennt neben unserer gewohnten Welt existiert.

1881 Der Fliegende Holländer

Schon sein Name lässt uns in romantischen Seefahrergeschichten schwelgen: »Der Fliegende Holländer.« Seine Geschichte ist in der Welt der christlichen Seefahrt so bekannt geworden, dass alle Geisterschiffe mit ihm in Verbindung gebracht werden. Und das hervorstechendste Merkmal sind seine geblähten Segel, die das Phantomschiff auch bei Flaute volle Fahrt machen lassen.

Obwohl dieses legendäre Geisterschiff ein Phänomen ist, das ursprünglich mit dem Kap der Guten Hoffnung und der Ostindien-Route in Verbindung gebracht wurde, ist es von vielen Seeleuten fast weltweit gesichtet worden. Nach der Fama war besagter *Fliegender Holländer* ein Schiff des 17. Jahrhunderts, dessen Kapitän Gott verfluchte, als er 1680 das Kap umsegeln wollte. Er schwor dabei, dass er diesen Versuch bis zum Jüngsten Tag nicht aufgeben werde. Zur Strafe wurden Kapitän und Mannschaft dazu verdammt, ihre Reise fortzusetzen und sich auf ewig vergebens abzumühen, das Kap zu umfahren. Sicher ist, dass der Segler nie seinen Zielhafen Batavia – bis 1950 der alte Name der indonesischen Hauptstadt Djakarta – erreichte. Die Anzahl der Schiffsbesatzungen, die seither berichteten, in dem fraglichen Gebiet ein Geisterschiff gesehen zu haben, ist Legion. Die Legende sagt auch, dass bald ein Mann an Bord jenes Schiffes das Zeitliche segnet, welches den *Fliegenden Holländer* gesichtet hat. Meistens stürzt der unglückliche Seemann aus der Takelage auf Deck oder direkt ins Meer.

In den frühen Morgenstunden des 11. Juli 1881 begegnete ein britisches Kriegsschiff der legendären Erscheinung. Ein junger Seekadett, der zur Wache auf der *H. M. S. Inconstant* eingeteilt war, die südöstlich vor Japan kreuzte, war verantwortlich für den folgenden Eintrag in das Logbuch und hielt auch fest, dass mindestens ein weiteres Dutzend Besatzungsmitglieder jenes unheimliche Phänomen beobachtet hatte: »4.00 Uhr am Morgen. Der *Fliegende Holländer* querte unseren Bug. Er strahlte ein eigenartig phosphoreszierendes Licht aus, wie ein Gespensterschiff, das ganz in Glut steht, und inmitten dieses Lichtes hoben sich deutlich die Masten, Spieren und Segel einer 200 Yard entfernten Brigg ab, als sie backbord vorauslief; dort hat sie auch der Wachoffizier von der Brücke aus gesehen, wie auch der Leutnant auf dem Achterdeck, der auf der Stelle nach vorne zum Vorderdeck geschickt wurde. Doch als er dort ankam, waren keine Spur und kein Zeichen eines Schiffs zu sehen, weder in der Nähe noch bis zum Horizont, obwohl die Nacht klar war und die See ruhig. Insgesamt dreizehn Menschen hatten dieses Schiff bemerkt. Zwei andere Schiffe des Geschwaders, die *Tourmaline* und die *Cleopatra*, welche steuerbord vor uns segelten, fragten nach, ob wir das seltsame rote Licht beobachtet hätten.«

Dieser sehr detaillierte Bericht über ein Geisterschiff sowie dessen rasche »Identifizierung« als *Fliegender Holländer* wurden vom Kapitän des britischen Kriegsschiffes offenbar deshalb nicht in Zweifel gezogen, weil der betreffende Kadett zur See ein englischer Prinz war. Es war der damalige Herzog von York, der später als König George V. von 1910 bis 1936 auf dem britischen Königsthron regieren sollte.

1882 Geburtsstunde einer neuen Wissenschaft

Schon seit Anbeginn seiner zivilisierten Geschichte widmete sich der Mensch mit erstaunlicher Akribie jenen Dingen, welche in Widerspruch zu unserem vertrauten Weltbild stehen. Seien es Visionen oder »Gesichte«, wie sie schon in der Bibel beschrieben sind, Geistererscheinungen oder kurz gesagt, die zahlreichen Phänomene aus der geheimnisvollen Welt jenseits unserer fünf Sinne. In den Jahren des 19. Jahrhunderts haftete der ganzen Thematik der Ruch des Obskuren und Okkulten an. Dass häufig trickreiche Bühnenzauberer in schummrigen Kabinetten die Gunst der Stunde wie auch das Interesse eines oft naiven Publikums schändlichst auszunutzen wussten und den Leuten nur das Geld aus der Tasche zogen, gab der Sache an sich nicht unbedingt einen seriösen Anstrich.

Doch schon immer gab es auch ernsthaft an der Materie Interessierte. So hielt der bekannte irische Physiker Sir William Fletcher Barrett (1844–1925) am 12. September 1876 vor den ehrenwerten Mitgliedern der *British Association for the Advancement of Sciences* einen vielbeachteten Vortrag, der sich hauptsächlich mit der paranormalen Übertragung von Gedanken befasste – also mit Telepathie. Man hatte erkannt, dass die Zeit reif war für eine seriöse Behandlung dieser Phänomene, deren Bedeutung nicht hoch genug eingeschätzt werden kann. Barretts Engagement für dieses Forschungsgebiet mündete dann schließlich am 20. Februar 1882 in der Etablierung der »Society for Psychical Research« (S. P. R.) – der Gesellschaft für Psychische Forschungen. Um genau zu sein, war es die Parapsychologie, deren Erforschung sich diese neue Gruppierung auf die Fahne geschrieben hatte.

Noch im selben Jahr wurden dort ausgiebige Versuche zur Gedankenübertragung durchgeführt, die strenger Aufsicht unterlagen und sich als sehr aussagekräftig erwiesen. Malcolm Guthrie war ein interessierter Laie, der unter Mitwirkung des Biologen Professor Herdman die paranormalen Fähigkeiten von zwei jungen Damen testete. Diese versuchten Bilder von Gegenständen sowie Zeichnungen, Farben und Zahlen zu »übertragen«, gleichfalls aber auch Schmerzempfindungen und optische Vorstellungen. Meist waren hierbei »Sender« und »Empfänger« räumlich streng voneinander getrennt. Die von der »Empfängerin« angefertigte Zeichnung eines gedanklich gesendeten Bildes kam in der Mehrzahl der Experimente dem Original verblüffend nahe.

Als im Zuge einer Serie einfacher geometrischer Figuren unvermittelt die viel komplexere Darstellung eines Vogels »dazwischengeschoben« wurde, geschah etwas sehr Merkwürdiges. Die Empfängerin gab Kopf, Körper und Schwanz des Tieres genau in der entsprechenden Anordnung wieder. Allerdings als Kreis und Oval mit einem angehängten spitzwinkligen Dreieck. Die abstrahierte Zeichnung vermittelte trotzdem ohne jeden Zweifel den Eindruck eines Vogels, also der geistig »gesendeten« Vorlage. Nach dem Abschluss dieser

Versuchsreihe konnte Malcolm Guthrie in genau 237 von 437 Experimenten Erfolge verbuchen. Dies war ein Wert, der zweifellos weit jenseits der statistischen Wahrscheinlichkeit »zufälliger« Ergebnisse liegt.

Im darauffolgenden Jahr prägte der PSI-Forscher William Frederic Henry Myers (1843–1901) – er zählte übrigens auch zu den Gründungsmitgliedern der erwähnten S. P. R. – erstmalig den Ausdruck Telepathie. Anfangs umfasste der Begriff ein weit gestecktes Feld. Erst tiefer gehende Forschungen führten dazu, ihn auf ganz bestimmte Phänomene zu präzisieren. Demnach versteht man unter Telepathie heute nur die Übertragung bestimmter Informationen von einem Individuum auf ein anderes, und zwar ohne Zuhilfenahme der uns bekannten fünf Sinne. Gewissermaßen eine Art »Fernfühlen«, ein »Senden und Empfangen« von Gedanken, Stimmungen und Gefühlen auf eine Art und Weise, die nichts mit den üblichen Abläufen zu tun hat.

Die Telepathie ist nur eines von vielen PSI-Phänomenen. Als 1889 die Wissenschaft, die sich mit derartigen Erscheinungen befasst, zum ersten Mal als »Parapsychologie« bezeichnet wurde, begann schließlich endgültig der Weg aus den schummrigen Séancen-Kabinetten in das Zeitalter ernsthafter Forschungen. Indes sollte es noch ein langer, steiniger und von Misstrauen und Ablehnung seitens der »etablierten« Wissenschaften geprägter Weg werden, der hoffentlich bald sein Ziel erreicht hat. Auf Dauer wird es der »Mainstream« sowieso nicht verhindern können, dass weltoffene und couragierte Leute energisch an den Grundfesten eines längst zu eng gewordenen Weltbildes rütteln, das immer vernehmlicher nach einer Erweiterung, ja nach gründlicher Erneuerung verlangt.

1883 Die ersten UFO-Fotos

Eine noch bis in jüngere Zeit häufig wiederholte Behauptung besagte, dass kein Astronom von Beruf je ein unbekanntes Flugobjekt zu Gesicht bekommen habe. Was für ein blühender Unsinn, der wie kaum ein zweiter eindrucksvoll belegt, wie im Übrigen intelligente Menschen ungeprüft Vorurteile übernehmen und dann weiter verbreiten. Denn das genaue Gegenteil ist der Fall: Bereits im 19. Jahrhundert wurden UFOs auch von professionellen Astronomen beobachtet. Und sogar fotografiert, wie uns die Geschichte der weltweit ersten UFO-Aufnahmen beweist.

Professor José A. Y. Bonilla erfreute sich eines tadellosen akademischen Rufes, als er gemeinsam mit seinen Berufskollegen vom Observatorium im mexikanischen Zacatecas auf seltsame Flugobjekte aufmerksam wurde. Am 12. August 1883 sahen die Astronomen zahlreiche undurchsichtige Objekte, die zwischen ihrem Observatorium und der Sonnenscheibe vorbeizogen. Es gelang ihnen sogar, etliche der Gegenstände zu fotografieren, denn mit den ihnen zur Verfügung stehenden Fotoplatten war es ziemlich einfach, gegen solch eine Lichtquelle Aufnahmen zu machen. Bonilla, als Leiter des Observatoriums ohne jeden Zweifel Berufsastronom, hielt in seinem Bericht Einzelheiten dieser denkwürdigen Beobachtung fest: »Ich hatte mich von meinem Erstaunen noch nicht erholt, als das gleiche Phänomen erneut auftrat, und zwar in solcher Häufigkeit, dass ich im Zeitraum von zwei Stunden 283 Objekte zu zählen vermochte, die die Sonnenscheibe überquerten. Doch allmählich verhinderten Wolken die weitere Beobachtung. Die konnte ich erst wieder fortsetzen, nachdem die Sonne den

Meridian überschritten hatte, und zwar nur noch vierzig Minuten lang.«

Der weitere Bericht legt dar, dass die Objekte die Sonne in gerader Linie überquerten. Sie waren einzeln oder zu mehreren, teils rund, andere wieder scheinbar spindel- oder zeppelinförmig. Für das Passieren der Sonnenscheibe brauchten sie etwa eine Minute. Manchmal waren es so viele gleichzeitig, dass die Astronomen nicht mehr imstande waren, sie genau zu zählen. Und sie besaßen vermutlich eine glatte, vielleicht sogar glänzende Oberfläche, denn unter gewissen Blickwinkeln reflektierten sie das Sonnenlicht mit einem Blendeffekt.

Insgesamt fotografierte Professor Bonilla zusammen mit seinen Kollegen mehrere hundert dieser sonderbaren fliegenden Objekte, einschließlich jener 116 am Folgetag, als die mysteriöse »Prozession« endete. Bonilla hatte auch die Observatorien von Mexiko-Stadt und Puebla von jenem unglaublichen Schauspiel informiert. Leider bekamen diese von ihren Standorten aus die Objekte nicht zu sehen. Nach Überzeugung des Professors waren die Flugobjekte verhältnismäßig nahe an der Erde, doch die als Parallaxe bekannte Abweichung der Sehstrahlen hatte die Observatorien von Mexiko-Stadt und Puebla daran gehindert, sie auch in Augenschein zu nehmen.

Ein paar der damals aufgenommenen Fotos existieren noch immer und wurden zwischenzeitlich auch in einigen astronomischen Zeitschriften veröffentlicht. Die Sichtung Professor Bonillas war nur eine in einer langen Reihe von UFO-Beobachtungen durch Astronomen. Am 30. November 1880 sah Signor Ricci vom Observatorium in Palermo eine Reihe ähnlicher Objekte, die am Morgen gegen 8.30 Uhr die Sonne überflogen. In die Annalen der Astronomie ging jene Sichtung ein, die E. W. Maunder in den »Berichten des Observatoriums« vom 17. November 1882 einer staunenden Nachwelt hinterlassen hat. Das prominente Mitglied des Königlichen Observatoriums von Greenwich bei London beschrieb das gesichtete Flugobjekt als »einen seltsamen himmlischen Besucher«. Seine Kollegen, ebenfalls Augenzeugen der Sichtung, bezeichneten es als »torpedo- oder spindelförmig«. Jahre später schrieb Maunders, es habe genauso ausgesehen wie ein Zeppelin, welchen es 1882 aber noch gar nicht gab.

War dies ein kleiner »Vorgeschmack« auf die Welle von Luftschiff-Sichtungen, die vor allem in den Vereinigten Staaten am Ende des 19. Jahrhunderts allergrößtes Aufsehen erregte?

1884 Die Särge von Arensburg

Ich habe bereits über jene unheimlichen Vorgänge berichtet, die der Familie Chase auf Barbados schwer zugesetzt haben und 1820 in einer grauenerregenden Zerstörungsorgie inmitten einer verschlossenen Gruft gipfelten. Ähnliches ereignete sich wenige Jahrzehnte später auf der zu Estland gehörenden Insel Ösel, die in der Bucht vor der Hauptstadt Riga liegt. Die Insel, auf Estnisch Saaremaa genannt, erlangte schaurige Berühmtheit aufgrund des grausigen »Tanzes der Särge« auf dem alten Friedhof von Arensburg (heute: Kingisepp), der einzigen Stadt und dem Hauptort auf der Insel Ösel.

Am 22. Juni 1884 band eine Frau aus Arensburg das Pferd von ihrem Wagen am Friedhofsgitter nahe bei der Gruft der Familie Buxhoewden an. Als sie von einem Grabbesuch zurückkehrte, fand sie das Tier in solcher Panik vor, dass sie den Tierarzt holen musste, um es zu beruhigen. Am darauffolgenden Sonntag ließen mehrere Leute ihre Pferde und Wagen in der Nähe derselben Grabstätte, um den Gottesdienst zu besuchen. Als sie aus der Kirche kamen, waren die Tiere panisch vor Angst. Bewohner, die manchmal an der Stelle vorbeigekommen waren, wollten seltsame Geräusche aus der Gruft der Buxhoewdens vernommen haben. Als sich dies wiederholte, beschloss man die Öffnung der Stätte, um der Sache nachzugehen.

Der Schreck war groß. Alle Särge der Familie standen zusammengedrängt auf einem Haufen in der Mitte der Gruft. Nach einer kurzen Untersuchung stellte man sie wieder in ihre Nischen und teilte der Familie mit, dass kein Sarg geöffnet worden sei. Dann wurde die Pforte zugeschlossen und mit Bleisiegeln versehen, was die Gemüter beruhigte. Doch am dritten Sonntag im Juli gerieten elf Pferde, die in der Nähe der Gruft festgebunden waren, in wilde Panik. Einige rissen sich los und flüchteten, sie stießen dabei mit anderen Kutschen zusammen. Bei schweren Stürzen starben drei der Tiere auf der Stelle.

Nun bestanden die Stadtväter auf einer nochmaligen Öffnung sowie einer genauen Untersuchung der »verfluchten« Gruft. Erst weigerte sich die Familie Buxhoewden. Doch als wenige Tage danach ein Angehöriger starb, musste man die Grabstätte ohnehin für die anstehende Beerdigung öffnen.

Wer zuvor auf das Schlimmste gefasst war, sah seine Befürchtungen vollauf bestätigt. Wieder waren alle Särge mittig in der Gruft aufeinandergestapelt und umgekippt. Eine ominöse Gewalt hatte sie aus ihren Nischen geholt und buchstäblich tanzen lassen, bevor sie in der Mitte der Gruft auf einen Haufen geworfen wurden. Der Verstorbene wurde in einer leeren Nische beigesetzt, die anderen Särge wurden wieder an ihre Plätze gebracht, und die Gruft wurde von neuem ver-

schlossen und versiegelt. Um dem Aufkommen »böser Gerüchte« vorzubeugen, wurde eine neuerliche offizielle Untersuchung angeordnet.
Der Vorsitzende des Arensburger Kirchenrates, Baron von Güldenstubbe, ging mit den Familienältesten der Buxhoewdens drei Tage nach der Beerdigung zum Friedhof. Dort überzeugte er sich von der Unversehrtheit der Siegel, dann ließ er die Gruft öffnen. Wiederum waren alle Särge, sogar der letzte, in der Mitte übereinandergestapelt. Der Baron ließ sie wieder an ihre richtigen Plätze rücken und die Gruft erneut verschließen und versiegeln. Er stellte eine Wache auf und bat den Bischof und die beiden Ärzte von Arensburg um Unterstützung bei dem Fall. Weil sie sich am selben Tag nicht mehr treffen konnten, öffnete man die Gruft erst am folgenden Morgen wieder. Erneut bot sich ihnen ein Anblick der Verwüstung. Nur drei Särge waren in ihren Nischen verblieben. Und obwohl alle Särge noch verschlossen waren, wurden einige auf Bitten der Familie geöffnet.
Die beiden Ärzte stellten fest, dass die Leichen vollkommen unberührt waren. Auch der Schmuck von einigen der Bestatteten war nicht gestohlen. In der Annahme, Verrückte oder Grabschänder hätten einen anderen Zugang zur Gruft gefunden, untersuchte man nun Boden und Mauern. Man fand nichts.
Nachdem alles wieder arrangiert war, ließ Baron von Güldenstubbe eine feine Schicht Holzasche auf den Boden streuen und verschloss und versiegelte den Eingang ein weiteres Mal. Sogar draußen streute man Holzasche, und ein Wachtposten beobachtete ständig den Zugang zur Gruft. Als drei Tage später wieder nachgesehen wurde, schworen die Wachen, nichts Verdächtiges gehört und gesehen zu haben. Rund um die Gruft fand man keinerlei Spuren in der Asche, und die Siegel

waren unversehrt. Als man die Grabstätte öffnete, standen alle Särge aufrecht, mit dem Kopfende nach unten im hinteren Teil der Gruft. Alle waren nun mit ihrem »Latein« am Ende. Nach reiflichen Überlegungen einigte sich Baron von Güldenstubbe mit der völlig zermürbten Familie Buxhoewden, die Särge an einen anderen Ort zu bringen und die unheilvolle Gruft zu zerstören. Von dem Tag an herrschte in Arensburg wieder Ruhe.

1885 Grausiges Abbild

Der Ausdruck »Ruhe in Frieden« mag oft nicht mehr als eine Floskel sein, das haben wir eben anhand der Vorgänge im estnischen Arensburg gesehen. Es schaudert uns, wenn wir uns vorzustellen versuchen, was in diesen Bereichen so alles geschieht. So wie es Ende des Jahres 1885 einer Familie in den Südstaaten der USA erging, die ihren verstorbenen Angehörigen zur letzten Ruhe betten wollte. Doch alles der Reihe nach.

Dr. A. H. Herring aus Red Hand in Louisiana war erst vierzig Jahre alt, als er im Juni 1883 Vorbereitungen für seinen letzten irdischen Weg traf. Er wusste wohl, dass seine Tage gezählt waren. So machte er sein Testament und gab detaillierte Anweisungen zu seiner letzten Ruhestätte. Demnach sollte sein toter Körper so lange in einem Ziegelgewölbe gelagert werden, bis es möglich sei, ihn zur Grabstätte seiner Familie nach Georgia zu überführen. Er legte fest, dass man seine Leiche zuerst in einen Metallsarg legen und diesen durch Verlöten hermetisch verschließen solle. Jener Metallbehälter wiederum

solle in einem größeren Sarg aus Pinienholz eingeschlossen werden, dann dürfe er erst in besagtes Ziegelgewölbe transportiert werden. Dieses müsse danach sorgfältig zugemauert werden.
Kurz darauf segnete Dr. Herring das Zeitliche, und all seine Anweisungen wurden genau befolgt. Dann aber, gegen Ende des Jahres 1885, entschloss sich die Familie, den Verstorbenen gegen dessen Willen nicht nach Georgia zu bringen. Dr. Herrings sterbliche Hülle sollte unweit seinem Heim auf dem Gottesacker von Red Hand bestattet werden. Als man aber das Gewölbe öffnete, gab es eine unglaubliche Überraschung.
Beim Zumauern der Stätte war eine breite Planke aus Pinienholz verwendet worden, auf der die durch Mörtel zusammengehaltenen Ziegel lagen. Als diese abgetragen wurden und die Planke herausgenommen wurde, sorgte deren Zustand für Verblüffung. Ihre Unterseite war feucht, und auf ihr konnte man deutlich die Schemen einer menschlichen Gestalt erkennen! Die Abbildung, etwa vergleichbar mit dem unscharfen Bild eines Dia-Projektors, ähnelte auch Aufnahmen mit Röntgenstrahlen, die aber erst zehn Jahre später entdeckt wurden.
In einem dunklen Rot waren die größeren Blutgefäße, Arterien und Venen, zu sehen; die Lungen erschienen ein wenig heller. Das Gehirn hob sich weißlich ab, und auch die einzelnen Knochen des Skeletts waren gut zu unterscheiden. Als beim Öffnen jenes Gewölbes Licht auf das rätselhafte Abbild fiel, begann es ganz langsam zu verbleichen, doch zahlreiche Menschen konnten sich noch davon überzeugen. Am längsten blieb das dunkelrot gezeichnete Netz der Blutbahnen erkennbar, das man einige Wochen lang sehen konnte. Aber das war nicht alles.
Die unheimliche und verwirrende Erscheinung setzte sich im

Innern des Pinienholzsarges fest, in den man den luftdicht zugelöteten Metallsarg eingeschlossen hatte. Hier dampfte es regelrecht vor Feuchtigkeit. Was zuvor noch recht undeutlich auf der Holzplatte zu erkennen war, ließ sich nun viel detaillierter auf der Innenseite des Sargdeckels ausmachen. Ein natürliches Lehrbuch der Anatomie.

Geschockt von dem veritablen »Bild des Grauens«, beschlossen die Angehörigen, den hermetisch verlöteten Metallsarg auf keinen Fall zu öffnen und Dr. Herring so schnell wie nur möglich unter die Erde zu bringen. Litt der Doktor an einer unheilvollen Krankheit, die ihn sein nahes Ende spüren ließ, oder hatte der Verwesungsprozess ungeahnte Ausmaße angenommen? Wir wissen von Leichen, dass sie zuweilen regelrecht »explodieren« – aber dass dabei anatomische Einzelheiten des Körpers durch einen geschlossenen Metallsarg hindurch »projiziert« werden, ist nicht vorstellbar. Welches Geheimnis nahm Dr. Herring mit ins Grab?

1886 Regen aus dem Nichts

Schon mehrmals bin ich selbst Zeuge geworden, wie an strahlenden Sommertagen plötzlich kurze Regenschauer aus nahezu heiterem Himmel gefallen sind. Blickte ich zum Himmel auf, waren da zumindest ein paar kleine Wolkenfetzen zu sehen, welche das vorübergehende Nass zu erklären vermochten. Doch was soll man von Regenfällen halten, die aus völlig unbewölktem Himmel zur Erde kommen – vor allem, wenn diese auf ganz bestimmte Stellen begrenzt sind und sich des Öfteren wiederholen?

Am 21. Oktober 1886 schrieb die Zeitung »Charlotte Chronicle« in North Carolina: »Seit drei oder mehr Wochen wurden die Bürger im Südosten der Stadt zu Zeugen einer höchst eigenartigen Erscheinung. Jeden Nachmittag um 15 Uhr fällt an einem bestimmten Ort Regen nieder, der eine halbe Stunde lang anhält. Zur bezeichneten Stunde fällt zwischen zwei Bäumen ein sanfter Regen, während ringsum die Sonne scheint. Das Schauspiel wurde in den vergangenen drei Wochen jeden Tag beobachtet.«
Genauere Informationen zu diesem »Punktregen« lieferte die Zeitschrift »Monthly Weather Review« in ihrer Ausgabe vom Oktober 1887. Sie brachte den Bericht eines Beobachters vom Signal Service, der die Regenschauer über mehrere Tage hinweg mit eigenen Augen verfolgt hatte. Bei diesen zwei Bäumen handelte es sich um Roteichen, und »der Niederschlag verteilte sich manchmal auf einer Fläche von etwa einem fünftel Hektar [dies sind ungefähr 2000 Quadratmeter], schien sich jedoch stets auf diese beiden Bäume zu konzentrieren und war nur dort zu sehen, wenn er am geringsten war«.
Kurz vor dem Regenphänomen von North Carolina wurde aus dem südlichen Nachbarstaat Ähnliches gemeldet. Am 24. Oktober 1886 meldete die »New York Sun«, dass es seit zwei Wochen im Chesterfield County in South Carolina aus heiterem Himmel vollkommen gleichmäßig auf ein begrenztes Stück Land regne. Zur gleichen Zeit berichteten auch andere Zeitungen über vergleichbare Punktregenfälle in Cheraw und Aiken, wo die Fläche auf gerade einmal einen Quadratmeter beschränkt war. Und im November 1886 kam es in Dawson (Georgia) zu einem Regen innerhalb eines Quadrates mit acht Metern Seitenlänge. Es hatte den Anschein, irgendjemand im Himmel drehe an unsichtbaren stationären Wasserhähnen herum.

Riefen da durstige Bäume nach Wasser? Dieser Gedanke drängt sich einem auf, wenn man die Vorgänge um einen Pfirsichbaum in Brownsville (Pennsylvania) betrachtet. Im November 1892 sahen Zeugen, wie aus geringer Höhe Wasser herabzuregnen begann. Der Niederschlag war auch hier so begrenzt, dass er nur ein Areal von eineinhalb Quadratmetern um die Wurzel des Baums bedeckte. Unsere Phantasie scheint viel zu begrenzt, um sich vorzustellen, welche Dinge zwischen Himmel und Erde möglich sind.

1887 Die »Hand der Vorsehung«

Was soll man davon denken, wenn ein Schiff plötzlich nicht mehr Kapitän und Steuermann gehorcht, sondern ein regelrechtes »Eigenleben« entwickelt? Dies war beim Walfänger *Canton* der Fall, der einfach nicht mehr den Befehlen des altgedienten Kapitäns George L. Howland nachzukommen gedachte.

Die Bark lief im Juni 1887 von New Bedford im amerikanischen Bundesstaat Massachusetts zu den Walgründen im Südatlantik aus. Nachdem die Mannschaft mehrere Wale getötet und verarbeitet hatte, segelte das Schiff zu der Insel St. Helena, wo es seine Ladung an Walratöl löschte und frisches Wasser für eine neue Seereise aufnahm.

Nicht lange nachdem die *Canton* Anfang September St. Helena verlassen hatte, um zum Walfanggebiet zurückzukehren, missachtete das Schiff Steuer und Wind und schlug eigenmächtig einen völlig anderen Kurs ein. Vergeblich versuchte Kapitän Howland, die Bark auf den vorgesehenen Kurs zurückzubringen. Jedes Mal schwenkte sie um, als würde ihr eigener Geist sie in eine andere Richtung zwingen. Dabei flatterten ihre Segel, als wolle sie gegen die Naturgewalten protestieren.

Kapitän Howland war ein tiefgläubiger, ein gottesfürchtiger Mann. Als er einsah, dass ihm das Schiff nicht gehorchen wollte, wandte er seine Augen zum Himmel und sagte: »Wir haben ein gutes und bewährtes Schiff, und es gibt keinen Grund, warum es dem Steuermann nicht gehorchen sollte. Dies muss die Hand der Vorsehung sein. Lassen wir unser Schiff fahren, wohin es will. Gott wird uns lenken.«

Während der folgenden Tage verbrachte Kapitän Howland seine Zeit meist still an der Reling, erteilte nur ab und zu Befehle an seine Crew. Am dritten Tag beobachtete der Erste Offizier Cruz auf der Wasseroberfläche voraus mehrere Punkte. Als die *Canton* näher herangekommen war, wurden die Punkte zu kleinen, auf dem weiten Ozean verstreuten Rettungsbooten. Dicht gedrängt saßen abgemagerte Menschen in den Booten, winkten und waren heiser vom Schreien um Hilfe.

Als Kapitän Howland die Unglücklichen an Bord geholt hatte, erfuhr er, dass er Schiffbrüchige des britischen Handelsschiffes *Monarch* gerettet hatte. Mit mehr als 200 Kisten Dynamit an Bord hatte der Dampfer 700 Meilen vor dem Kap der Guten Hoffnung plötzlich Feuer gefangen. Den sofort eingeleiteten Löschversuchen zum Trotz waren die Flammen rasend schnell außer Kontrolle geraten. Der Besatzung blieb nichts übrig, als die *Monarch* aufzugeben. Hungrig und durstig waren sie mehrere Tage lang und mehr als 150 Meilen übers Meer getrieben worden. Als die Matrosen Kapitän Howland für ihre Rettung danken wollten, winkte dieser ab und meinte stattdessen: »Dankt Gott für eure Rettung. Er ist der Schiffer, der uns zu euch führte. Dankt ihm in demütigem Gebet!«

Alle Geretteten wurden zum Kap der Guten Hoffnung gebracht. Später ehrte die britische Regierung Kapitän Howland mit einer Teekanne aus massivem Silber, und die Liverpooler Gesellschaft zur Rettung Schiffbrüchiger verlieh ihm eine Goldmedaille. Dem Kapitän waren all jene Ehrungen eher peinlich, verwies er doch immer wieder auf den Umstand, dass ihn das unerklärliche Eigenleben der Bark zur richtigen Zeit an den richtigen Ort geführt hätte. Und tatsächlich: Dies war das erste und einzige Mal in ihrer Laufbahn, dass die 227 Tonnen große *Canton,* welche für ihre Seetüchtigkeit sogar einen guten Ruf genoss, sowohl Wind als auch Steuerung glatt missachtet hatte. Das im Jahr 1835 in Baltimore vom Stapel gelaufene Schiff galt immer als trockenes Boot, das sehr gut am Wind segelte.

Der Kapitän, George L. Howland, war schon mit sechzehn Jahren zur See gefahren und hatte die ganze Welt gesehen. In Seemannskreisen galt er als erfahrener Navigator von untadeligem Ruf sowie großer Charakterstärke. Bis er 1923 im Alter von siebzig Jahren das Zeitliche segnete, war dies das einzige Mal, bei dem er miterleben musste, wie etwas anderes als die gewohnten Naturkräfte einem Schiff die Richtung angaben.

1888 Bizarrer Tod eines alten Soldaten

Ohne jede Warnung und von einem Augenblick zum nächsten in Flammen aufzugehen gehört mit Sicherheit zu den unerklärlichsten wie erschreckendsten Dingen, die einem Menschen geschehen können. Und obwohl derartige Vorfälle seit Jahrhunderten dokumentiert sind, weiß man noch immer

nicht, was die Gründe und Ursachen dieser bizarren Todesart sein mögen. Selbst Gerichtsmediziner sind sich uneins über die Ursachen dieses Phänomens.
Am 19. Februar 1888 wurde Dr. J. Mackenzie Booth, Dozent an der Universität von Aberdeen (Schottland), auf den Heuboden eines Stalles an der Constitution Street gerufen. Dort hatte man die Leiche eines fünfundsechzig Jahre alten, pensionierten Soldaten gefunden. Der war zuletzt gesehen worden, wie er mit einer Schnapsflasche in der Hand auf den Heuboden ging. Deshalb dachte man auch zunächst an einen tragischen Tod durch Unachtsamkeit: Ein Betrunkener stößt eine Laterne um und wird Opfer der Flammen. Doch bei näherem Hinsehen erkannte man, dass der Fall eine viel beängstigendere Dimension besaß.
Nahezu das gesamte Muskelgewebe des Mannes war verkohlt, so dass die ausgeglühten Knochen darunter freilagen. Unmittelbar unter dem Opfer war der Boden verbrannt, und die Leiche ruhte nur noch auf dem Rest eines Balkens. Die Hitze muss derart extrem gewesen sein, dass die Dachlatten Feuer gefangen hatten. Dabei waren einige Schieferziegel zersprungen und auf die Leiche herabgefallen. So heiß jedoch das Feuer auch gewesen sein mag, so kurz und selektiv muss es gewütet haben. Denn ein paar Strohballen, die in nächster Nähe lagen, waren vollkommen unversehrt geblieben.
Das Gesicht des Toten war zwar komplett verkohlt, hatte jedoch erkennbare Züge bewahrt. Hier offenbarte sich ein weiterer, noch unheimlicherer Aspekt des mysteriösen Falles. Der am Anfang erwähnte Dr. Booth schloss aus dem Fehlen von verzerrten Gesichtszügen wie auch aus der eher bequem ruhenden Körperhaltung, dass offenbar kein Todeskampf stattgefunden hatte. Es war gespenstisch: Was immer mit je-

nem alten Soldaten geschehen war, es hatte ihn ohne jede Vorwarnung getroffen wie ein Blitz aus heiterem Himmel.
In einem ausführlichen Bericht, erschienen am 21. April 1888 im »British Medical Journal«, dokumentierte Dr. Booth den Fall, der sich in eine ganze Reihe ähnlich gearteter Horrorszenarien einreiht. Und obwohl der Doktor das Opfer als »alten Trinker« bezeichnete, konnte dies nicht zur Lösung des Rätsels beitragen. Zeugen hatten nämlich beobachtet, dass die von dem Soldaten mitgebrachte Petroleumlampe erlosch, kurz nachdem der Mann den Heuboden betreten hatte. Das Feuer brach jedoch erst Stunden später aus.
Das Geschehnis, das sich in Fällen wie diesem manifestiert, wird als »spontane Selbstverbrennung« bezeichnet, im englischsprachigen Raum auch SHC – von »Spontaneous Human Combustion«. Nach wie vor sind Ärzte und Wissenschaftler ratlos, haben keine probaten Erklärungen parat. Erschreckend an der Sache ist, dass offenbar jeder Mensch zu jeder Zeit und ganz plötzlich zu einem veritablen Scheiterhaufen werden kann, in dessen Verlauf ein höllisches Feuer aus unerfindlichen Gründen mitten im Körper ausbricht und diesen bis auf wenige Überreste einäschert.

1889 Ein Verleger »seilt sich ab«

Im Kapitel zum Jahr 1880 berichtete ich über das mysteriöse Verschwinden des Pferdezüchters David Lang aus dem texanischen Gallatin. Fälle von absolut unerklärlichem und spurlosem Verschwinden ereignen sich in allen Regionen dieser Welt, und ich vermute, dass auch dieses Phänomen bereits uralt ist. Vielleicht sind schon unsere altsteinzeitlichen Vorfahren verlorengegangen, als sie für ihr Abendessen noch schnell ein Stück Urwild erlegen wollten. Aber das ist natürlich rein spekulativ und nach so langer Zeit auch nicht mehr nachprüfbar. Halten wir uns also lieber an die uns näher liegenden Epochen.

Viele Bergregionen dieser Welt stehen in dem sinistren Ruf, dass dort immer wieder Menschen auf ebenso unerklärliche Weise wie auch dauerhaft verschwinden. Auf dem »Schwarzen Kontinent« ist beispielsweise der 2592 Meter hohe Mount Inyangani, die höchste Erhebung von Zimbabwe, berüchtigt für das ebenso plötzliche wie unerklärliche Verschwinden zahlreicher Menschen. Vor einigen Jahren ging ein amtierender Minister der Regierung Zimbabwes gemeinsam mit zwei Begleitern auf jenem südöstlich der Hauptstadt Harare gelegenen Berg verloren.

Am 13. Juli 1889 bestieg ein Mitglied der renommierten Londoner Verleger-Dynastie Macmillan das in mehrere Gipfel aufgeteilte Massiv des Olymps im Norden Griechenlands. Der »niedere Olymp« nördlich des Tempe-Tales ist 1588 Meter hoch, während der von Südosten steil ansteigende, in der Höhe sanft gewölbte und durch Täler und Kare zerschnittene Hoch-Olymp stolze 2917 Meter misst. Der Letztere galt in der altgriechischen Mythologie auch als Sitz der Götterwelt.

Mister Macmillan wurde von einem Freund namens Hardinge sowie einem erfahrenen einheimischen Führer begleitet. Zu Pferd machten sich die drei Männer auf den Weg und ritten auf eine zwischen zwei Berggipfeln gelegene Hochebene zu. Während Hardinge den höheren Berg ersteigen wollte, entschied sich Mister Macmillan für den »niederen Olymp«. Der Bergführer blieb indes mit den Pferden der beiden Engländer auf der besagten Hochebene zurück, hielt sich aber in Rufweite der Männer auf. Als Hardinge den Hohen Olymp erklommen hatte, drehte er sich zu Macmillan um und sah ihn auf dem niedrigeren Gipfel stehen. Nachdem sich die beiden zugewunken hatten, begann Macmillan sofort mit dem Abstieg. Hardinge blieb hingegen noch eine Weile oben, um die Aussicht dieses klaren Sommertages zu genießen. Den Abstieg seines Freundes hatte er dabei ständig vor Augen. Dieser hatte schon fast die halbe Strecke nach unten geschafft, als er von einem zum nächsten Augenblick plötzlich wie vom Erdboden verschluckt war.

Ungläubig starrte Hardinge zum anderen Gipfel hinüber. Aber dort war niemand mehr zu sehen. Bis zum Fuß des Berges war der Abhang leer. Er hastete nach unten und traf dort auf den Griechen, der völlig entgeistert den niederen Olymp anstarrte. Der Bergführer erklärte stammelnd, dass er Macmillans Abstieg zur gleichen Zeit beobachtet hatte. Beide sahen ihn den Berg hinabklettern. Beide sahen ihn im selben Moment verschwinden.

Als sie ihre Erstarrung überwunden hatten, suchten sie den Berghang gemeinsam ab. Von dem Verschollenen fand sich nichts, weder Kleiderfetzen noch abgebrochene Äste oder sonstige Spuren. Es schien, als hätte er sich buchstäblich in Luft aufgelöst. Später ausgesandte Suchtrupps kehrten gleichfalls unverrichteter Dinge zurück. In dem betreffenden Gebiet existierten weder Felsspalten noch Höhlen, in die der Absteigende hätte gefallen sein können. Der Verleger Macmillan war einfach vor den Augen beider Zeugen so spurlos und endgültig verschwunden, als hätte es ihn niemals gegeben.

1890 Der Gang auf glühenden Kohlen

Sicher würde es den wenigsten unter uns, zumindest in ungetrübtem Geisteszustand, einfallen, barfuß durch eine mit rotglühenden Kohlen oder heißen Steinen gefüllte Grube zu schreiten. Allein der Gedanke daran vermag uns schon Schmerzen zu bereiten. Trotzdem geschieht dies in verschiedenen Kulturen unserer Welt seit undenklichen Zeiten. Aus diesem Grund können wir nur vermuten, dass sich jene Menschen, die dazu fähig sind, in einem außergewöhnlichen Bewusstseinszustand befinden. Forscher wissen bis heute nicht, wie diese »Feuerläufer« sich so weit über die physische Realität hinwegzusetzen vermögen, dass sie das Unmögliche wagen. Es steht jedoch außer jedem Zweifel, dass sie es häufig und ohne gesundheitliche Folgen tun. Eine Region, in der das Ritual noch heute praktiziert wird, ist die Inselwelt Polynesiens in den Weiten des Pazifiks.

Gerne werden Erscheinungen, die nicht in unser traditionelles Weltbild einzuordnen sind, als Schwindel und Täuschung abgetan – besonders in unserer christlich-abendländischen Kultur, die schon immer gerne alles, was ihr nicht ins Konzept passte, mit Stumpf und Stiel auszurotten suchte. Im Jahr 1890 machte sich der neuseeländische Richter Oberst Gudgeon gemeinsam mit dem befreundeten Arzt T. N. Hocker und zwei Europäern auf nach Rarotonga in Polynesien, um die Realität hinter dem Phänomen zu überprüfen. Als sie voller Skepsis und Vorbehalte der Vorführung eines Schamanen beiwohnten, forderte dieser sie zu ihrer Überraschung auf, es doch selbst einmal zu versuchen. Bedenken räumte er aus, indem er ihnen den Schutz seines »mana« zusicherte, seiner magischen Kraft.

Oberst Gudgeon und seine Freunde ließen sich das nicht zweimal sagen. Sie zogen Schuhe und Strümpfe aus und begaben sich auf das feurige Terrain. Später berichtete Gudgeon, dass einer von ihnen, der sich »wie die Frau Lots umblickte, obgleich das strengstens verboten war«, schwere Verbrennungen erlitt. Natürlich hatte der Richter selbst ernsthafte Zweifel, als er sich dem Graben näherte und die Hitze ihm immer unbarmherziger entgegenschlug. Er befürchtete, seine Haut würde sich vom Fleisch lösen. Doch als er auf der anderen Seite ankam, fühlte Gudgeon nur »ein Prickeln wie nach einem elektrischen Schlag«. Er hatte den Feuerlauf unbeschadet überstanden.
Nach diesem eindrucksvollen Experiment begann Dr. Hocker sofort mit weiteren Untersuchungen. Er hatte ein Thermometer dabei, das Temperaturen von bis zu 205 Grad Celsius anzeigen konnte. Dieses hängte er zwei Meter über dem Graben auf. Schnell stieg das Quecksilber nach oben und hätte das Thermometer fast zum Platzen gebracht, wenn nicht vorher schon die Versiegelung aus Lötzinn weggeschmolzen wäre. Die Temperaturen betragen in diesen Gruben meist weit über 400 Grad Celsius – genug, um schwerste Verbrennungen zu verursachen. Als Nächstes untersuchte er die Füße der eingeborenen Feuerläufer aufs Gründlichste. Sie waren weich und geschmeidig und zeigten auch keine Spuren etwa von zentimeterdicker Hornhaut. Irgendwelche schützenden Mittel, auf die Sohlen aufgetragen, konnte er ebenfalls ausschließen, denn er leckte sogar an den Füßen. Letztendlich kam er zu dem Ergebnis, dass alles, was er gesehen und miterlebt hatte, nicht auf Tricks und Täuschung beruhte.
Bekanntlich kommen die stärksten Einwände immer von solchen Zeitgenossen, die sich vorzugsweise aus sicherer Entfernung zu Dingen äußern, statt diese selbst in Augenschein zu

nehmen. So wurden die Schlussfolgerungen von Dr. Hocker scharf attackiert, obwohl er bei seiner Recherche vor Ort streng wissenschaftlich vorgegangen war. Beispielsweise tat Edward Clodd, Vorsitzender der Britischen Gesellschaft für Völkerkunde, bei einer Rede im Jahr 1895 sämtliche Berichte über Feuergehen nur abfällig als Schwindel und Humbug ab. Doch die Realität dieses Phänomens lässt sich nicht leugnen – schon gar nicht von selbst ernannten »Experten«, die sich keine Mühe geben, den Rätseln auf den Grund zu gehen. Über dreißig Jahre nach den Untersuchungen durch Richter Gudgeon und Dr. Hocker fand in Madras, Indien, eine der spektakulärsten Vorführungen statt. Der damalige Bischof von Mysore hatte seinen Freund, einen sehr gebildeten Maharadscha, gebeten, einen Feuerlauf für ihn zu organisieren. Dazu holte der indische Adelige einen »Fakir« muslimischen Glaubens, der alle Beteiligten zuvor mit einer Art »mystischem Schutz« versah. Zu den Klängen einer britischen Militärblaskapelle – deren Mitglieder waren ausnahmslos Christen – durchquerten die ersten Freiwilligen die Flammen. Die ängstlichen Teilnehmer stieß der Fakir kurzerhand mit Gewalt in die lodernde Glut. Doch deren entsetzte Blicke wichen rasch einem erstaunten Lächeln. Zuletzt schritten die Musiker der Blaskapelle zweimal durchs Feuer.

Mit welchen Methoden wird diese Feuerimmunität erreicht? In einigen Fällen scheinen Trance und religiöse Ekstase eine Rolle zu spielen, während andere ohne solche Techniken auskommen. Ebenso Gesänge, Tänze und sexuelle Enthaltsamkeit – doch kennt man auch Fälle, bei denen der Feuerlauf ohne jede Vorbereitung durchgeführt wird. Was wissen wir also? Es mag reichlich banal klingen, aber wie bei so vielen anderen Rätseln gilt auch hier, dass wir so gut wie gar nichts wissen.

1891 Graf Moltkes Doppelgänger

Dass ein und derselbe Mensch gleichzeitig an zwei verschiedenen Orten gesehen wird, klingt recht phantastisch. Doch sind wir diesem unheimlichen Phänomen hier bereits einmal begegnet – und zwar im Zusammenhang mit den seltsamen Ereignissen um die Lehrerin Mademoiselle Emilie Sagée. Parapsychologen nehmen an, dass der Mensch über einen zweiten, feinstofflichen *Astralleib* verfügt, der unter gewissen Umständen den grobstofflichen Körper verlassen und dann an einem anderen Ort sichtbar werden kann. Manche Forscher vermuten sogar, dass der Astralleib im Augenblick des Todes den Körper für immer verlässt. Er sei dann in der Lage, sich über Raum und Zeit hinwegzusetzen. Tatsächlich wird immer wieder über Menschen berichtet, die im Moment ihres Hinscheidens Angehörigen und Freunden erscheinen. Doch nicht im Traum. Denn in gewissen Fällen kann dieser Vorgang eine dermaßen realistische Form annehmen, dass die damit Konfrontierten absolut überzeugt davon sind, es mit der echten Person zu tun gehabt zu haben. Die unheimliche »Ernüchterung« folgt, wenn sich die Nachricht über deren Tod herumgesprochen hat.

Auch Helmuth Graf von Moltke (1800–1891), der hochdekorierte preußische Generalfeldmarschall und glänzende Stratege, ist im Augenblick seines Sterbens zwei Offizieren »lebensecht« als Doppelgänger erschienen.

Es war der 24. April 1891. Nach einem sonnigen Frühlingstag hatte sich die Abenddämmerung über Berlin gesenkt. Am gleichen Abend lauschte der greise Heerführer einem Hauskonzert. Friedrich August Dressler, ein Freund Moltkes, saß am Flügel. Moltkes Sohn, der gleichfalls Helmuth

hieß, spielte Cello. Der Generalfeldmarschall ruhte in einem Armsessel, als die »Cello-Sonate« von Chopin erklang.
Was in den darauffolgenden Minuten geschah, darüber berichtete Moltkes Biograf Eckard von Naso: »Mit großen und seltsam leuchtenden Augen hörte er zu. Dann, noch mitten beim Musizieren, erhob er sich und verließ den Raum. Da blies der sanfte Tod den Feldherrn an. Die Augen schlossen sich, und er seufzte noch einmal tief, als die Last von ihm abfiel. Er war gestorben, wie er gelebt hatte: still, einsam und ohne Aufhebens zu machen und voller Bescheidenheit.«
Im gleichen Moment verließen zwei Kavallerieoffiziere, Max Prinz zu Hohenlohe und Harald Graf von der Gröben, das Generalstabsgebäude am Königsplatz. Sie wollten zum Abendessen gehen und freuten sich auf eine gute Flasche Wein, da sie an diesem Tag lange gearbeitet hatten. Kaum waren sie aus dem Portal herausgetreten, als sie den Generalfeldmarschall auf sich zukommen sahen. Die beiden Offiziere nahmen sofort Haltung an, auch die Wache am Portal präsentierte das Gewehr. Doch Helmuth von Moltke trug weder Mütze noch Degen und erwiderte den Gruß der Offiziere und den Salut des Postens nicht. Der »große Schweiger« war grußlos an ihnen vorübergegangen. »Er war mit erhobener Stirn vorübergeschritten«, schrieb Eckard von Naso in seiner Biografie. »Und da ihre Blicke ihn suchten, so fanden sie ihn nicht mehr.«
Die Nachricht vom Tod des alten Feldherren verbreitete sich in Berlin in Windeseile. Später konnte festgestellt werden, dass Moltke genau in derselben Minute dahingeschieden war, als ihm die beiden Offiziere und der Posten leibhaftig im Generalstabsgebäude, dem Ort seiner früheren Tätigkeit, begegneten.

1892 Rotes Objekt über Nanjing

Lange Jahre war China vom Rest der Welt abgeschottet – dies betrifft die vergangenen Jahrhunderte genauso wie die Zeit des »großen Steuermannes« Mao Tse-tung. In der letztgenannten Epoche drangen sehr wenige Informationen über ein Phänomen in den Westen, das auch im volkreichsten Land der Erde schon immer Rätsel aufgegeben hat.

Dass also über UFOs im Reich der Mitte so lang Stillschweigen herrschte, hat vor allem politische Gründe. Die streng materialistische marxistische Ideologie erlaubte – zumindest offiziell – keine Beschäftigung mit grenzwissenschaftlichen Themen. Dazu zählte natürlich auch das Rätsel um unidentifizierte Flugobjekte. Alles war erklärbar und irdisch, der Begriff *Gott* oder gar außerirdische Manifestationen nicht zugelassen. Alles besserte sich erst wenige Jahre nach dem Tod Mao Tse-tungs, als ein paar aufmerksame Journalisten das UFO-Thema auch für China entdeckten. Sie traten damit eine gewaltige Lawine los. Im Mai 1980 wurde, unter der Schirmherrschaft der Universität von Wuhan, die chinesische UFO-Studienvereinigung gegründet, und heute geht man in der Volksrepublik offener mit dem Rätsel um als in den USA. So ganz nebenbei förderte man sogar ein paar Fälle aus früherer Zeit ans Licht des Tages, die in Literatur und Kunst ihre Spuren hinterlassen haben.

Am 8. September 1892, gegen 20.00 Uhr abends, fiel den Einwohnern der Stadt Nanjing in der Provinz Jiangsu plötzlich eine feurige Kugel auf, die hoch am Himmel von Westen nach Osten flog. Diese Feuerkugel ähnelte einem riesigen Ei, war rot, aber nicht leuchtend. Und es war kein Meteorit. Das Objekt änderte seine Richtung und flog nun zielstrebig auf die

Stadt zu, ohne jedoch zu landen. Als sich das UFO über dem südlichen Stadttor Nanjings zeigte, hörten die zahlreichen Bewohner, die sich auf der Zhuque-Brücke versammelt hatten, ein paar schwach wahrnehmbare Geräusche, welche von dem Flugkörper auszugehen schienen. Nachdem es etwa eine Viertelstunde regungslos in geringer Höhe verharrt hatte, flog das Objekt davon.

Unter den zahlreichen Augenzeugen, zu denen im Verlauf der Sichtung immer mehr hinzugekommen waren, befand sich der Maler Wo Youru, ein berühmter Künstler der ausgehenden Qing-Dynastie. Im Angesicht dieser aufsehenerregenden Massensichtung schuf er ein Gemälde, das sich heute in der Bibliothek von Schanghai befindet. Dargestellt auf diesem mit »Rote Feuerkugel am Himmel« betitelten Kunstwerk sind neben dem »Hauptakteur« die zahlreichen Menschen, die sich auf der Zhuque-Brücke versammelt hatten. Sie blicken erstaunt nach oben, einige reden und gestikulieren aufgeregt. Männer, Frauen und Kinder, alle staunen über das geheimnisvolle Flugobjekt, das fast auf Reichweite vom Himmel herniedergestiegen ist. Und von dem die Welt heute nichts wüsste, hätte es Wu Youru nicht auf der Leinwand für die Nachwelt verewigt.

1893 Hellseherin wider Willen

Tambow ist eine Gebietshauptstadt etwa 600 Kilometer südöstlich von Moskau. Ende des 19. Jahrhunderts leitete Oberarzt Dr. Chowrin dort eine psychiatrische Anstalt. Er war ein konservativer Mensch, dem Phänomene wie Telepathie oder Hellsehen völlig fremd waren. Und dennoch verdanken wir ihm viele Informationen über paranormale Fähigkeiten, die sich erst mühsam ihren Weg aus der »obskuren Ecke« bahnen mussten.

An einem Tag im Jahr 1893 sollte wieder einmal der berühmte »Zufall« Regie führen – und zwar in Gestalt eines Briefes, der am selben Morgen eingetroffen war. Chowrin selbst hatte ihn zu seiner Patientin gebracht, für die er bestimmt war. Die unverheiratete Frau M., eine damals zweiunddreißigjährige Lehrerin aus adeligem Hause, war bereits seit über einem Jahr in seiner Behandlung. Sie litt an einer vollständigen Empfindungslosigkeit der linken Körperhälfte, konnte auf ihrem linken Auge nichts sehen, auf dem linken Ohr nichts hören und hatte auf dieser Seite ihrer Zunge auch den Geschmackssinn komplett eingebüßt.

Als Dr. Chowrin ihr den Brief brachte, saß die Frau an ihrem Lieblingsplatz im Sessel am Fenster. Erst unterhielten sie sich über relativ belanglose Dinge, doch plötzlich veränderte sich ihr Gesichtsausdruck. Ihre anfängliche Heiterkeit schlug übergangslos um, sie wurde regelrecht depressiv, und die Augen bekamen einen unendlich traurigen Ausdruck. In den Händen hielt sie den noch immer ungeöffneten Brief und sagte dem Arzt, er habe ihr schlechte Nachrichten gebracht. Die Tränen aus ihren Augen wischend, teilte sie ihrem Seelenarzt mit: »Meine kleine Nichte, sie ist tot. Meine Schwester schreibt, dass sie tot ist.«

Ergriffen nahm Dr. Chowrin ihr den Brief ab und fragte sie, ob er ihn öffnen dürfe. Sie nickte nur stumm. Als der Arzt den Umschlag aufgerissen und die Zeilen überflogen hatte, erkannte er, dass seine Patientin recht gehabt hatte. An diesem Tag hatte er bei ihr die Fähigkeit entdeckt, verschlossene Briefe lesen zu können.

Als eingefleischter Skeptiker aber dachte er zunächst, Frau M. habe die traurige Nachricht vom Tod ihrer Nichte vielleicht schon früher erhalten. Als sich dieser Verdacht als falsch erwies, zog er erst den Zufall ins Kalkül. Trotzdem nahm er sich vor, den Fall unter streng wissenschaftlichen Prämissen zu untersuchen. Für eine ganze Reihe von Experimenten zum Lesen von verschlossenen Briefen zog er neben anderen Gelehrten auch den Leiter des Post- und Telegrafenamtes von St. Petersburg hinzu. Der Beamte mit Namen Stragonow schickte eine erste Testaufgabe an Dr. Chowrin. Mit schwarzer Tinte schrieb er auf ein doppeltes Blatt Papier den Satz: »Es gibt in der Welt Tatsachen, von denen die Weisen sich nichts träumen lassen.«

Um das unbefugte Öffnen dieses und weitere Briefe durch die Probandin zu verhindern, ließ man sich zahlreiche Vorsichtsmaßnahmen einfallen. Die Briefbögen steckte man mehrfach hintereinander in Papier- und Leinenumschläge und zuletzt in verschnürte Schachteln. Die Kleberänder der Umschläge hatte man mit Metallknöpfen gesichert und das Ganze noch einmal versiegelt. Es hätte vonseiten der Testperson wirklich außergewöhnlicher Geschicklichkeit bedurft, um alle diese Maßnahmen auszutricksen. Postmeister Stragonows erster Brief traf am 13. April 1893 bei Dr. Chowrin ein. Frau M. gab ihm vier Tage später ihr Ergebnis bekannt. Es lautete: »Es gibt Tatsachen, von denen man sich nichts träumen lässt.« Zwar entsprach es nicht ganz exakt der Wortwahl Stragonows, aber nachdem dieser den Brief wieder zurückerhalten hatte, konnte er feststellen, dass er sich »genau im Zustand wie abgeschickt« befand.

Später wurden zwecks weiterer Erschwernis von Schwindel und Täuschung die Aufgaben von unterschiedlichen Personen gestellt. So schrieben alle Mitglieder der St. Petersburger

Gesellschaft für experimentelle Psychologie einen oder mehrere kurze Sätze und steckten ihre Zettel jeweils in ein separates Briefkuvert. Der Präsident der Gesellschaft wählte nur einen davon aus, der ungeöffnet und mehrfach gesichert nach Tambow geschickt wurde. Die restlichen Briefe aber wurden allesamt verbrannt, um eventuelle spätere Manipulationen auszuschließen.
Die Probandin bestand auch diese Tests. Oft gab sie allerdings nicht den genauen Wortlaut, sondern nur den sinngemäßen Inhalt eines Briefes wieder. Lag hier also eine echte Begabung für das Hellsehen vor? Auch wenn es so etwas für Dr. Chowrin nicht geben durfte, kann man wohl die Frage in diesem Fall guten Gewissens positiv beantworten.

1894 »Yowie«, der australische »Bigfoot«

In einem der vorhergegangenen Kapitel habe ich mich bereits mit dem nordamerikanischen »Bigfoot« oder auch »Sasquatch« befasst. Berichte über solche urtümlichen Wesen kommen aus etlichen Teilen unserer Welt – besonders jedoch aus Regionen, die äußerst spärlich oder gar nicht von Menschen besiedelt sind. Sie stellen ideale Rückzugsgebiete, sogenannte »ökologische Nischen«, für Arten dar, die man längst für ausgestorben hielt.
Wie auch Australien. Auf dem »Fünften Kontinent« existieren noch weite Gebiete, die so gut wie unbewohnt sind. Bieten auch sie ein Refugium für archaische Wesen auf dem Weg vom Tier zum Menschen, wie manche Forscher »Yeti« und »Bigfoot« interpretieren? Die Aborigines, die Ureinwohner

von »Down Under«, sind von deren Existenz überzeugt und haben ihnen verschiedene Namen gegeben. Allgemein bekannt geworden sind die Rätselgeschöpfe in Australien unter dem Namen »Yowie«.

Seit dem späten 18. Jahrhundert wird von Begegnungen mit diesen Wesen berichtet, vor allem in den Bundesstaaten Queensland und New South Wales im Osten des Kontinents. Am 3. Oktober 1894 ritt der Jugendliche Johnnie McWilliams von seinem Zuhause in Snowball zur Poststation von Jinden (New South Wales), als urplötzlich ein seltsames Wesen vor ihm stand.

Ein großer Mann mit langen Haaren sprang auf einmal aus dem Wald. Dieser schien genauso überrascht zu sein wie Johnnie. Er rannte quer übers Feld, knickte um und schrie vor Schmerz auf. Während er weiterlief, drehte er sich noch ein paar Mal um, bis er hinter einem Hügel verschwunden war. Der wilde Mann war etwa 1,80 Meter groß und von kräftiger Statur.

Ein paar Jahre später, um die Wende vom 19. zum 20. Jahrhundert, wollten die Brüder Joseph und William Webb in den Brindabella Mountains (ebenfalls New South Wales) zelten. Auf einmal hörten sie ein tiefes, heiser klingendes Gebrüll und sonderbare Geräusche, als würde jemand durchs Gebüsch kriechen. Sofort verließen sie ihr Zelt, um nachzusehen, was da vor sich ging. Dabei beobachteten sie ein seltsames Wesen, das geradewegs auf sie zukam.

Erst sahen sie nur den Kopf und die Schultern. Das Geschöpf ging aufrecht, war vollkommen behaart und sah so aus, als hätte es keinen Hals. Denn zwischen den Schultern war der Kopf so gut wie nicht sichtbar. Der Fremde kam immer näher auf sie zu. Jetzt konnten sie ihn genau sehen. Er hatte die Gestalt eines Menschen und näherte sich mit langen, schweren Schritten. »Wer bist du?«, schrie einer der Brüder. »Rede, oder ich schieße.« Doch der Unbekannte gab keine Antwort, ließ nur ein tiefes Gebrüll vernehmen. Nun gab es kein Zögern mehr: Einer der Brüder Webb richtete sein Gewehr auf das Geschöpf und schoss. Ob der Schuss das Wesen getroffen hatte, konnten sie nicht feststellen, denn es drehte sich um und verschwand im Outback der australischen Wildnis.

Dass der »Yowie« entkommen konnte, muss nicht bedeuten, dass Webb nicht getroffen hatte. Aus Nordamerika kennen wir zahlreiche Fälle, bei denen auf »Bigfeet« geschossen wurde. Diese taumelten wohl aufgrund offensichtlicher Treffer, liefen dann aber davon. Ob die Munition zu schwach gewesen war oder die Wesen später den beigebrachten Schussverletzungen erlagen, entzieht sich unserer Kenntnis. Doch zurück nach Australien.

Dort hat in neuerer Zeit der Archäologe und Krypto-Zoologe Rex Gilroy, langjähriger Direktor des »Mount York Natural History Museum«, mehr als 3000 Berichte über Begegnungen mit diesen »Yowies« gesammelt. Ein Arbeiter eines Nationalparks im Bundesstaat Queensland, der einem solchen Wesen auf gerade einmal zwei Meter Entfernung gegenüberstand, verglich das schwarz behaarte, riesige Wesen mit einem Gorilla. Seine Hände waren unförmig, und es schien über gewaltige Kräfte zu verfügen, da es einen Baumstamm umfasste und mit Leichtigkeit bewegte. Rex Gilroy ist überzeugt, dass es sich beim australischen »Yowie« ebenfalls um eine Art Bindeglied in der Entwicklung zwischen Affen und Menschen handelt, das in einigen abgelegenen ökologischen Nischen sein eigenes Aussterben zu überleben vermochte. Werden wir je ein lebendes Exemplar fangen?

1895 Leuchtende Kugeln am See

Sie agieren offenbar wie intelligente Wesen: geheimnisvolle Lichtbälle, die sich neugierig an die Fersen ihrer verblüfften Beobachter heften. Solche Lichterscheinungen gibt es am Himmel ebenso wie unter Wasser sowie in Höhlen unter der Erde. »Überirdische« Lichter, die über Sümpfe huschen, über Gräbern schweben oder plötzlich an einsamen Wegen auftauchen. Und sie dringen sogar durch geschlossene Wände in Gebäude ein, lassen zielgerichtetes Verhalten erkennen, wirken harmlos oder bedrohlich und tauchen entweder nur ein einziges Mal auf oder zeigen Kontinuität in ihrem Erscheinen.

Wie etwa die »Geisterlichter von Bang Fai« im Norden Thailands an der Grenze zum Nachbarstaat Laos, die mittlerweile zu einer örtlichen Touristenattraktion geworden sind. Seit vielen Jahrhunderten wiederholt sich dieses Szenario zuverlässig, und zwar in der ersten Nacht des elften Monats nach dem Mondkalender. Orangefarbene Feuerbälle kommen vom Grund des Flusses Mekong, um lautlos bis zu einer Höhe von dreißig Metern und mehr über die Wasseroberfläche aufzusteigen. Dort verharren diese rauch- und geruchsfreien Lichter noch kurz und verschwinden dann. Das regelmäßig wiederkehrende Phänomen ist am besten bei den Orten Phon Phisai, Pak Khat, Sung Kom, Sri Chiangmai und Bung Kan zu sehen, unweit der Bezirkshauptstadt Nong Khai.

Die Thai feiern dort das Ende der Regenzeit, halten Paraden ab und befahren den Mekong mit ihren traditionellen Langbooten. Stünde hinter alledem nicht ein ungelöstes Rätsel, dann könnte man den Rummel für ein normales Volksfest halten.

Aus viktorianischer Zeit des stolzen britischen Empire wurde uns ein noch mysteriöseres Erlebnis mit leuchtenden Kugeln berichtet. Im Jahr 1895 bereiste die Schriftstellerin Mary H. Kingsley (1862–1900) als erste Europäerin das westliche Afrika vom britischen Protektorat Niger bis zur französischen Kolonie Gabun. Ihre unheimliche Begegnung hatte sie, als sie zwischen den Flüssen Ogowe und Rembwe am Ufer des Lake Nkovi ihr Nachtlager aufschlug.

In ihrem Buch »Travels in West Africa« schildert Mary Kingsley, wie sie eines Nachts alleine mit ihrem Kanu losruderte, um im Nkovi-See zu baden. Plötzlich tauchte auf der gegenüberliegenden Uferseite ein violetter Lichtball aus dem Wald auf und schwebte auf den Sandstrand zu. Die Größe des Lichtballes verglich Kingsley mit der einer Orange. In Bodennähe tanzte er am Ufer entlang hin und her. Innerhalb weniger Minuten gesellte sich ein zweiter violetter Lichtball hinzu, der hinter einer kleinen Insel im See hervorkam. Die beiden leuchtenden Kugeln begannen regelrecht miteinander zu spielen – mal schnellten sie aufeinander zu, dann umkreisten sie sich.

Nun ruderte Mary, neugierig auf das Phänomen geworden, auf den Strand zu. Eines der Lichter verschwand hinter den Büschen, und das andere glitt über den See weg. Diesem folgte sie in ihrem Kanu, bis es direkt vor ihren Augen in den See eintauchte. Sie konnte das Licht noch kurz durch das Wasser schimmern sehen, dann wurde es von der Tiefe verschluckt.

Die furchtlose Engländerin dachte, sie hätte es vielleicht mit einer exotischen Art von »Leuchtkäfern« zu tun gehabt. Die Eingeborenen aber, die sie später befragte, bezeichneten diese Lichterscheinungen als »aku«, als Teufel. Doch was es tatsächlich mit solchen »Geisterlichtern« auf sich hat, ob im Inneren Afrikas oder im thailändischen Bang Fai, das weiß bis zum heutigen Tag kein Mensch zu beantworten.

1896 Die große amerikanische »Luftschiff-Welle«

Eins der seltsamsten Phänomene des ausgehenden 19. Jahrhunderts versetzte ganz Nordamerika in große Unruhe: »Luftschiffe« erschienen am Himmel. Worum es sich letztendlich hierbei handelte, darüber wird noch heute gerätselt. Fakt ist, dass – wie beim modernen UFO-Phänomen – fliegende Objekte am Himmel beobachtet wurden, deren Flugverhalten ebenfalls von keinem zeitgenössischen Luftfahrzeug abgeleitet werden konnte. Diese tauchten in einer solchen Fülle und technischen Vielfalt auf, dass man nur zu folgendem Schluss kommen kann: In der letzten Dekade des 19. Jahrhunderts wurde Nordamerika von einer ganzen Flotte kurioser, nach technologischen Vergleichswerten unmöglicher Luftschiffe mit nicht weniger seltsamen Insassen heimgesucht.
Nicht wenige Forscher sehen jene Sichtungswelle als Vorläufer des heutigen UFO-Phänomens an. Der leider viel zu früh von uns gegangene Naturwissenschaftler Dr. Johannes Fiebag (1956–1999) unternahm den Versuch, die Erscheinungsform des UFO-Phänomens durch seine *Mimikry-Hypothese* logisch zu deuten. So würde außerirdische Intelligenz ihre Existenz und Handlungsweise zwar tarnen, aber in ihrem Auftreten so wirken, dass sie zum einen fremdartig und fortgeschritten ist, doch nur so weit vom Vorstellungshorizont einer anderen Spezies entfernt, wie sich deren Phantasie gerade noch vorstellen kann. Im Klartext: nicht mehr als einen kleinen Schritt voraus.
Am 25. November 1896 verließen Colonel H. G. Shaw und sein Freund Camille Spooner die kalifornische Stadt Lodi. Da es gegen 18.00 Uhr und bereits dunkel war, reagierten sie äußerst überrascht, als ihre Pferde mit einem Mal ängstlich

schnaubend stehen blieben. In der Dunkelheit sahen sie drei fremde Wesen, etwas über zwei Meter groß und sehr schlank. Da die verängstigten Pferde sich nicht zum Weitergehen bewegen ließen, stiegen Shaw und Spooner aus dem Sattel. Der Colonel ging auf die drei zu und fragte, wer sie seien und woher sie kämen.

»Sie schienen mich nicht zu verstehen. Aber sie fingen an, seltsame Laute auszustoßen [...] nun, trällern drückt es besser aus als sprechen. Sie tauschten ihre Laute untereinander aus. Es klang wie monotoner Singsang.«

Dann begannen die drei Wesen, Pferde und Gepäck beider Männer zu untersuchen. Umgekehrt hatten auch Shaw und Spooner Gelegenheit, sich Einzelheiten ihrer mysteriösen Gegenüber einzuprägen. Diese besaßen kleine, feingliedrige und nagellose Hände sowie lange schmale Füße. Als Colonel Shaw einem von ihnen unter die Ellbogen griff, glaubte er zu spüren, dass der Fremde nicht mehr als geschätzte dreißig Gramm (!) wog.

Die Zeugen berichteten weiter: »Die Fremden trugen offenbar überhaupt keine Kleidung, sondern waren von einem natürlichen Bewuchs bedeckt. Dieser war weich wie Seide, und ihre Haut war wie Samt. Gesichter und Köpfe waren völlig haarlos, die Ohren sehr klein, und die Nase machte den Eindruck von poliertem Elfenbein. Die Augen waren hingegen groß und leuchtend, der Mund eher klein; es schien uns, dass sie keine Zähne besaßen. Dies und anderes ließ uns zu der Überzeugung kommen, dass sie weder essen noch trinken mussten, sondern ihren Nahrungsbedarf durch irgendein Gas deckten. Jeder von ihnen trug eine Art Tasche unter seinem linken Arm, an der ein Röhrchen befestigt war, und jedes Mal, wenn einer das Röhrchen in seinen Mund steckte, hörte man Geräusche wie bei austretendem Gas.«

Zudem hatte jede der drei Gestalten eine eiförmige »Lampe«, aus der grelle Strahlen blitzten. Nachdem sich die Fremden Gepäck und Pferde angeschaut hatten, versuchten sie Colonel Shaw zu entführen. Doch ihr Versuch, Shaw in die Höhe zu heben und mit sich zu schleppen, wurde durch Mr. Spooner vereitelt. Deshalb gaben die drei Wesen ihren Entführungsversuch auf.
Sie wandten sich daraufhin um und richteten ihre Lampen auf eine nahe Brücke. Im Lichtschein erkannten Shaw und Spooner nun ein gewaltiges, in der Länge etwa fünfzig Meter messendes Luftschiff, das vollkommen geräuschlos sieben Meter über dem Wasser schwebte. Wie die Wesen zu ihrem Schiff gelangten, beschrieben die Augenzeugen wie folgt: »Die drei liefen schnell hinab zum Schiff, jedoch nicht so, wie Sie und ich gehen würden. Es war eher eine schwingende Bewegung, ihre Füße touchierten den Boden nur alle fünf Meter. Sie sprangen zu ihrer Maschine hoch, öffneten eine Tür in der Seite und verschwanden darin. Das Schiff verloren wir schnell aus unserer Sicht.«
Colonel Shaw war der Meinung, es bei seiner unheimlichen Begegnung mit Bewohnern unseres Nachbarplaneten Mars zu tun gehabt zu haben, die eigens »zur Erde gesandt worden waren, um einen ihrer Bewohner zu kidnappen«. Die Geschichten über angeblich von der Erde stammende Luftschiff-Konstrukteure hielt er für nichts als plumpe Fälschungen, denen man auf keinen Fall Glauben schenken sollte. Was anlässlich seines traumatischen Erlebnisses nicht wirklich verwundern sollte.

1897 Der UFO-Absturz von Aurora

Die erwähnte »große Luftschiff-Welle« befand sich auf ihrem Höhepunkt, da ereignete sich ein tragischer Zwischenfall, der uns noch heute Rätsel aufgibt. Am Morgen des 17. April 1897 näherte sich im Norden von Texas aus südlicher Richtung ein silbern glänzendes Objekt mit der Form einer riesigen Zigarre. Es steuerte direkt auf das kleine, ungefähr dreißig Kilometer von Fort Worth gelegene Dorf Aurora zu. Das Flugobjekt schlug dort mit voller Kraft in eine Windmühle ein und explodierte auf der Stelle. Die Trümmer sowie ein kleiner, menschenähnlicher Körper wurden in alle Richtungen geschleudert.

Über dieses Geschehnis schrieb die Tageszeitung »Dallas Times Herald« in ihrer Ausgabe vom 19. April 1897: »Etwa um sechs Uhr morgens wurden die Frühaufsteher in Aurora zu ihrer Überraschung Zeugen des plötzlichen Auftauchens eines Luftschiffes, das durch das ganze Land geflogen ist. Es flog in nördlicher Richtung und näher am Boden als je zuvor. Offenbar war irgendetwas mit den Maschinen nicht in Ordnung, da die Geschwindigkeit nur fünfzehn bis zwanzig Kilometer in der Stunde betrug, und es näherte sich rasch der Erde. Es schwebte über dem Ortszentrum, kollidierte im Norden des Ortes mit dem Turm von Richter Procters Windmühle und zerbarst in einer furchtbaren Explosion in seine Einzelteile. Die Trümmer wurden über mehrere Morgen Land verstreut. Die Windmühle und der Wassertank wie auch der Blumengarten des Richters wurden zerstört. Anscheinend war nur der Pilot an Bord, und obwohl seine sterblichen Überreste furchtbar verstümmelt waren, fand man genug von seinem Körper, um zu erkennen, dass er kein Bewohner dieser Welt war.«

Diese Zeitung erwähnte auch Dokumente in einer unbekannten, hieroglyphenartigen Schrift, die bei dem Leichnam entdeckt wurden, und kündigte das Begräbnis des fremden Piloten für Mittag des Folgetages auf dem Friedhof von Aurora an.

Der Bericht über diesen Vorfall – ein silbernes, metallenes und zigarrenförmiges Objekt stürzt ab, und ein kleinwüchsiges, humanoides Wesen kommt dabei ums Leben – unterscheidet sich in keiner Weise von den Berichten über UFO-Crashs im 20. Jahrhundert. Damals wuchs bald Gras über die Sache, und für ein dreiviertel Jahrhundert geriet die Angelegenheit in Vergessenheit. Dies sollte sich erst 1973 ändern, als der Luftwaffenexperte Bill Case auf alte Aufzeichnungen vor der Jahrhundertwende stieß. Hierbei konnte er Details recherchieren, die zeigen, dass sich genau fünfzig Jahre vor dem berühmten UFO-Absturz von Roswell etwas ganz Ähnliches im östlichen Nachbarstaat Texas ereignet hatte.

Schon 1897 wurden kurz nach dem Absturz etliche Metallfragmente geborgen, die erst 1973 metallurgisch untersucht wurden. Nach ihrer Begutachtung erklärte der Physiker Dr. Tom Gray von der University of North Texas in Denton, zumindest eins dieser Stücke habe ihn zutiefst verwirrt. Es bestand zwar überwiegend aus Eisen, verfügte jedoch nicht über viele der bei Eisen normalen Eigenschaften. Es war nicht magnetisch, ebenso wenig hart und spröde wie Eisen, sondern vielmehr biegsam und schimmernd. Professor Dr. Gray resümierte: »Ich möchte mit meinen Kommentaren nicht andeuten, ob jenes Stück irdischen oder außerirdischen Ursprungs ist. Aber es erregt meine Neugierde als Wissenschaftler, dass so viel Eisen keine magnetischen Eigenschaften besitzt. Wenn es sich tatsächlich als ominöses Objekt herausstellt, dann muss es noch intensiver untersucht werden.«

Es gelang den Forschern 1973 sogar noch, zwei betagte Zeitzeugen aufzutreiben. Zu ihnen zählte die damals einundneunzigjährige Mary Evans. Diese sagte aus: »Ich war damals erst fünfzehn Jahre alt und hatte den Vorfall vollkommen vergessen, bis vor kurzem in den Zeitungen davon die Rede war. Wir lebten zu dieser Zeit in Aurora, aber meine Eltern ließen mich nicht mitgehen, als sie an die Absturzstelle (...) gingen. Bei ihrer Rückkehr berichteten sie mir, wie das Luftschiff explodiert war. Der Pilot wurde dabei getötet. [...] Der Absturz verursachte damals große Aufregung. Viele Menschen waren verängstigt. Sie wussten nicht, was noch kommen würde. Dies war Jahre bevor wir die erste Bekanntschaft mit Flugzeugen [...] machten.«
Der zweite Zeuge konnte sich daran erinnern, dass er zu jener Zeit sieben Jahre alt war und mit seinem Vater einige Kühe auf die Weide getrieben hatte, als das zigarrenförmige Objekt über sie in Richtung Aurora hinwegflog.
Noch immer existiert das Grab des getöteten Piloten auf dem kleinen Friedhof des Städtchens. Bis 1973 konnte es durch seinen ungewöhnlichen Grabstein mühelos als letzte Ruhestätte des geheimnisvollen Fremden erkannt werden. Im Frühjahr 1973 waren der bereits erwähnte Luftfahrtexperte Bill Case, der Metalldetektorspezialist Fred N. Kelly und MUFON-Direktor (MUFON: »Mutual UFO Network«) Walter Andrus an besagtem Grab zusammengetroffen. Es war viel kleiner als das eines normal gewachsenen Menschen. Der Metalldetektor, mit dem Fred Kelly die Ruhestätte abstrich, meldete in einem Meter Tiefe ein weiteres metallisches Objekt. Noch am gleichen Tag reichten die Männer ein offizielles Gesuch zur Exhumierung ein. Man wollte sowohl die Leiche als auch das geortete Fragment wissenschaftlich untersuchen lassen. Der Lösung

des Rätsels Aurora fühlten sich die drei Forscher so nahe wie nie zuvor.
Als sie am nächsten Morgen zum Friedhof zurückkamen, erwartete sie eine böse Überraschung. Über Nacht war der Grabstein gestohlen worden. Zudem hatte der Unbekannte über einen sieben Zentimeter durchmessenden Bohrschacht das tags zuvor entdeckte Metallfragment aus dem Grab entfernt, ohne dabei die Ruhestätte des möglicherweise außerirdischen Besuchers zu beschädigen. Und dies war das Ende der bisherigen Nachforschungen. Die Einwohner von Aurora wandten sich gegen weitere Grabungen, da sie Grabschändungen befürchteten. Was würde geschehen, wenn an der genannten Stelle kein »Marsmensch« lag? Würde man dann auch in den anderen Gräbern nachsuchen, bis man den ganzen Gottesacker umgegraben hatte? Die Genehmigung zur Exhumierung wurde strikt abgelehnt. Und wer immer an dieser Stelle vor über 110 Jahren beerdigt worden war, liegt vermutlich noch heute dort. Es sei denn, die Geheimdienste hätten sich längst »bedient«.

1898 »The Wreck of the Titan«

Kann man Ereignisse voraussehen, die noch Jahre, wenn nicht gar Jahrzehnte in der Zukunft liegen? Das »Lexikon der Grenzwissenschaften« weiß zum entsprechenden Fachbegriff »Präkognition« Folgendes zu erläutern: »Präkognition ist die außersinnliche Wahrnehmung von Ereignissen oder Zuständen, die zum Zeitpunkt der Wahrnehmung noch nicht eingetreten sind, jedoch später eintreten werden. Präkognition liegt auch dann vor, wenn das Vorausgesehene nicht eintritt, indem es gerade durch jenes vorzeitige Wissen verhindert wird.«

Die Frage erscheint müßig, ob die im Folgenden beschriebene Katastrophe hätte verhindert werden können, zumal die relevanten Ereignisse erst vierzehn Jahre später eintrafen.

Im Jahr 1898 veröffentlichte ein wenig bekannter Autor mit Namen Morgan Robertson eine Geschichte, die den Titel »Futility« trug – zu Deutsch »Nichtigkeit«. Sie handelte von der viel beachteten Jungfernfahrt des größten, luxuriösesten und sichersten Linienschiffes der Welt – und von dessen ebenso unerwartetem wie schrecklichem Ende. Das besagte Luxusschiff überquerte den Atlantik zwischen dem britischen Seehafen Southampton und New York und fand nach einer Kollision mit einem Eisberg sein nasses Grab in den Fluten des nördlichen Atlantiks. Dieses Drama ereignete sich in einer Aprilnacht.

Großen erzählerischen Raum in der Story beansprucht die genaue Schilderung des Chaos an Bord. Während das Schiff sich im Todeskampf befindet, stehen sich nackter Egoismus und außergewöhnliches Heldentum konträr gegenüber. Denn nur wenige Passagiere überleben, weil in den vierundzwanzig Rettungsbooten des Schiffs mit einer Verdrängung von 75 000 Tonnen nicht einmal die Hälfte von ihnen Platz finden konnte. Selbst der Kampf um einen Platz in den Booten forderte noch weitere Menschenleben.

So weit die Erzählung – die vielleicht nichts Ungewöhnliches darstellen würde, hätte der fiktive Luxusliner nicht den Namen *The Titan* getragen. Und der Untertitel dieser Geschichte lautete »The Wreck of the Titan«. Bei ihrem Erscheinen im Jahr 1898 lockte die Story kaum einen Hund hinter dem sprichwörtlichen Ofen hervor. Doch dies änderte sich schlagartig 1912, als die Geschichte durch den Untergang der *Titanic* eine unheimliche Realität erlangte. Die Details der echten Katastrophe, im Vergleich zu den Vorlagen im Roman, vermögen uns noch mehr als hundert Jahre später eine Gänsehaut auf den Rücken zu zaubern. Mit viel zu hoher Geschwindigkeit war der ganze Stolz der Schiffsbaukunst Großbritanniens unterwegs gewesen, als die *Titanic* am späten Abend des 14. April 1912 südlich von Neufundland einen Eisberg rammte. Mindestens 1522 Menschen fanden den Tod durch Ertrinken, da neben anderen Nachlässigkeiten auch hier viel zu wenige Rettungsboote – zweiundzwanzig – an Bord waren. Robertsons »Futility« nahm die Wirklichkeit in unheimlicher Weise voraus. Die angeblich unsinkbare *Titanic* befand sich auf ihrer Jungfernfahrt, und im Vertrauen auf dieses Wunderwerk der Technik wurde die Sicherheit in gefährlichen Gewässern auf das Sträflichste vernachlässigt. Auch das apokalyptische Ende mit den bekannt hohen Verlusten an Menschenleben fand beim späteren Untergang des Passagierdampfers genauso statt wie vierzehn Jahre zuvor beschrieben.

Doch Robertsons Geschichte war nicht die einzige Vorwegnahme der kommenden Ereignisse. Bezeichnenderweise hatte es eine ganze Reihe von Vorahnungen gegeben, die sich allesamt auf die Havarie der *Titanic* bezogen. Eine respektable Zahl bereits gebuchter Passagiere hatte ihre Reservierungen wieder storniert, weil sie ein paar Nächte vor dem Auslaufen des Ozeanriesen von Alpträumen heimgesucht worden waren, in deren Verlauf sie sich hilflos im eiskalten Atlantik treiben sahen.

Auch der berühmte Londoner Verleger und Publizist William T. Stead hatte prophetische Vorahnungen – allerdings zwanzig Jahre vor der Tragödie und noch vor Robertsons Roman. In einer Reihe von Kurzgeschichten, die er 1892 herausgebracht hatte, befand sich eine, die sich nachmals als unheimlich detaillierte Vorwegnahme des Untergangs der *Titanic* herausstellen sollte. Die Ironie des Schicksals: William Stead stand im April 1912 auf der Passagierliste des Unglücksschiffes. Seine Kurzgeschichte aus dem Jahr 1892 musste er vergessen haben – denn Stead selbst zählte zu den 1522 Opfern, welche in den eisigen Fluten des Nordatlantiks ihr nasses Grab fanden.

Selbst in unserer Zeit bewegt diese Schiffskatastrophe noch immer die Gemüter, wie der Kinofilm »Titanic« im Jahr 1998 eindrucksvoll bewiesen hat.

1899 Heimkehr eines Schauspielers

Ein international renommierter Schauspieler stirbt im Jahr 1899, Tausende Kilometer fernab seiner Heimat, und wird in der Fremde beerdigt. Doch eine geheimnisvolle Kraft sorgt bald dafür, dass der Sarg des Verstorbenen die weite Heimreise in das Dorf antritt, in dem der Mann zu Hause war. Das Ganze noch als *Zufall* zu bezeichnen wäre geradezu dreist.

Charles Francis Coghlan wurde 1841 auf Prince Edward Island nördlich von Nova Scotia im Osten Kanadas geboren. Bereits als Junge konnte er seine schauspielerische Begabung nicht verbergen. Erstmalig trat er dann 1860 auf der Bühne eines Theaters in London auf. Seinen Zenit erreichte er in den folgenden Jahren, denn Coghlan galt als einer der besten Shakespeare-Interpreten seiner Zeit. In Amerika gründete er seine eigene Schauspielgruppe und gab Gastspiele im ganzen Land, die regelmäßig ausverkauft waren.

Doch Prince Edward Island blieb zeit seines Lebens die wahre Heimat des Künstlers. Sein Impresario, Sir Johnston Forbes-Robertson, berichtete in seinem Buch »Schauspieler unter drei Regierungen«, wie er Coghlan, der mehrere Jahre vor dessen Tod wieder auf der Insel lebte, noch einmal in London die Hauptrolle in einem Drama von Shakespeare vermittelte. Jene Leute, denen die Bretter der Bühnen die Welt bedeuten, verspüren einen unsäglichen Drang zu einem nomadisierenden Leben. Somit ging Coghlan 1899 wieder auf Tournee. In Galveston, einer texanischen Küstenstadt am Golf von Mexiko, in der er gerade gastierte, starb er nach kurzer Krankheit überraschend am 27. November 1899. Sein schlichter Holzsarg wurde auf dem dortigen Friedhof in einer Gruft aus Granit beigesetzt.
Ein knappes Jahr später tobte ein gewaltiger Hurrikan über Galveston hinweg. Beinahe 6000 Menschen, etwa ein Sechstel der damaligen Bevölkerung der Stadt, fielen jener Naturkatastrophe zum Opfer. Der Sturm zertrümmerte 4000 Gebäude, und der hierbei entstandene Sachschaden belief sich auf die damals unvorstellbare Summe von dreißig Millionen US-Dollar. Die Fluten überschwemmten auch den Friedhof von Galveston, zerstörten die Gräber und legten deren Inhalt frei. Kürzlich Verstorbene und längst Beerdigte bildeten ein grausiges Durcheinander. Massenhaft trieben die Särge auf dem Golf von Mexiko, wo sie sich in alle Richtungen zerstreuten.
Als die Zerstörungswut des Hurrikans nachließ, erfasste eine Welle den Sarg von Charles Coghlan und lenkte ihn in südöstlicher Richtung. Dort erfassten ihn die Strömungen der Westindischen Inseln und führten ihn dem Golfstrom zu, in welchem er um die Spitze Floridas herum und dann auf dem Atlantik gen Norden schwamm. Der Golfstrom fließt recht schnell, er legt täglich über 200 Kilometer und mehr zurück.

Wahrscheinlich riss er den Sarg des Schauspielers mit bis in die Nähe von Neufundland, wo er dann durch einen neuerlichen Sturm wieder aus der Strömung herausgeschleudert wurde. Nachdem der Golfstrom ihn freigegeben hatte, trieb der Sarg scheinbar ziellos vor der Küste Ostkanadas, wo er wie ein Ball den unbeständigen Winden und Wellen ausgesetzt war. Dieses »Spiel« muss so über ein paar Jahre dahingegangen sein.

Im Oktober 1908 fuhren mehrere Fischer der Prinz-Edward-Insel hinaus, um ihre Netze im Sankt-Lorenz-Golf auszulegen. Dabei fiel ihnen eine große Kiste auf, die auf dem Wasser dümpelte und langsam Richtung Küste trieb. Weil die Kiste über und über mit Entenmuscheln sowie anderem Schalengetier verkrustet war, musste sie lange Zeit im Wasser gelegen haben. So machten sich die Fischer daran, die dicke Muschelschicht abzukratzen, freuten sich schon, eine vermeintliche Schatzkiste gefunden zu haben. Zum Vorschein kam jedoch ein Sarg, der die Leiche eines Mannes in mittleren Jahren barg. Eine silberne Plakette am Deckel wies ihn als Charles Coghlan aus – und den Namen kannte auf der Insel jedes Kind.

Nur wenige Meilen entfernt lag jenes Dorf, in dem der große Mime geboren und aufgewachsen war. Ganz in dessen Nähe befand sich auch sein Haus, in dem er sich oft von seinen ausgedehnten Reisen und Tourneen auszuruhen pflegte.

Die Bewohner der Insel sahen die »Heimkehr« ihres berühmtesten Mitbürgers als Wink des Schicksals an. Mit entsprechenden Ehrungen und Feierlichkeiten wurde Coghlan bei der Kirche, in der er auch getauft worden war, beigesetzt. War es tatsächlich nur der »Zufall«, der Charles Francis Coghlan über die weglose See in dessen Heimat zurückgeführt hatte? Oder war es vielmehr eine ebenso mächtige wie mysteriöse Kraft, die damit zu zeigen suchte, dass rein gar nichts in unserem Universum ohne tiefergehenden Zusammenhang geschieht?

1900 Herkunft: völlig unbekannt

Auf dem Friedhof des winzigen Dörfchens Sainte Miande, südlich von Toulouse an den Hängen der Pyrenäen, steht ein völlig mit Efeu und anderen Pflanzen umrankter Grabstein. Um den hier Bestatteten spinnt sich ein finsteres Geheimnis. Die Inschrift auf diesem Stein lautet: »Hier liegen die sterblichen Überreste des Jungen, der von nirgendwo kam.«

Es war im September 1900, als über dem Golfe de Lion heftige Gewitter tobten und die landeinwärts gelegenen Ortschaften von starken Stürmen heimgesucht wurden. Gegen Mitternacht wachte ein Bauer am Ortsrand von Sainte Miande durch ein ständiges Pochen an das Fenster seines ebenerdig liegenden Schlafzimmers auf. Erst dachte er, der Wind würde die Zweige eines neben dem Haus stehenden Baumes gegen die Scheiben schlagen. Mit der Zeit wurde es ihm lästig, und so stand er auf, um nach der Ursache dieses hartnäckigen Pochens Ausschau zu halten. Sobald er die Haustür öffnete, sah er im Schein seiner Laterne einen etwa zehn Jahre alten Knaben, eingehüllt in eine Art Sackleinen. Die Haare des unerwarteten Besuchers waren lang und blond, sein Gesicht wies eine fast durchscheinende Blässe auf. Außer seinem sackartigen Umhang trug der Junge keine weiteren Kleidungsstücke bei sich. Als dieser seine Arme nach der Laterne ausstreckte, merkte der Bauer, dass er an jeder Hand nur drei Finger besaß. Vollkommen wortlos starrten beide sich eine Weile an.

Die Bäuerin hatte das Szenario vom Schlafzimmerfenster aus beobachtet und gab dem Jungen durch Zeichen zu verstehen, ins Haus zu kommen. In der Küche zündete sie ein Feuer an, so dass der vor Kälte zitternde Knabe die Nacht auf einer Matratze zubringen konnte. Am Morgen gab sie ihm ein paar Kleidungsstücke ihres ältesten Sohnes. Doch der unbekannte Gast konnte nichts damit anfangen. Er hielt die ihm angebotene Jacke hoch, strich vorsichtig über die Ärmel, zog sie jedoch nicht an. Auch Knöpfe schienen ihm völlig unbekannt zu sein. Zuerst hielt ihn der Bauer für einen taubstummen Streuner oder einen aus einem Irrenhaus ausgebrochenen Schwachsinnigen. Doch bald stellte sich heraus, dass er reden konnte – allerdings in einer Sprache, die keiner verstehen konnte. Und selbst ganz banale Dinge schienen ihn zu überfordern: Eine Tasse mit warmer Milch verwirrte ihn derart, dass die Bauersleute ihm sogar das Trinken beibringen mussten. Und vor der Hauskatze wich er ängstlich zurück, als ob er sich vor dem »Ungeheuer« fürchtete.

Schließlich meldete das Ehepaar dem Geistlichen des Dorfes, René Mouville, der vor seiner Priesterweihe Professor der Universität von Lyon war, seinen seltsamen Besucher. Der Priester nahm das Kind vorübergehend mit ins Pfarrhaus, um es dort besser beobachten zu können. Auch der Geistliche hielt den Jungen erst für einen geistig Behinderten, später dann für einen Spanier. Doch als er sich näher mit ihm befasst hatte, wurde ihm klar, dass der Fall viel komplizierter war.

Der Körperbau des Knaben war ungewöhnlich: Die Hüften waren extrem schmal, und sein Brustkorb ähnelte einem kopfstehenden »V«, umgekehrt wie bei einem normal gewachsenen Menschen. Seine zartgliedrigen Hände mit nur drei Fingern ließen den Geistlichen etwas ahnen, das er nicht auszusprechen wagte. Im Lauf der Zeit stellte Pfarrer Mouville erstaunt fest, dass der Junge eine ungewöhnlich hohe Intelligenz besaß. Da er sich in keiner Sprache mit ihm unterhalten konnte, begann er eine Kommunikation mit Zeichnungen alltäglicher Dinge. Ohne Erfolg. Später stellte Mouville Zahlenserien auf, die er mit Hilfe von Punkten darstellte. Sofort nahm der Kleine Papier und Bleistift in die Hand, um seinerseits mit hoher Geschwindigkeit Punktanhäufungen niederzuschreiben. Überrascht fand der Pfarrer heraus, dass sein Gast die zweiten und dritten Wurzeln der von ihm niedergeschriebenen Zahlen errechnet und die Resultate im selben »Punkte-Code« wiedergegeben hatte. Was sprachlich nicht klappte: Auf mathematischem Weg war die Kommunikation hergestellt.

In den folgenden Wochen lernte der Junge, ein einfaches Vokabular zu beherrschen, und begleitete den Geistlichen bei seinen Visiten. Dadurch akzeptierten ihn die Dorfbewohner allmählich als einen der ihren. Bei solchen Rundgängen und Ausflügen war er fasziniert von den einfachsten Dingen in der Natur. Als hätte er derlei alltägliche Abläufe nie zuvor gesehen, konnte er stundenlang dem Fließen des Wassers, dem Dahintreiben der Wolken am Himmel und dem Flug der Vögel zuschauen.

Nach Weihnachten des Jahres 1900 wurde er auf einmal krank. Die Symptome deuteten auf eine starke Erkältung hin. Erst besserte sich sein Zustand, doch dann ging es ihm erneut schlechter. Diesmal hatte er zu allem Unglück auch noch hohes Fieber, und er wurde von Tag zu Tag blasser. Der zu Rate gezogene Arzt konnte dem Jungen nicht helfen. Dessen Herzschlag war der langsamste, den der Mediziner je gemessen hatte. Er betrug nur die Hälfte der Schläge eines normalen Menschen. Wegen der schlechten Verfassung wagte man es auch nicht, ihn in ein Krankenhaus einzuliefern. Deshalb wurde der Kleine in den folgenden Tagen zunehmend schwächer.

In der zweiten Märzwoche 1901 starb der Junge ohne Name und Herkunft. War er aus einer anderen Welt, aus einer anderen Dimension zu uns gekommen? Man beerdigte ihn unter einer Esche auf dem Friedhof von Sainte Miande. Wer er war und woher er kam, ist bis heute ein ungeklärtes Mysterium geblieben. Auf dem kleinen Dorffriedhof wittert langsam sein Grabstein vor sich hin.

Danksagung

Auch wenn es für einen »alten Hasen«, als den ich mich nach über zwanzig Buchveröffentlichungen bezeichnen darf, beinahe schon zu einem kleinen Ritual geworden ist: An all jene meinen Dank zu richten, ohne deren Unterstützung und Anregungen das vorliegende Buch wohl kaum zustande gekommen wäre, ist mir noch immer ein wichtiges Anliegen.

Dank geht an Erich von Däniken: Ohne Deine »Initialzündung« würde es den Autor Hartwig Hausdorf wahrscheinlich kaum geben! Ebenso an Rainer Holbe, Johannes von Buttlar, Reinhard Habeck, Viktor Farkas, Walter-Jörg Langbein, Brad Steiger sowie Terry O'Neill vom FATE-Magazine und Werner Forster von Deutschlands ältester UFO-Zeitschrift.

Sehr traurig stimmt es mich, dass drei Freunde und Autorenkollegen, die meinen literarischen und forschenden Weg freundschaftlich begleiteten, nicht mehr unter uns weilen: Dies sind Johannes Fiebag, Peter Krassa und Ernst Meckelburg, denen ich gleichfalls viele Ideen verdanke.

Dank geht auch an Stefanie Hess vom Lektorat des Knaur-Verlages sowie allen dort an der Herstellung Beteiligten. Der Weg von der Idee zum fertigen Buch ist immer wieder spannend.

Habe ich jemanden vergessen? Oh ja – ganz wichtig. Denn was wäre der Autor ohne seine immer größer werdende internationale Leserschar, die ihm seit den Tagen der schon legendären »Weißen Pyramide« die Treue hält? Auch hier herzlichen Dank für die Begeisterung an Themen, die die Welt in Atem halten!

Hartwig Hausdorf

Quellenverzeichnis

Adamenko, Viktor: »Phänomene der Hautelektrizität«, in: Krippner, Stanley und Rubin, Daniel (Hrsg.): »Lichtbilder der Seele. PSI sichtbar gemacht.« München 1975

Adare, Lord: »Experiences with D. D. Home.« London 1924

Aksakow, A. N.: »Animismus und Spiritismus.« Leipzig 1898

Andreas, Peter und Adams, Gordon: »Was niemand glauben will.« Berlin 1967

Bender, Hans: »Parapsychologie. Ihre Ergebnisse und Probleme.« Bremen 1970

Bender, Hans: »Unser sechster Sinn.« Stuttgart 1971

Berlitz, Charles: »Das Bermuda-Dreieck.« Hamburg und Wien 1975

Berlitz, Charles: »Spurlos. Neues aus dem Bermuda-Dreieck.« Hamburg und Wien 1977

Berlitz, Charles: »Die Welt des Unbegreiflichen.« München 1989

Berlitz, Charles: »Die größten Rätsel und Geheimnisse.« München 1989

Berlitz, Charles: »Das Drachen-Dreieck.« München 1990

Bord, Janet und Colin: »Beweise: Der Yeti.« München 1988

Brookesmith, Peter (Hrsg.): »Lost and Found.« London und Sydney 1987. Dt.: »Verloren und wiedergefunden.« Luzern 1987

Brookesmith, Peter (Hrsg.): »Creatures of Fear and Fable.« London und Sydney 1987. Dt.: »Mysteriöse Fabeltiere und geisterhafte Wesen.« Luzern 1987

Brookesmith, Peter (Hrsg.): »Puzzles of Time and Space.« London und Sydney 1987. Dt.: »Das Rätsel von Raum und Zeit.« Luzern 1987

Brookesmith, Peter (Hrsg.): »Incredible Phenomena.« London 1984. Dt.: »Unglaubliche Erscheinungen.« Luzern 1986

Bürgin, Luc: »Mondblitze.« München 1994

Buttlar, Johannes von: »Zeitriß.« München 1989

Buttlar, Johannes von: »Reisen in die Ewigkeit.« Frankfurt/M. 1976

Byron, Julie: »Psychic Experiences of the Famous.« Lutterworth (England) 1993
Carrington, Whately: »Telepathy.« London 1945
Clarke, Arthur C., Welfare, S. und Fairley, J.: »Geheimnisvolle Welten. An den Grenzen unserer Wirklichkeit.« Augsburg 1990
Coleman, Loren und Clark, Jerome: »Cryptozoology A to Z.« New York 1999
Corrales, Scott: »In the Wink of an Eye: Mysterious Disappearances«, auf: http://www.inquiry-mines.com
Däniken, Erich von: »Erscheinungen.« Düsseldorf 1974
Däniken, Erich von: »Strategie der Götter.« Düsseldorf 1982
David-Néel, Alexandra: »Unsterblichkeit und Wiedergeburt.« Wiesbaden 1962
Davies, Rodney: »Supernatural Disappearances.« London 1995
Dessoir, Max: »Vom Jenseits der Seele.« Stuttgart 1967
Dinsdale, Tim: »The Leviathans.« London 1976
Driesch, Hans: »Parapsychologie.« München 1932
Ebon, Martin: »Erfahrungen mit dem Leben nach dem Tode.« München 1977
Evans, Christopher: »Kulte des Irrationalen.« Hamburg 1979
Faltz, Michael: »Bernadette, die Seherin von Lourdes.« Fribourg/Schweiz 1954
Farkas, Viktor: »Unerklärliche Phänomene jenseits des Begreifens.« Frankfurt/Main 1988
Farkas, Viktor: »Rätselhafte Wirklichkeiten.« München 1998
Fiebag, Johannes: »Die Anderen.« München 1993
Fiebag, Peter, Gruber, Elmar und Holbe, Rainer: »Mystica. Die großen Rätsel der Menschheit.« Augsburg o.J.
Flammarion, Camille: »L'Inconnu et les Problèmes Psychiques.« Paris 1908
Flammarion, Camille: »L'Astronomie.« Paris o.J.
Flammarion, Camille: »Der Tod und sein Geheimnis.« Leipzig und Dresden 1924
Frischler, Kurt: »Die Kräfte des Übersinnlichen.« München 1974
Fort, Charles H.: »Lo!« New York 1931

Fort, Charles H.: »Wild Talents.« New York 1932
Fort, Charles H.: »The Book of the Damned.« New York 1941
Fort, Charles H.: »New Lands.« New York 1941
Gaddis, Vincent: »Invisible Horizons.« New York 1965
Gaddis, Vincent: »Mysterious Fires and Lights.« New York 1967
Godwin, John: »This baffling World.« New York 1968
Gossler, Marcus: »Lexikon Grenzwissenschaften.« Landsberg 1988
Gould, George und Pyle, Walter: »Anomalies and Curiosities of Medicine.« New York 1897
Gould, Rupert T.: »The Case for the Sea Serpent.« London 1930
Grant, Joan: »Time out of Mind.« London 1956
Green, C.: »Out-of-the-Body Experiences.« London 1968
Group, David: »Beweise: Das Bermuda-Dreieck.« München 1987
Gubisch, Wilhelm: »Hellseher – Scharlatane – Demagogen?« München und Basel 1961
Habeck, Reinhard: »Das Unerklärliche.« Wien 1997
Harrison, Michael: »Fire from Heaven.« London 1977
Harrison, Michael: »Vanishings.« London 1981
Hausdorf, Hartwig: »Das Jahrhundert der Rätsel und Phänomene.« München 1999
Hausdorf, Hartwig: »Telepathie und Prophetie.« Wien 2000
Hausdorf, Hartwig: »Chronik eines Phänomens. Vom Mittelalter bis zur großen Sichtungswelle 1896/97.« Obergünzburg 2000
Hausdorf, Hartwig: »Geheime Geschichte. Was unsere Historiker verschweigen.« Marktoberdorf 2001
Hausdorf, Hartwig: »Die Rückkehr der Drachen.« München 2003
Hausdorf, Hartwig: »Im Schatten von Roswell. UFO-Abstürze, von denen die Welt nichts erfuhr.« Obergünzburg 2005
Hausdorf, Hartwig: »Bizarre Wirklichkeiten. Auf geheimen Wegen ins Unbekannte.« München 2006
Hausdorf, Hartwig: »Rückkehr aus dem Jenseits. Wie wir unseren Tod überleben.« Marktoberdorf 2007
Jaschke, Willy K.: »Die parapsychologischen Erscheinungen.« Innsbruck 1926
Kammerer, Paul: »Das Gesetz der Serie.« Wien 1919

Keller, Werner: »Was gestern noch als Wunder galt.« Zürich und München 1973
Kingston, Jeremy: »Rätselhafte Begebenheiten.« Mannheim 1979
Koestler, Arthur: »Die Wurzeln des Zufalls.« München 1972
Kolosimo, Peter: »Sie kamen von einem anderen Stern.« Wiesbaden 1969
Krippner, Stanley und Rubin, Daniel (Hrsg.): »Lichtbilder der Seele. PSI sichtbar gemacht.« München 1975
Langelaan, George: »Die unheimlichen Wirklichkeiten.« München 1981
Laurentin, René: »Les Apparitions de Lourdes.« Paris 1966
Leslie, Desmond und Adamski, George: »Flying Saucers have landed.« London 1953
Lewis, L. M.: »Footprints on the Sands of Time.« New York 1975
Loerzer, Sven: »Visionen und Prophezeiungen. Die berühmtesten Weissagungen der Weltgeschichte.« Augsburg 1995
Lorie, P. und Hewitt, V. J.: »Nostradamus – Die unglaublichen Weissagungen zur Jahrtausendwende.« Gütersloh 1991
Mack, Lorrie, Harwood, Eric und Riley, Leslie: »The World of the Unexplained.« London 1984
Macklin, John: »Rätsel PSI. Die unheimlichsten Erlebnisse der letzten 100 Jahre«, in: »Das neue Zeitalter«, München 1974–1976
Meckelburg, Ernst: »Besucher aus der Zukunft.« München 1987
Meckelburg, Ernst: »Transwelt.« München 1992
Meckelburg, Ernst: »Traumsprung.« München 1993
Meckelburg, Ernst: »Die Titanic wird sinken.« München 1998
Michell, J. und Rickard, R. J. M.: »Die Welt steckt voller Wunder.« Düsseldorf und Wien 1979
Miller, R. Dewitt: »Forgotten Mysteries.« New York 1947
Moser, Fanny: »Der Okkultismus.« München 1935
Moser, Fanny: »Spuk. Ein Rätsel der Menschheit.« Frankfurt/Main 1980
M'Quhae, Peter: Leserbrief an die »Times«, veröffentlicht am 13. Oktober 1848

Nolan, Ray: »Die siebte Offenbarung.« München 1998
Nopporn, Khun: »The forever Mystery of Nongkhai.« Kommerzielle Veröffentlichung des Touristikunternehmens »Nopporn Soongnart« vom Oktober 1999
Olivieri, Alphonse: »Gibt es noch Wunder in Lourdes?« Aschaffenburg 1973
Owen, Robert Dale: »Footfalls of the Boundary of another World.« Philadelphia/Pennsylvania 1860
Pearsall, Ronald: »The Table Rappers.« London 1972
Puharich, Andrija: »Beyond Telepathy.« London 1962
Rhine, J. B.: »Extra Sensory Perception.« Boston 1964
Rhine, Louisa: »Mind over Matter.« New York 1970
Ritter, Gerhard: »Das unheimliche Ich.« Zürich 1970
Robbins, R. Hope: »The Encyclopedia of Witchcraft and Demonology.« Hamlyn 1968
Roland, Paul: »Die größten Prophezeiungen.« Wien 1997
Sanderson, Ivan T.: »Investigating the Unexplained. A Compendium of disquieting Mysteries of the Natural World.« Englewood Cliffs/NJ 1972
Schiller, Friedrich von: »Wallenstein – Die Piccolomini.« Hamburg 1925
Schopenhauer, Arthur: »Über den Willen in der Natur.« Leipzig 1836
Schrenck-Notzing, Albert von: »Materialisationsphänomene.« München 1923
Schrenck-Notzing, Albert von (Hrsg.): »Die physikalischen Phänomene der großen Medien.« Stuttgart, Berlin und Leipzig 1926
Schrenck-Notzing, Albert von: »Grundfragen der Parapsychologie.« Stuttgart 1962
Senkowski, Ernst: »Instrumentelle Transkommunikation.« Frankfurt/Main 1995
Shi Bo: »UFO-Begegnungen in China.« Berlin 1997
Spencer, John und Anne: »Geheimnisvolle Phänomene. Eine faszinierende Reise ins Unbekannte.« Gütersloh 1998

Steiger, Brad: »Mysteries of Time and Space.« West Chester/Pennsylvania 1989
Stemman, Roy: »Die Welt der Seelen und Geister.« Frankfurt/Main und Berlin 1979
Swift, Jonathan: »Gulliver's Travels.« Dublin 1727
Tart, C. T.: »Altered States of Consciousness.« New York 1969
Tischner, Rudolf: »Geschichte der Parapsychologie.« Vierhöfen 1960
Uccusic, Paul: »PSI-Resumee.« Genf 1975
Vaughan, Alan: »Incredible Coincidence.« Lippincott 1979
Verschiedene Autoren: »Faszination des Unfassbaren.« Stuttgart, Zürich und Wien 1983
Verschiedene Autoren: »Weltalmanach des Übersinnlichen.« München 1987
Verschiedene Autoren: »Unglaublich aber wahr.« Stuttgart, Zürich und Wien 1989
Verschiedene Autoren: »Phänomene.« Erlangen 1993
Wahl, Hans: »Prinz Louis Ferdinand von Preußen.« Weimar 1917
Wambach, Helen: »Leben vor dem Leben.« München 1980
Watkins, W. H.: »Preternatural Inflammability of Human Body.« New Orleans 1870
Wilkins, Harold T.: »Strange Mysteries of Time and Space.« New York 1958
Winer, Richard: »Ghost Ships. True Stories of nautical Nightmares, Hauntings and Disasters.« Berkeley 2000
Wood, E.: »Grundriss der Yoga-Lehre.« Stuttgart 1961
Zinn, Howard: »A People's History of the United States.« New York 1980
Zöllner, J. K. F.: »Naturwissenschaft und christliche Offenbarung. Populäre Beiträge zur Theorie und Geschichte der vierten Dimension.« Leipzig 1881

Allgemein

dtv-Lexikon in 20 Bänden, Mannheim und München 1997
Der Große Brockhaus, Lexikon in vier Bänden, Ausgabe 1925
Das Buch Mormon, Kirche Jesu Christi der Heiligen der letzten Tage, Ausgabe 1968

Bildnachweis

Archiv Autor: 3, 9, 10, 12, 15, 16, 21, 22
BILD-Zeitung: 6, 7, 8
Peter Brookesmith: 18
Hezekiah Butterworth: 11
Erich von Däniken: 4, 5
Domenica del Corriere: 2
Johannes Fiebag: 1, 19, 20
Werner Keller: 13, 14, 17

Obwohl sich Verlag und Autor bemüht haben, zu sämtlichen Abbildungen des Buches die erforderliche Nachdruckerlaubnis einzuholen, ist es nicht in allen Fällen gelungen, die jeweiligen Inhaber der Rechte ausfindig zu machen. Sofern uns diese aber in Kenntnis setzen, sind wir selbstverständlich darum bemüht, die Inhaber der betreffenden Bildrechte in künftigen Buchausgaben namentlich zu nennen.